그림자를 찾는 사람들

지혜와 힘이 불평등한데 거기다 권리마저 불평등하다면
약한 자가 강한 자에게 받는 폭압은 더욱 커질 것이다.

_ 레프 톨스토이

그림자를
찾는 사람들

이영 지음

있지만 없는 이웃 미등록이주노동자

틈새의시간

마석가구공단이라는 특별한 공간에서 미등록이주노동자들과 함께 하고 있는 이영 남양주시외국인복지센터장은 "나무마다 다른 나이테를 확인하듯" 그들의 목소리를 듣고 세상에 알리고 싶었다고 기록의 동기를 설명한다. 미등록이주노동자들의 삶과 노동을 이야기하면 '인권팔이'라는 비난마저 감수해야 하는 현실 속에서 이 책자는 한국 사회가 불편해하는 미등록이주노동자들의 목소리를 직접 전하고자 애쓴 값진 결과물이다. 1991년 첫 산업기술연수생부터 고용허가제로 입국 후 미등록이 된 이주노동자까지 그가 만난 36명의 이주노동자들의 삶의 궤적은 곧 한국 이주노동자의 역사이다. 그럼에도 "있지만 없는 이웃"인 이들은 지금도 "죽음보다 더 두려운 단속과 추방"의 위협에 숨죽이며 살아가고 있다. 저자의 오랜 활동 경험과 식견을 바탕으로 제시하는 한국 사회와 이주노동자의 상생의 길에 이제 우리 모두 귀 기울여야 할 때이다.

_김미선, 한국이주민건강협회 희망의친구들 상임이사

'마석 친구들' 이야기를 쓰고 싶다는 얘기를 이영 신부로부터 여러 번 들었다. 그 친구들의 삶과 '거리두기'가 불가능한 그가 과연 이 책을 완성할 수 있을까? 나 또한 추방당한, 다친, 혹은 이 세상을 떠난 이주노동자 친구들을 생각하면, 가슴이 메는데 이영 신부는 어떤 마음이었을까? 20년 넘게 마석에서 미등록이주자의 임금체불, 산재, 질병, 빈곤, 아동 돌봄 문제를 해결하기 위해 뛰어다닌 그는 늘 국회와 거리 투쟁의 선봉에 서 있었다. 하지만 여전히 이들의 현실을 보고 싶어 하지 않는 우리의 외면 때문에 미등록이주자는 '보이지 않는다.' 『그림자를 찾는 사람들』은 이주자들이 어떤 일을 하고, 어떻게 희로애락을 나누며, 한국 사회와 경제에 기여 해왔는지를 '보게' 만든다. 이 책은 40년간 한국을 오갔던, 수많은 이주노동자에 대한 감사이며, 최소한의 예의이고, 정의로움에 대한 열망과 그리움의 표현이다. 이 책을 통해 우리는 제대로 알고, 행동할 수 있는 용기를 갖게 된다.

_김현미, 연세대학교 문화인류학과 교수

하필이면 연구를 해보겠다고 오래전에 내가 들락거렸던 마석가구공단의 미등록이주노동자들 얘기다. 수십 년이 지났는데도 그곳의 상황이 별로 달라지지 않았다는 점에서 충격을 받고, 현학적인 학술 결과물이 아니라 대중의 언어로 현실을 보여주는 글이 나왔다는 점에서 반성하게 된다. 이주 현장을 20년 넘게 지켜온 저자는 긴 세월 동안 보고 들은 미등록이주노동자의 삶과 목소리를 그저 보여주고 들려주겠다고 한다. 그런데 그들의 안타깝고 가슴 아픈 사연들을 절절하게 풀어가면서도 저자는 한국의 이주 관련 현황과 정책의 문제점들에 대한 날카로운 분석을 '교묘하게' 섞어서 보여준다. 본문 사이사이에 빈번하게 등장하는 박스 안의 정책분석은 이주노동정책 분야의 핵심 쟁점들을 명료하게 보여주며, 1부와 2부에서 제기된 현실의 문제점은 마지막 3부에 이르러서 대안 모색까지 나아가고 있다. 하지만 책을 덮고 나서 가장 길게 여운을 남기는 것은 저자가 가진 이주노동자들에 대한 애정이다. 아, 사람을 사랑하면 현장을 분석한 글이 감동을 주는구나!

_박경태, 성공회대학교 사회학과 교수

시멘트 벽돌로 지어진 공장들, 가건물 상태의 기숙사들, 그리고 미로 같은 골목길 구석구석의 먼지와 매연으로 마석가구공단은 회색빛이다. 이 뿌연 동네에서 미등록이주노동자들은 노동하고, 일상을 영위하고, 아이를 키우고, 공동체를 만들고, 미래를 꿈꾸며 다양한 색감의 생명력을 불어넣는다. 이 책은 이 공간과 이곳을 제2의 고향이라 부르는 사람들에 대한 기록이다. 지난 20여 년 간 노동 현장과 정부 기관, 또 거리 한복판에서 이주노동자들의 권리를 위해 싸워온 저자가 자신의 현장 경험과 성찰, 장기체류 미등록이주자들의 이야기, 그리고 법과 정책에 대한 분석을 총망라하여 집대성하였다. 저자는 마석가구 공단 미등록이주자들에 대한 기록을 통해 국가 간 빈부격차라는 국제이주의 근본 원인부터 미등록이주노동자를 양산하는 한국 이주노동정책의 문제점, 그리고 단속추방의 폭력성과 공포에 이르는 방대한 내용을 섬세하게 기술한 다. 평범한 이들을 미등록이주자로 만든 사회 구조의 문제, 그리고 가족과 함 께 살고 싶다는 미등록이주자들의 소박한 꿈과 인생사를 함께 이해하고자 하 는 독자들에게 이 책을 추천한다.

_서선영, 충북대학교 사회학과 교수

길지 않은 대한민국 이주민의 역사에서 마석은 특별한 지역이다. 가구공단의 형성도 독특하거니와 그 역사의 한 시점부터 미등록이주노동자들이 유입되 면서 사실상 지역공동체의 결로 한국 사회에 등장하였다. 이 책은, 그 마석가 구공단에서 오랫동안 한국인들의 동반자 아닌 동반자였던 미등록이주민들의 삶과 꿈과 고통이, 마석가구공단의 존속과 어떤 결로 만나왔고 얽혀왔는지를, 그 속살을 살짝 들쳐 보여주고 있다. 미등록이주노동자라는 어감이 주는 짙고 어둡고 칙칙하고 뭔가 불온한 듯한 피부, 그 한 겹만 벗겨 본 속살은 여리고 뽀 얗고 순수한 삶의 열정이 가득하다. 언론에 대서특필되기도 여러 번이었던 이 지역은, 특별히 미등록이주노동자 단속과 관련해서 단속이라는 행정행위가 본질적으로 인간사냥과 다름없었음도, 당사자들의 입을 통해 통렬히 보여주 고 있다. 이주민에 관심 있든 아니든, 이제는 대한민국의 미래와 뗄 수 없는 관 계를 맺고 있는 이주민들의 첫 세대를 우리는 이렇게 '미등록'이라는 딱지를 붙이면서 불온시해왔음을 아프게 느낄 수 있다. 술술 넘어가는 갈피 갈피마다 개인의 삶과 지역의 변화, 국가의 변화가 그 속살에 남긴 흔적이 손끝에 잡힐

듯이 보인다. 덧붙여, 한국의 이주민 정책의 과거와 현재를 톺아보고 미래도 생각해보게 정돈된 지식도 덤으로 얻을 수 있는 유익함도 있다.

_석원정, 외국인이주노동자인권을위한모임 소장

이영 신부는 미등록 체류자를 둘러싼 이 사회의 과장되고 비현실적인 모순에 맞서 싸워온 이주노동자들의 수호천사다. 그런 그가 오랜 성찰 끝에 새로운 질문을 던진다. 싸우는 일보다 더 중요한 일이 그들과 함께 사는 일이 아닐까. 그들과 이웃이 되어 삶을 공유하기 위해서 필요한 일은 무엇일까. 수십 명의 미등록 체류자들과의 진솔하고 웅숭깊은 대화를 통해 그가 찾아낸 답은 간단하다. 그들도 나와 다를 바 없는 사람이다. 그들의 이야기는 곧 나의 이야기이다. 이 책을 통해 독자들은 미등록 체류자라는 '상상의 괴물'이 아니라 나와 조금 다르면서도 많이 비슷한 성실하고 친숙한 '수많은 이웃'의 존재를 확인하게 될 것이다. 그렇다면 이제 이 책과 더불어 미등록 체류자를 둘러싼 토론의 틀도 바뀔 수 있어야 한다. 나는 이웃과 더불어 살아가기를 원하는가 아니면 대립하고 충돌하기를 원하는가.

_오경석, 인하대학교 정책대학원 이민다문화학과 교수

이주노동자는 마석가구공단을 '제2의 고향'이라고 한다. 나에게도 '샬롬의 집'이 고향이다. 30여 년 동안 함께했던 이주노동자의 모습이 생생한 파노라마처럼 펼쳐져 있어 숨 가쁘게 글을 읽었다. 이주노동자의 애환이 넘쳐나 눈시울을 붉히기도 하고, 이주노동자의 따뜻한 마음에 진한 감동이 전해졌다. 책 속에 담겨 있는 이주노동자의 목소리를 전달하고자 세심하게 배려한 QR코드에서도 더 생동감을 주고 있고, 이주 현안에 대한 안목과 함께 독자들에게도 더 많은 관심과 폭넓은 이해를 하도록 돕고 있다. 이 책을 통해 부디 이주민에 대한 인식이 새롭게 정립되고 더불어 살아가는 공생사회가 되기를 희망한다. 샬롬!

_이정호 신부, 전)이주민연대 샬롬의 집 대표, 남양주시외국인복지센터장

내 삶이 그나마 편안하다면, 그건 내 삶의 그림자가 되어, 내가 해야 할 일상의 일들을 조용히 대신하고 있는 어머니 같은 이들이 있기 때문이다. 우리의 삶이 그나마 편안하다면, 그건 우리 삶의 그림자가 되어, 우리가 하려고 하지 않는 힘들고 더럽고 위험한 일을 묵묵히 대신하고 있는 이주노동자들이 있기 때문이다. 물고기에게 물이 그러하듯, 가장 소중한 것은 있어도 있는 줄 모르는 것이다. 이들은 없음이 감지되면 놀라며 소중함을 절감하지만, 있음이 감지될 땐 심지어 걸리적대는 장애물인 양 느끼기에 십상이다. 그래서 일상에선 함부로 하나 보다. 오랫동안 이주노동자들과 함께 살아온 이영 신부의 이 책은 이주노동자들이야말로 그렇듯 있어도 있는 줄 모르는, 그렇기에 그만큼 소중한 이들임을 아주 잘 보여준다. 그들 자신의 목소리로, 그 옆에서 함께한 사람의 목소리로.

_이진경, 서울과학기술대학교 사회학과 교수

한때 한센인들이 닭을 기르던 계사가 밀집한 곳은 지금 300여 공장이 몰린 마석가구공단이 되었다. 그곳은 만국의 이주노동자들이 모여 사는 작은 공동체다. 세계 이주노동자 2억 명 중 1/100이 한국에 있으며 그들의 삶을 압축해 놓은 공간이 마석이다. 마석에서 일하고 거주하는 이주노동자들은 한국 사회의 저류를 떠받치고 있지만 그림자를 잃은 사람들 또는 존재하되 존재하지 않는 사람들일 뿐. 네팔 축구 국가대표 선수로 와서 축구공을 놓고 15년을 살다 귀국한 스쿠라, 결혼 10주년 여행으로 한국에 왔다 브로커에게 속아 발이 묶여 자녀가 아프기라도 하면 '악몽'을 꾸는 듯한 간투르, 죽음보다 두려운 단속의 공포를 견디는 라시리, 주야간 교대노동으로 일 년 내내 이불이 펼쳐져 있는 기숙사 등 소설에서나 나올 법한 삶이 우리 곁에 있음을 더는 외면하지 말자. 한국인이 먹고, 쓰고, 소비하는 모든 것들의 근간 노동이 그림자 없는 사람들의 손에서 나왔음을, 일주일에 한 번 주사 맞는 것으로 버티며 가족과 자신의 삶을 맞바꾼 사람이 우리 이웃으로 살고 있음을 절감하면서 나는 눈시울이 뜨거워지지 않을 수 없었다. 이주민을 다룬 책은 무수히 나왔지만 당사자들의 육성을 최대한 날 것에 가깝게 전해주는 저서는 드물다는 점에서도 고맙고 귀한 책이다. 한마디만 더. 이주민 인권운동가로서 온갖 간난신고를 감당한 저자의 공헌에 비하면 한참 늦게 나온 책이라, 인권운동 20년 지기로서 나는 저자에게 아쉬운 소리를 하고 싶다.

_이철승, 경남이주민센터 대표

한국의 이주노동 역사도 벌써 40여 년이 되었다. 저자는 이제 우리도 단순히 노동력 활용이라는 관점을 탈피하여 미등록이주노동자도 노동자로서의 정당한 노동권과 인권을 보장받아야 한다는 전제에서 이 책을 쓰고 있다. 이주노동자 중에서 가장 열악한 조건에서 노동하는 마석가구공단 내 미등록이주노동자의 삶과 일터를 중심으로 시공간에서 펼쳐지는 파노라마 속으로 우리를 안내하고 있다. 미등록이주노동자는 체류 신분상의 문제로 숨소리조차 내지 못하고 살아가고 있는 현실을 그들 자신의 목소리로 생생하게 전하고 있다. "저에게는 죽음보다 더 두려운 것은 단속입니다. 그렇게 되면 모든 계획이 끝나게 됩니다. 하지만 미등록이 되면서 좋아진 점도 있습니다. 밖에 나가지 않으니 돈 쓸 일이 없어졌습니다"(스리랑카 라시리) 한국인의 의식조사 중 가장 이웃하기 싫은 사람 중 1위가 동성애자, 2위가 장애인, 3위가 이주노동자라고 한다. 이처럼 이주노동자에 대해 '혐오·인종차별'을 하는 원인은 한국 사회가 다문화사회를 표방하고 있지만 실제로는 다문화를 포장한 '획일적인 동화주의 정책'을 기반으로 하고 있기 때문이다. 이 책은 이주노동자를 직접 면담하여 이러한 현실을 적나라하게 고발하고 또 통계와 사실에 근거하여 다양한 대안을 제시하고 있어서 이주활동가나 이주민에 관심있는 분, 그리고 진정한 다문화사회를 갈망하는 모든 분들에게 일독을 권한다.

_최의팔, 공정무역 '트립티' 대표, 전)서울외국인노동자센터 대표

차례

1부   마석가구공단 이주노동자의 삶과 일터

'미등록'이란 말은 딱지 아닌 딱지다 • 종합 공간으로서의 마석가구공단 •
환경 변화에 따라 일상이 달라지다 • 안전을 위협하는 요소들 • 공동체 활성
화가 하나의 답이다

미등록이주노동자의 가족 구성원 • 자녀들의 건강권과 교육권 • 미등록이
주노동자의 유입 경로 변천사 • 밀집 지역으로 인해 출입국 단속의 표적이
되다

의사소통과 기술 미숙으로 갈등이 불거지다 • 고용허가제 이후의 병행 고
용 • 산업구조가 달라지면 이주노동의 성격도 변한다 • 미등록이주노동자
의 체류의 장기화와 고용 안정화의 상관관계 • 이주노동자의 국가별 분포
특성과 체류 기간 • 탄력적 고용인가, 노동 착취인가 • 이중 차별에 허덕이
는 여성 이주노동자 • 이주노동 운동의 산실 마석가구공단 이주노동자

2부   나는 미등록이주노동자입니다

3부   그냥 이웃입니다

▶▶ 마석가구공단의 형성 과정

1960년대 초 소록도에서 나온 한센인(음성)을 위해 영국성공회 선교사 로저 테 넌트(Roger Tennant, 한국명: 천갈로) 신부는 미국 성공회 리빙 처치(Living Church) 에서 후원받아 4만 평 규모를 무상 배분하여 '성생원'(聖生院)이라는 자립·갱생 공 동체를 형성하게 되었다. 생계를 위한 수단으로 양돈사업을 하였지만, 1990년 대 초 산업화 과정에서 사양 산업이 되었다. 이후 임대업으로 전환하면서 가구 공장과 매장이 들어서게 되었고, 영세한 3D업종 가구공장에 이주노동자들이 코 리안 드림을 꿈꾸며 유입되기 시작하면서 '마석가구공단'으로 변화되었다.

▶▶ 이주노동자지원단체 샬롬의 집과 남양주시외국인복지센터

이주노동자지원단체 샬롬의 집은 1997년 9월 설립되었지만, 이미 1991년부터 노동 상담(임금체불, 산재 등), 의료공제조합, 각종 교육프로그램(한국어교실, 컴 퓨터교실 등), 나라별 공동체 지원, 방문팀, 문화행사, 의료봉사 등 이주노동자 를 지원하는 다양한 활동을 전개하였다. 이후, 2005년 10월 26일에 남양주성 생원교회(성공회 법인)는 남양주시에 대지(총 2573㎡, 약 778평)를 기부하여 한 국 지자체 최초로 '남양주시외국인복지센터'를 건립했다. 이로써 이주민들과 함께 살아가는 다문화공생의 통합적 대안을 위한 체계적이고 전문적인 센터 로 거듭나게 되었다.

▶▶ 이주노동자와 미등록이주노동자

한국에서는 '외국인노동자' '외국인근로자' '이주노동자'라는 표현을 혼재하여 사용하고 있다. 본 저서에서는 국제이주기구(IOM: International Organization for Migration)가 정의한 용어 '이주노동자'(migrant worker)를 사용한다. 이주노동자는 '해당자가 국적이 있는 나라가 아닌 나라에서 유급 경제활동에 종사할 예정이거나, 이에 종사하고 있거나 종사해온 사람'(1990년 모든 이주노동자와 그 가족의 권리 보호에 관한 국제협약 2조(1))으로 정의되고 있다.

또한, '미등록이주노동자'(undocumented migrant workers/migrant workers in an irregular situation)는 입국, 체류 혹은 고용을 승인받지 않은 이주노동자 또는 이주노동자의 가족을 정의하며, 비정규 이주자라는 용어도 있지만 본 저서에서는 '미등록이주노동자'라는 용어를 사용한다.

▶▶ QR-Code

심층 면담을 독자에게 생생하게 전달하기 위해 상담 내용 안에 미등록이주노동자의 음성을 직접 들을 수 있도록 QR-Code를 담았다.

▶▶ 개인정보 보호

미등록이주노동자의 이름(가명), 생년월일, 입국일, 사진 등에 대해 개인신상을 보호하는 차원에서 작성했다. 한 여성 이주노동자는 30여 년이 지났지만, 한국의 입국 날짜와 시간까지 기억하고 있었다. 많은 이주노동자가 이를 기억하고 있었는데, 신변 보호를 위해 책에 기록으로 남기지 못했다.

미등록이주노동자, 그들은 누구인가

2003년 6월 이주노동자지원센터(샬롬의 집)에 온 후 이주노동자를 만날 때마다 "한국에 언제 왔는지"를 먼저 물었다. 10년이 넘게 체류 중인 미등록이주노동자들도 많았다. 세월이 지나 2023년이 되었다. 역시 똑같은 질문을 던진다. 이제 10년은 소위 명함도 내밀지 못한다. 20년이 넘는 장기체류 미등록이주노동자들이 많기 때문이다. 젊은 날 만났던 미등록이주노동자들이 이제는 머리가 희끗희끗한 초로의 시기에 접어들었다. 불현듯 의문이 생겼다. 왜 그들은 고단한 미등록이주노동자의 삶을 여전히 이어가는 것일까, 언제쯤 이 삶이 멈추어질까!

그들과 함께하는 동안 미등록이주노동자로 살아가는 이들의 삶을 어렴풋이 엿볼 수 있었다. 허름한 공장건물 한 귀퉁이에서 가구의 표면을 다듬는 수작업(사포 샌딩기 작업)을 하는 모습과 도색, 철재 가공 용접 등으로 허옇게 먼지를 뒤집어쓰고 두 눈이 벌겋게 충혈된 모습. 나는 이 모습들을 끝내 지켜보지 못하고 돌아서곤 했다. 그러면서도 이주노동자에 대해 잘 알고 있다고 내심 자부했다. 또한, 미등록이주노동자들의 일상생활과 공장에서 겪게 되는 애로사항의 해결사 노릇을 하면서 마치 이주노동 운동의 선봉에 서 있는 것처럼 착각했다. 임금체불 문제가 발생하면 사업주와의 갈등을 해소하기 위해 중재 역할을 떠맡았고, 산재가 발생하여 사업주가 이를 회피하고 공상 처리하거나 미등록이주노동자에게 책임을 전가하려 할 때 사실을 규명하고 산재보상을 받을 수 있도록 도왔다. 의료사고가 나면 신원 보증을 섰고, 의료보험이 적용되지 않을 때마다 병원비 감면을 위해 애썼다.

하지만 미등록이주노동자의 고충에 직면했을 때만 상투적으로 대면했던 것인지도 모른다. 의문은 점점 커졌다. 겉으로 드러난 면면을 안다고 해서 우리가 정말 이주노동자의 삶 전체를 이해한다고 말할 수 있을까? 이제 수박 겉핥기식의 이해와 배려를 거부하고, 냉철한 반성 위에서 우리가 질문하는 것이 아니라 이주노동자의 질문에 우리가 대답해야 한다. 그러기 위해서는 무엇보다 먼저 그들의 목소리에 진지하게 귀를 기울여야 한다.

한국의 이주노동 역사도 벌써 40여 년이 되었다. 그러나 미등록이주노동자 당사자의 이야기는 우리 사회에 소개된 적이 드물다. 간혹, 연구 서적이나 언론 기사에 피해 사례로 대상화되었을 따름이다. 사람들은 흔히 미등록이주노동자를 우리 사회에서 숨기고 싶어 한다. 지워버리고 싶어 한다. 엄연히 옆에 있는데, 없는 것처럼 여긴다. 우리는 왜 곁에서 살아가고 있는 이들의 존재를 인정하려 하지 않을까? 미등록이주노동자 역시 체류 신분상의 문제로 숨소리조차 내지 못하고 살아가고 있다.

이들과 오랜 시간을 함께하면서 미등록이주노동자 본연의 모습과 생생한 목소리를 듣고 싶었다. 단편적인 모습이 아니라 그들 당사자의 살아있는 목소리에 귀를 기울이고 싶었다. 왜 한국에 오게 되었는지, 한국에서 어떠한 일을 겪었고, 무엇을 바라는지 말이다. 글을 정리하기 위해 다시 한번 그들을 만나 미등록이주노동자 당사자의 삶과 일터의 이야기를 속속들이 인터뷰했다. 나무마다 다른 나이테를 확인하듯 그들 각자의 삶의 발자취를 따라 동행하고 싶었다. 이번 작업을 통해 숨죽이고 살아가는 그들, "있지만 없는 이웃" 한국 사회 미등록이주노동자의 목소리를 듣고, 세상에 작은 울림을 전하고 싶었다.

이 책은 정부의 외국인력 정책의 쟁점을 다루는 것이 아니다. 이에 대해서는 이미 많은 전문가가 다루어왔고, 나 자신 또한 노동을 연구하는 학자가 아니기 때문이다. 그러나 이주 현장에서 몸담아 오면서 체득한 지향점만큼은 분명하다. 외국인력 활용이 산업자본주의 경제체제에서 '노동력'이라는 산물로만 취급될 때 어떤 현상이 벌어지는지 비판적으로 톺아보자는 것이다.

첫째, 외국인력의 활용은 대체인력이라는 측면에서 내국인의 고용시장을 침해하지 않는 3D업종으로 제한함에 따라 파생되는 저임금의 노동을 고착화하여 이주노동자의 노동을 착취하는 구조를 지니고 있다는 점이다.

둘째, 이주노동은 경제적 효율성의 가치로만 평가되고 상대적으로 노동권과 인권의 측면은 도외시되고 있다는 점이다. 이는 제도권 내에 있는 고용허가제에서도 말 그대로 고용주에게 모든 권한이 귀속되어 있어 평등한 노동관계가 아닌 종속관계에 놓여 있어 강제노동의 여지가 담겨 있다는 점이다.

셋째, 미등록이주노동자의 경우에는 역설적으로 단속과 추방으로 일관하는 '배제'를 기본으로 하면서, 다양한 경로로 발생하는 미등록 체류에 대한 대안적 방안의 부재로 '방임'이라는 이중적 모순이 결부되어 있다는 점이다.

넷째, 여기서 더 나아가 이주노동의 문제를 단순히 '개인 이주노동자'의 문제로 협소화시키지 말아야 한다는 점이다. 이주노동 이슈는 어느 한 개인의 문제가 아니라 세계화 시대를 살아가는 우리 모두와 긴밀하게 연결되어 있기 때문이다. 세계는 지금 자본(가) 중심의 경제체제 아래 신음하고 있다. 이제 빈부의 양극화는 어느 한 국가의 문제가 아니다. 국민소득이 높은 나라든 낮은 나라든 경제적인 빈부의 격차가 점점 더 심각하게 벌어지고 있다. 이러한 전 세계적인 현상 아래 이주노동도 유례없이 강요받고 있다. 자본의 자유로운 이동은 전 세계적으로 확산하여 저임금 노동자를 양산하고 착취하는 괴물이 되었다. 한국 사회도 예외가 아니다. 자본의 먹이사슬은 정규직과 비정규직으로 분화되었고, 하도급에서 하도급으로 이어지는 피라미드 체계를 구축했다. 한국의 이주노동자 역시 이러한 굴레에 매몰되어 있다.

이제, 우리는 단순히 노동력 활용이라는 관점을 탈피하여 미등록이주노동자도 노동자로서의 정당한 노동권과 인권을 보장받아야 한다는 전제에서 출발하려 한다. 따라서 이 책은 마석가구공단 내 미등록이주노동자의 삶과 일터를 중심으로 시공간에서 펼쳐지는 파노라마 속으로 독자를 초대하고자 한다. 한국 사회가 그동안 지니고 있던 편견의 안경을 벗어 버리고 미등록 이주노동자의 실상을 있는 그대로 마주할 수 있도록 안내자 역할을 다하고자 한다.

1부에서는 마석가구공단의 특성을 톺아본다. 마석가구공단은 한센인 주민들과 공장주, 이주노동자가 공생관계 속에 놓여 있는 곳이다. 따라서 이곳에 유입된 이주노동의 특성과 변천사를 살펴보고, 사업주로서도 미등록이주노동자를 고용할 수밖에 없는 이유에 대해서도 짚어보았다. 이 복잡한 관계성을 이해해야만 더 나은 미래를 그릴 수 있지 않은가? 또한 마석가구공단은 한국 이주노동 운동의 산실 역할을 한 곳이기도 하다. 이주노동자 운동의 시발점이 되었고, 이주노동자 운동의 역량을 배양하여 그 힘이 결집하여 있는 곳이다. 1부에서는 그 과정도 함께 살핀다.

책의 2부는 미등록이주노동자의 심층 면담으로 이루어졌다. 마석가구공단에 오게 된 동기는 무엇인지, 어느 공장에 어떻게 가게 되었는지, 공장에서 어떤 작업을 하고 있는지, 공장에서 일하는 사람들과의 관계는 어떠한지, 작업시간과 급여 등은 어떠한지 그들이 직접 말한 내용을 여과 없이 실었다. 이를 큰 틀에서 분석해보면 산업구조와 미등록이주노동자의 숙련도 및 적응 등의 요인이 변화를 거치면서 새로운 형태의 이주노동 환경으로 나아가고 있음을 알 수 있다. 또한, 공장뿐만 아니라 일상 생활공간인 기숙사, 의료의 접근성, 미등록 자녀의 교육, 여가생활 등과 이주노동자(국가) 간의 사회적 연결망, 본국 가족과의 유대 등 다채로운 생활상이 담겨 있다. 심층 면담은 그동안 지자체나 여러 기관에서 흔히 행하는 설문 조사에서 놓칠 수밖에 없는 이야기가 다 들어 있다고 해도 과언이 아니다.

심층 면담 중간중간에는 이주노동자 이슈를 이해하는 데 도움이 될 만한 자료들을 배치했다. 이는 심층 면담하는 과정에서 드러난 정책상의 핵심 문제들이기에 간과할 수가 없었다. 이 자료들은 독자에게 이주노동자에 대한 인식과 수용의 폭을 넓혀주고, 정책 입안자들에겐 이주노동자들이 처한 현실을 정확하게 파악하는 데 도움을 줄 것이다. 이주노동자들이 일하는 각기 다른 사업장의 형태와 규모, 그곳에서 작동하고 있는 원리와 과정을 파악하지 못한다면 올바른 정책이 만들어질 수 없기 때문이다.

책의 3부에서는 필자가 20여 년 동안 이주노동자의 삶과 일터에서 목격한 다양한 경험과 폭넓은 이주 정책의 의제가 내포된 이야기들을 풀었다. 이를 통해 문제점은 드러내고 대안은 함께 찾아보고자 한다. 특히 이주노동자의 노동권과 인권, 미등록이주노동자의 단속, 결혼이주여성과 이주 배경의 아동·청소년, 난민, 한국의 다문화 정책 등에서 불거진 이야기를 여러 독자에게 전하고자 하는 의도가 있다. 이로써 이주민들이 겪고 있는 차별, 혐오, 산재, 임금체불, 가족의 결합권, 다문화주의, 이주노동자의 주거환경, 단속, 여성 이주노동자 등 다양한 이슈들을 살필 계기가 되었으면 한다.

심층 면담을 진행하면서 알게 된 충격적인 사실이 있다. 이주노동은 단순하게 유입국의 문제만이 아니라 송출국과도 긴밀하게 연관되었다는 점이다. 이들은 낙후된 경제와 불안한 정치 상황 때문에 이주노동을 선택했지만 그게 다가 아니었다. 어쩌면 "문제가 아닌 것이 없는 사회"가 문제인지도 모른다. 예를 들어 한 이주노동자는 땅을 사 건축을 앞두고 있는데, 본인이 귀국 후 직접 하겠다고 했다. 본국으로 송금해서 진행하면 될 것을 굳이 본인이 한다고 고집을 부리기에 이유를 물었다. 그는 "건물 짓는 사람, 건축허가를 내주는 공무원, 그리고 경찰들이 모두 뇌물을 바라기 때문"이라고 대답했다. 이른바 저개발국의 악순환이다. 가족관계 문제도 심각했다. 부모와 자녀를 본국에 두고 온 이주노동자들은 단절의 아픔으로 힘겨워했다. 설상가상으로 코로나 팬데믹에 귀국 길이 막힌 사이 부모님이 세상을 떠나는 경우도 많았다. 아버님의 유품에서 본인의 사진이 나왔다는 이야기를 들으며 함께 눈물을 흘려야 했다. 누군가에게는 너무도 자연스러운 일이 어떤 누군가에게는 너무나 간절한 일일 수 있다. 그러나 우리는 그 진리를 너무나 쉽게 잊는다. 미등록이주노동자의 이야기는 사실 우리가 숨겨온 우리의 이야기인데 말이다.

이주노동자와 함께했던 세월이 아스팔트에서 느껴보지 못한 거칠고 투박한 황톳길을 걸어 온 듯 느껴진다. 어쩌면 흙냄새와 함께 그간 잊었던 사람의 정취를 느꼈는지도 모른다. 이주노동자들은 본국의 가족을 위해 타향에서의 서러움을 견디며 절망의 자락에서 희망의 끈을 놓지 않는 사람들이다. 우리는 그들을 잊지 않고 기억해야 한다. 특히 미등록이주노동자를 말이다. 그들은 내국인들이 기피하는 산업현장에서 "우리를 대신하여" 일하고 있다. 우리 앞에 놓인 책상, 의자, 식탁에 올라오는 채소와 고기, 의복, 신발, 옷장과 하물며 오늘 밤 편안하게 안식을 취하는 침대도 이들의 손길을 거치지 않고서는 사용하기 어렵다.

사람은 기계도 아니고 도구도 아니다. "모든 인간은 태어날 때부터 자유로우며 그 존엄과 권리에 있어 동등하다"라는 세계인권선언문 제1조 조항을 언급하지 않더라도, 바로 우리 옆에서 우리의 생존을 위해 다양한 도움을 주는 그들을 외면해서는 결코 안 될 것이다. 이주노동자는 우리의 진정한 이웃이며 벗이다. 모든 사람이 인종, 피부색, 성, 언어, 종교, 정치적 또는 기타의 견해, 민족적 또는 사회적 출신, 재산, 출생 또는 기타의 신분과 같은 어떠한 종류의 '차별이 없는 평등한 세상'을 꿈꾸어본다. 이 책이 그러한 세상으로 가는 또 하나의 길이 되기를 바란다.

책이 나오기까지 도움을 주신 틈새의시간 출판사 이제롬님, 이푸른님, 다음세대재단 방대욱 대표이사님, 에큐메니안의 이정훈 편집국장님 그리고 나의 삶의 인도자가 되어주신 이정호 신부님, 남양주시외국인복지센터의 활동가들(장동만, 백진우, 김설이, 전진평, 김성수, 김혜지, 장서윤, 쥬엘, 김소리, 라원식, 람투쿡, 이서정, 봉선희, 이미정), 외국인이주노동운동협의회 이주활동가와 한국에 있는 모든 이주노동자와 그 가족 외 많은 분에게 감사드린다. 끝으로 어머니 이차남, 아내 권현진과 아들 이강훈에게 곁에 있어 주어 사랑한다고 전하고 싶다.

1부

마석가구공단
이주노동자의 삶과 일터

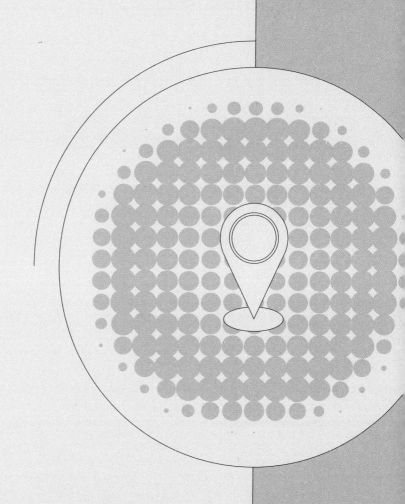

1장 마석에 가면 그들이 있다

'미등록'이란 말은 딱지 아닌 딱지다

우리나라는 1990년대 초반부터 본격적으로 이주노동자들이 유입되었다. 1980년대 초까지만 해도 외화를 벌어들이기 위해 해외로 인력을 파견하던 처지였음을 생각하면 그야말로 반전이 아닐 수 없다. 특히 1988년 서울올림픽 개최 이후 많은 동남아시아 사람들이 한국을 "돈 벌러 가고 싶은 나라"로 인식하게 되었다. 이에 1980년대 말부터 조선족을 필두로 방글라데시, 필리핀, 네팔, 베트남, 인도네시아, 아프리카(나이지리아, 카메룬 등) 등에서 이주노동자들이 한국 노동시장에 밀려 들어오기 시작한다. 그리고 1993년 말, '산업연수생제도' 도입으로 유입 인구는 급격히 증가하지만, 열풍도 잠시, 1997년 금융위기로 인해 1998년 말까지 이주노동자 인구는 급감한다. 그러다가 서서히 증가추세를 보였지만 2019년 말부터 몰아닥친 팬데믹의 영향으로 이주노동자의 입국은 큰 폭으로 줄어들었고, 2023년 이후부터는 회복 중이다.

이주노동자 이슈는 그들을 수용하는 방법, 그들에게 붙여진 이름만 보아도 그 우여곡절을 짐작하고도 남는다. 여기서 복잡한 상황을 일일이 열거할 필요는 없지만, 우선 2004년 고용허가제 시행과 함께 이주노동자는 '등록'과 '미등록'으로 우열 관계의 계층 분화가 이루어지면서 문제들이 불거졌다. 이 문제를 둘러싸고 절대 간과해서는 안 될 인권침해가 미등록이주노동자에게 동시다발적으로, 그리고 각기 다른 모습으로 드러나게 되었다. 사실 "미등록"이라는 딱지를 붙여놓고 그것을 악용하거나 남용하는 일 자체가 너무도 모순적이긴 하지만, 그들의 사정을 들여다보면 어느 한두 곳의 일이 아닐 만큼 공공연함을 알 수 있다. 사소한 다툼이라도 벌어지면 출입국에 신고하겠다고 협박하는 것, 임금체불이나 퇴직금 및 부당한 노동행위에 대한 조사 결과를 승복하지 않고 미등록이주노동자를 적법한 절차 없이 출입국에 인계하는 일, 경쟁 업체 간에 미등록이주노동자를 출입국에 밀고하는 일, 출입국 신고를 무마해주는 대가로 미등록이주노동자에게 금품을 갈취하는 일, 암묵적으로 출입국과 경찰서의 정보제공 및 통역을 담당하는 사람들이 앞장서서 미등록이주노동자를 인계하는 일 등이다.

그러나 어두운 구름 속에도 한 줄기 빛쯤은 숨어 있는 법이다. 1990년대 중반부터는 '샬롬의 집' 같은 이주노동자지원센터를 기반으로 각 국가의 공동체가 활성화되면서 사업주와 이주노동자 간의 분쟁과 갈등에 대해 중재가 가능하게 되었다. 이주노동자들은 이러한 센터의 초기 정착에 필요한 지원에 도움을 받아 차츰 안정화를 이루게 되었다. 또한, 시간이 흐름에 따라 이주노동자의 자치적인 공동체가 형성되면서 특히 '경기도·인천 이주노조'의 핵심적인 역할을 하는 이주노동자 리더들이 배출되기도 했다. 이들은 이제 한국 사회 이주노동 운동의 한복판에 서 있다.

한국에서 1990년대부터 시작된 이주노동의 단면이 고스란히 녹아 있는 마석가구공단으로 들어서보자. 이곳은 흔히 '이주노동 역사의 산실'로 불리는데, 그만큼 다양한 이슈들이 선명하게 나타나고 있다. 마석가구공단은 한 공간 안에 일터와 생활공간(숙소)이 함께 있는 일체형이라는 점, 이에 따라 어느 지역보다 이주노동자(공동체) 간에 친밀감과 유대감 형성이 수월하다는 점이 특징이라 할 수 있다. 또한, 한센인(건물주)과 사업주(공장) 그리고 이주노동자가 상호 협력하는 '공생'의 관계에 놓여 있다는 특성도 있다. 그렇다면 이곳에 터전을 잡은 이주노동자들은 어떤 삶을 살아가고 있을까?

종합 공간으로서의 마석가구공단

2023년 현재 152,000평에 이르는 마석가구공단에는 300여 개의 업체와 100여 개의 가구 판매장이 있다. 업종별 비중으로 보면 단연 가구 제조가 가장 많고, 플라스틱 사출, 철판인쇄, 기계 제조, 의복 제조, 유리 가공 등이 부분적으로 있다. 이에 더해 이주노동자의 다세대 숙소, 9개의 마트, 14개의 음식점이 있다. 종교시설로는 이슬람사원 하나와 성공회 교회가 하나 있다. 마석가구공단은 이주노동자의 일터와 숙소가 한 공간에 있어 출퇴근이 편리하고, 자국의 생활필수품 역시 공단 안에 있는 마트에서 쉽게 구매할 수 있으며, 고용 정보를 쉽게 취득할 수 있고, 사업장에서 점심을 제공하지 않는 경우 근접한 숙소로 가서 자국 음식을 섭취할 수도 있다는 장점이 있다.

마석가구공단에는 규모가 큰 공장이 3~4개 정도이고, 나머지는 소규모로 5~10인 미만 사업장이 대부분이다. 경력이 많은 이주노동자에게 작업을 지시한 후 사업주는 외부 일을 보는 장면, 숙련된 장기 미등록이주노동자가 공장장의 역할을 하면서 미숙련 이주노동자의 작업과 공정을 조정하는 장면 역시 마석가구공단이 보여주는 특성 중 하나다.

이주노동자의 숙소는 대개 국가 단위로, 그리고 다세대로 구성되어 있다. 덕분에 유대감이 강하다. 경조사가 있을 때 자국의 음식을 마련하여 타국살이의 애환을 함께 나누는 등 공동체 의식을 높일 수 있는 것도 일체형 생활공간 덕분이다. 그 밖에 이주노동자들의 종교 생활을 돕기 위해 기독교(성공회), 이슬람교, 힌두교 등에서 공단 내 건물이 있거나 아니면 건물을 임대하여 자체적으로 종교의식을 행하고 있다. 고향을 떠나온 사람들만이 느낄 수 있는 애절함과 그리움을 함께 공유하면서 저마다의 방식으로 더 나은 미래를 염원하는 이들, 그들이 바로 우리의 이웃 이주노동자다.

환경 변화에 따라 일상이 달라지다

1990년대부터 한국은 전기·전자 및 통신 분야에서 눈부신 발전을 이룩한다. 특히 1980년대 말 서울올림픽을 치르면서 그 무엇보다 '텔레비전 방송의 힘'(컬러TV 보급)을 인식하게 되었는데, 이러한 변화는 이주노동자들의 생활에도 큰 영향을 주었다. 이들은 특히 정보를 획득하는 방편으로 고국의 텔레비전 방송에 의존했다. 따라서 한국에 정착하는 이주노동자들은 설치비와 수수료 지급이라는 부담을 감내하면서 위성 안테나를 놓아 자국의 방송을 청취했다. 하지만 2000년부터 IT산업이 획기적으로 발전을 거듭하면서 인터넷이 널리 보급되자 위성기기 이용은 사라졌다. 웬만한 컴퓨터 한 대만 있으면 누구나 쉽게 미디어에 접근할 수 있게 되었다. 통신 분야에서도 변화가 나타났다. 유선 공중전화 사용에서 국제전화 카드를 사용하다가 이제는 거의 모든 사람이 스마트폰을 사용하게 되었기 때문이다. 통신의 발달은 이처럼 이주노동자들이 자국의 가족과 꾸준히 관계를

마석가구공단 전경
(날개 형상의 구름)

형성하고, 밀접하게 연락을 주고받음으로써 유대감을 안정적으로 유지하는 데 한몫했다.

이주노동자들에게 '전기통신 문명의 발전'은 일상의 편리성을 담보해준다는 장점 외에 한 가지 더 중요한 기능을 한다. 이들이 속한 국가는 대개 전통사회의 특성을 여전히 강하게 보여주는 나라들이다. 근대의 한국 문화도 사실 크게 다르지 않았다. 방글라데시의 경우, 고국에서는 대개 장손이 결혼하지 않으면 동생들이 먼저 결혼할 수 없다. 남아 있는 가족의 처지에서는 언제 돌아올지 모르는 장손을 무작정 기다리기도 답답한 노릇이다. 이런 상황에서 묘안으로 등장한 것이 바로 '전화결혼식'이다. 한국에 온 방글라데시 미등록이주노동자들이 본국으로 가기 어려운 상황에서 부모가 소개한 배우자와 전화로 결혼식을 올리는 것을 말한다. 2000년대 이전에는 전화기 너머의 음성을 들으며 사진을 보고 서로가 상대 배우자를 확인해야 했다. 오랜 시간이 지나 귀국하게 되면 서로 달라진 모습에 알아보지 못하는 웃지 못할 촌극이 발생하기도 했다.

그러나 전자기기와 통신의 질이 급격하게 발달하면서 상황이 달라졌다. 시간과 공간이 단축되었고, 여러 메신저 애플리케이션을 통해 실시간으로 서로 소식을 확인하고 전달할 수 있게 되었기 때문이다. 이처럼 통신의 발달은 타국 체류 중인 이주노동자들이 본국과 정보를 빠르게 교환하고, 가족과 긴밀하게 연결되면서 노동력을 제공하는 나라에서 장기적인 체류를 계획하게 해주는 촉매제 역할을 톡톡히 해냈다.

또한, 통신기기의 혁신으로 본국의 정보뿐만 아니라 한국에서의 장거리 지역에 있는 친인척, 친구와의 사회적 연결망 구축이 가능해졌고, 일자리나 이주와 관련한 정보를 손쉽게 얻을 수 있어 생활의 편리함을 제공하고 있다. 그뿐 아니라, 한국의 공공기관에서 제공되는 정보들이 대체로 한국어로 안내되고 있는 반면에 불특정 다수가 사용하는 소셜 네트워크를 통해 자국어로 소통하며 정보를 교환함으로 생활의 편리함과 변화되는 상황에 신속하게 대처할 수 있게 해주었다.

마석가구공단에 거주 중인 이주노동자들의 휴일 문화도 많이 달라졌다. 이주 초기에는 마석 시내가 모든 교류와 여가생활의 중심지였다. 이들은 주로 마석 시내에 나가 일반 상점에서 필요한 물품을 구매하곤 했다. 특히 장이 서는 날이면 많은 이주노동자가 모여 친교를 나누었다. 그런데 2010년 평내·호평 신도시에 상업지구가 형성되면서 마석가구공단의 이주노동자들도 이곳으로 몰리게 되었다. 마석 상인들은 이로써 무시할 수 없는 소비인구가 타지로 상권이 이동함에 따라 경제적 손실에 직면해야 했다. 한편, 하루가 다르게 발달하는 전자상거래 및 통신판매의 외연 확장으로 택배를 이용하는 인구가 증가했다는 점 역시 지역경제 활성화에 영향을 미치고 있다는 분석도 나온다.

초기 이주노동자들은 일체형 공간 안에서 일상의 거의 모든 시간을 보냈기에 교통 문제에 큰 이슈가 없었다. 당시의 교통수단은 대개 오토바이였다. 공단 안은 특히 경사로가 급격한 곳이 많았기에 출퇴근 시 이용하기엔 오토바이가 제격이었다. 휴일에 공단 근교나 시내로 나갈 때도 주로 오토바이를 탔다. 그러나 요즘은 이주노동자들도 장거리 외출 시 모바일 택시 승차를 선호한다. 스마트폰으로 쉽게 호출할 수 있는 모바일 교통수단은 생활의 편리함을 제공할 뿐만 아니라 고립감을 해소하는 데도 긍정적인 영향을 주고 있다.

안전을 위협하는 요소들

마석가구공단 내 건물들은 대개 1960년대 축사를 개조한 것으로 '노후화'

가 가장 큰 위험 요인이다. 숙소는 간이시설 형태다. 주로 슬레이트와 패널 등을 이용해 지어서 가스(LPG)와 전기를 사용할 때 무엇보다 주의가 요구된다. 가장 빈번하게 발생하는 사고는 화재다.

화재는 자연재해가 아닌 대표적인 인재(人災)로 단 한 번만 발생해도 그 피해가 심각하다. 인명 피해가 일어나면 이주노동자들에겐 치명적이다. 재해를 입으면 본인은 물론 고국의 부모 형제까지 큰 상심을 겪게 되는데, 만에 하나 사망 사고가 일어나면 그 슬픔은 차마 말로 하지 못한다. 화재가 발생했을 시 숙소나 공장이 화재보험에 들어 있지 않아 피해가 고

노후 된 공장과
기숙사(일체형)(상)
난방비를 절약하려고
전기로 연결된 철 집게를
사용해 온수를 쓴다.(하)

스란히 이주노동자의 몫으로 돌아간다는 것도 큰 문제다. 숙소는 대체로 냉·난방 시설이 취약하다. 겨울에는 보일러로 난방을 해결해야 하지만 비용 문제로 대다수 노동자가 전기장판에 의존한다. 온수도 제대로 나오지 않는 곳이 많아 전기로 연결된 철 집게를 활용해 겨우내 온수를 쓰기도 한다. 이들의 하루는 늘 외줄 타기를 하듯 위태롭다.

숙소의 구조 자체도 문제다. 복도를 사이에 두고 양쪽으로 방이 들어서 있다. 요즘 식으로 하면 부엌과 화장실이 있는 원룸인데, 규모는 8~10평 이내 정도이다. 이 방을 1~3명이 같이 쓴다. 한쪽 벽면에 환기용 창문이 달려 있지만 실은 거의 무용지물에 가깝다. 창문을 열면 곧바로 사생활이 노출될 정도로 옆 숙소와 붙어 있는 구조인 탓이다. 게다가 숙소 바로 밑이나 옆 공간에 작업장인 공장이 있게 마련이어서 각종 화학약품 냄새가 진동한다. 마음 놓고 환기하기는커녕, 피부질환과 두통을 호소해야 할 형편이다.

그러면 작업장의 환경은 괜찮은 걸까? 짐작하다시피 "그렇지 않다." 사업장 대부분은 100평 정도의 규모인데 작업 여건에 따라 임의로 공간을 칸막이로 나누어 쓴다. 천장은 일반 건물에 비해 높은 편이다. 따라서 냉난방에 어려움이 있을 수밖에 없다(물론 변변한 냉난방시설도 없다). 또한 공간 자체가 밀폐되어 있어서 표면 가공과 도색작업 시 분진(粉塵)과 화학 염료에 그대로 노출될 수밖에 없다. 일부 사업장에서는 겨울철 난방용으로 공장 내 폐기 목재를 사용하는데, 이런 경우 건강은 물론 대기오염 문제에서도 자유로울 수 없다. 최근, 이 같은 목재 사용을 근절하자는 이야기가 나오고 있지만, 이 문제가 언제 해결될 수 있을지는 여전히 의문이다.

공동체 활성화가 하나의 답이다

1990년 초반에는 이주노동자 사이에 문화, 종교, 의사소통에 있어 충돌이 생기기도 했다. 사업장 내에서 작업 중에 발생하는 분쟁으로 인해 다툼이 확대되어 이주노동자들 국가 간 싸움이 일기도 했다. 그뿐만 아니라, 생활상에서 갈등이 발생하기도 했다. 예를 들면 공중전화 부스를 사용하면서 앞사람이 장시간 사용하는 것에 대해 불만이 생겨 다툼이 벌어지거나, 숙소 내에서 소음이 발생하거나, 쓰레기 방치에 따른 불편 등으로 인해 이해관계가 충돌하여 다툼이 발생하곤 하였다. 이러한 이해관계가 충돌하는 일이 발생해도 당시에는 중재해 줄 이가 없었다. 문제는 언제나 발생했다. 서툰 언어와 낯선 작업환경, 고국에서와 너무도 다른 대우(여기에는 인격적인 대우까지 포함한다), 게다가 미등록이주노동자와 등록 이주노동자 간에 생기는 갈등…. 처음에는 중재자 부재를 핑계로 이러한 문제들을 방치하거나 저절로 해결되기를 바라는 경우가 많았다.

그러나 1994년 이주노동자지원센터 '샬롬의 집'이 들어서면서 분위기가 조금씩 달라졌다. 이곳을 통해 국가별 공동체가 형성되었고, 각 공동체에서 역량을 키워나가며 자치적으로 질서를 유지하게 되었다. 또 문제 발생 시 상호 국가의 대표들이 모여 해결 방식을 논하고 그 답을 찾게 되었다. 이주노동자가 중대한 질병 때문에 과다한 병원비를 물게 되었다든가 사망했을 경우 이들 공동체는 동료의 병원비와 본국 송환을 위해 모금활동을 전개했다. 모국에 지진이나 태풍 피해가 발생하는 등 재해를 입었을 때도 십시일반 모금한 돈을 본국에 송금하기도 했다.

공동체의 활동은 동료나 본국을 지원하는 데 그치지 않는다. 공단 내 쓰레기 방치 문제를 해결하기 위한 홍보활동, 분리수거에 적극적으로 참여를 독려하는 캠페인, 환경 개선을 위해 공단 노후 건축물(공장 외벽이나 주택)에 벽화 그리기, 숙소 환경 개선을 위해 전기 및 가스 배선을 점검하고 도배와 장판 교체하기, 숙소 주변에 텃밭을 조성하여 함께 작물 키우기 등 다양한 분야에서 삶의 질을 개선하기 위해 활동을 전개했다.

공동체 간의 단합과 연대감 조성을 위한 문화행사와 여가 활동에도 이들은 적극적으로 참여했다. 주로 각국의 국경일과 명절에 행사를 열었다. 국경일이나 전통명절에는 자체적으로 마련한 문화행사를 공동체별로 진행했고, 공동체 자조 모임을 통해 커피, 전통춤, 미디어, 요리, 음악 활동(밴드) 등 자신들이 할 수 있는 영역에서 재능을 계발했다. 태국과 필리핀

방글라데시 설날 축제(상)
이주민 어린이날 행사 '무지개
축제'(하)

공동체는 자전거 동호회를 만들어 주말이 되면 근교 자전거 도로를 달리며 심신의 회복을 도모하고 피로를 달랬다. 필리핀은 정기적으로 필리핀 농구대회(리그전 3개월 동안)를 개최하고, 방글라데시는 크리켓과 배드민턴 대회를 통해 상호 친교를 나누었다.

이들은 타 공동체의 아픔에 대해서도 방관하지 않았다. 아프가니스탄 피랍사건이 발생했던 2007년 행사에는 300여 명이 참석하여 피랍된 분들의 "무사 귀환을 위한 기도회"(성공회, 불교, 이슬람, 힌두교)를 열었다. 이들은 경춘 국도 주변에 모여 촛불과 피켓을 들고 적극적으로 한국 사회의 염원(무사 귀환)에 동참하는 공동체로서의 모습을 보여주었다. 또한 2009년에는 방글라데시 공동체가 경기문화재단의 공모사업으로 '빼앗긴 깃발'이라는 연극을 올려 한국인들과 그 내용을 공유하기 위해 자막까지 설치하는 등 타자와의 공감에 대한 높은 시민의식을 보여주었다.

공단 내 환경 개선을 위한 벽화 그리기

이주노동자 숙소에 상자 텃밭을 만들었다.(상)
필리핀 공동체의 농구대회(중)
네팔의 지진 희생자들을 애도하기 위해 모인 사람들(하)

2장 숨만 쉬는 사람들 '미등록이주노동자'

미등록이주노동자의 가족 구성원

이제 본격적으로 미등록이주노동자의 이야기를 해보자. 이들의 가족 구성원은 국가별 전통에 따라 크게 차이가 난다. 방글라데시의 경우에는 다소 보수적이어서 남성이 먼저 한국에 입국한다. 남성이 어느 정도 생활이 안정화되면 본국에 있는 여성이 오게 된다. 이후 여성도 함께 일하다가 출산을 하게 되면 자녀를 양육하고, 자녀들이 초등학교에 입학할 즈음이 되면 본국으로 출국한다. 필리핀의 경우는 좀 더 개방적이다. 게다가 이주노동의 경험이 많은 덕에 남성과 여성이 각자 독립적으로 한국에 들어온다. 그런 다음 한국에서 만나 가족을 구성하기도 한다. 본국에서 결혼해 가정을 이룬 상태라면 남성이 먼저 입국하고 나서 여성이 들어와 합류한다. 이렇게 이주노동자들이 가족을 이루게 되면 남성과 여성이 함께 일함으로써 보다 빨리 자신들이 목표로 한 재화를 손에 쥐게 될뿐더러 일상에서도 안정감을 누린다는 장점이 있다.

물론 단점도 있다. 본국에서 결혼하여 가정을 이루었던 사람이 한국에 들어올 경우가 그렇다. 본국의 자녀와 한국에서 출생한 자녀 사이에 갈

등이 생긴다거나 한국이든 본국이든 너무 어린 나이에 부모와 결별하면서 유대관계가 약해지기도 한다. 특히 체류 기간이 장기화하여 자녀와 떨어져 있는 시간이 길어질수록 이런 문제가 불거진다. 가족 간의 친밀감이 약화된다는 문제도 증폭된다. 또한, 다른 측면에서 가족 구성원에 자녀 동반이 지속될 경우는 생활비와 양육비(교육비)에 대한 부담이 커져 경제적 어려움을 겪게 된다.

그럼, 가족관계를 형성하지 않은 독신의 경우는 어떨까? 고립감을 덜 느끼고 싶다거나 소외감을 극복하고자 여가생활의 취향에 따라 같은 국가 동료나 친구 관계에 많이 의존한다. 또한, 독립적인 생활공간에서 본인만의 시간을 자유롭게 활용할 수 있다는 이점도 있다. 그러나 자칫 친구들과 어울리다가 유흥에 빠져, 저축(송금)보다는 소비가 커지는 바람에 어려움을 겪기도 한다. 이런 연유로 본국으로 돌아가는 계획에 차질이 생겨, 미등록 체류가 장기화하는 요인이 되기도 한다.

자녀들의 건강권과 교육권

미등록이주노동자 가정에 자녀가 생기는 경우는 대체로 세 가지 경우이다. 이주노동자 유입 초기에 그랬던 것처럼 일부 이주노동자가 혼자 입국했다가 몇 년 지난 후 본국에서 아내와 자녀가 들어오는 경우가 첫 번째예다. 두 번째는 부부가 함께 입국하여 자연스레 미등록이주노동자의 자녀가 출생하는 경우다. 세 번째는 한국에서 만나 부부가 되어 자녀를 출산하는 경우다. 세 경우 모두가 한국에서 자녀를 낳은 후 경제적인 이유로 아내와 자녀가 본국으로 먼저 귀국하는 사례도 있으나 한국에서 같이 살아가는 예도 많다. 이럴 때 자녀들이 성장함에 따라 보육 및 교육 관련 문제가 발생한다.

미등록이주노동자의 자녀는 국공립 어린이집과 유치원에 입학할 수는 있으나, 어려움이 있다. 설혹, 민간 어린이집이나 유치원 등에 입학할 수는 있지만, 공적 지원(보육료) 대상에서 제외되어 있어 상당한 비용을 자부담으로 내고 다녀야 한다(경기도의 일부 시·군·구에서는 이주 배경 자녀를 위한 보육료 지원을 지자체 예산으로 지원하고 있지만, 이 또한 매년 시행령, 지침의 변화로 불안정한 상황이고 지원범위의 대상 또한 제한적이다).

그런데 더 중요한 문제가 있다. 바로 건강과 직결되는 의료문제다. 미등록이주노동자의 자녀는 의료보험에 가입되지 않아 병원비를 감당하기가 너무나 어렵다. 따라서 자녀가 아프거나 위험에 처하였을 때 병원에 가기조차 쉽지 않다. 건강권에 취약할 수밖에 없는 배경이다. 이처럼 미등록이주노동자의 자녀들은 양육과 보호 면에서 소외되거나 방치될 위험성이 크다.

이러한 문제를 해결하기 위해 남양주시외국인복지센터에서는 2007년부터 취학 전 아동 보육을 위한 '무지개 교실'(영유아)을 마련해 미등록이주노동자의 자녀들을 양육하고 있다(현재 센터에서 파악하고 있는 무지개보육실 이용 아동은 8명, 지역의 민간 어린이집 6명, 초등학교 재학생 5명, 중학생 5명, 고등학생 1명이 파악되고 있다. 이 중 일부는 '법무부 한시적 구제대책'을 통해 최근에 비자를 취득했다).

'무지개 교실'을 마친 후에는 공단 내 내국인 자녀를 위한 녹촌분교를 다녔는데, 2000년대 이후로 이곳에 다니는 학생 대다수가 이주노동자 자녀였다. 그러나 2019년에는 내국인 재학생 미달로 폐교가 되었고, 현재는 이주노동자의 자녀들은 공단 근교에 있는 천마초등학교에 다니고 있다. 센터의 통계에 따르면 2007년 11월부터 2022년 12월까지 무지개 교실을 이용한 미등록이주노동자 자녀의 수는 총 220명이었다. 국적별로는 필리핀이 104명, 한국(다문화 자녀) 35명, 방글라데시 36명, 네팔 20명, 중국 2명, 인도네시아 10명, 베트남 7명, 몽골 3명, 인도 2명, 태국 1명으로 집계되었다. 성별로는 여아가 127명, 남아가 93명이었다.

---

* 출입국외국인정책본부의 통계에 따르면 미등록 자녀는 2020년 7,447명으로 집계되고 있지만, 공식적인 입국 기록을 바탕으로 체류 기간이 만료된 산출 통계 수치로 국내 출산 미등록 자녀는 포함되어 있지 않음. 이주 관련 단체는 최소 2~3만 명으로 추산. 이에 최근 2022년 1월 20일 법무부는 '국내 장기체류 아동 교육권 보장을 위한 체류자격 부여 방안'을 2022.2.1~2025.3.31까지 한시적으로 내놓음. (법무부 출입국외국인정책본부, 2022.1.20.)

* 대상자
  - 국내에서 출생하거나 영·유아기(6세 미만)에 입국한 경우에는 6년 이상 국내에서 체류하고 국내 초·중·고교에 재학중이거나 고교를 졸업한 아동
  - 또는 영·유아기가 지나서 입국한 경우에는 7년 이상 국내에서 체류하고 국내 초·중·고교에 재학 중이거나 고교를 졸업한 아동

미등록이주노동자의 유입 경로 변천사

1990년 이전에는 이주노동자들이 주로 관광비자를 받고 한국에 들어왔다. 그러나 1990년 이후부터 '브로커'가 개입되면서 송출 비용이 1,000만

원 이상으로 크게 발생하게 된다. 이 금액은 지금도 그렇지만 당시에는 정말 큰 금액이었다. 이를 마련하려면 "본국에서 어느 정도 살 만한" 사람들이거나 가족이나 일가친척의 도움을 받을 수 있는 위치에 있어야 했다. 따라서 이주노동 초기에는 중산층에 해당하고 학력도 꽤 높은 사람들이 한국행을 결심하게 되었다. 그런데 브로커의 송출 비용은 왜 그렇게 비중이 큰 것일까? 이 의문에 대한 미등록이주노동자들의 대답은 한결같았다. "출입국과 관련된 공무원의 암묵적 동의가 필요했다"라는 진술을 보면 그렇다. 즉 브로커와 출입국 공무원의 결탁이 미등록 체류의 통로가 되었다는 뜻이다. 또한 신분증 제도가 없는 국가에서는 여권을 위조해서 들어오기도 했고, 실제 나이보다 어린것처럼 꾸며서 가족을 동반해 들어오는 사례도 있었다.

이번에 적발된 출입국관리사무소 직원은 중국 교포 18명을 밀입국시켰다. 여권 브로커로부터 700만 원을 받고 지난해 11월 25일부터 12월 말까지 6차례에 걸쳐 저지른 일이다. 수법은 자신이 근무할 입국심사대를 미리 알려줘 밀입국자를 통과시켜주는 방법을 썼다. 출·입국 심사를 맡은 공무원이, 그것도 입국심사대를 밀입국 통로로 이용했다니 참으로 어이가 없다. 인천공항에 상주하고 있는 각급 기관 관계자들 사이에서 "고양이에게 생선을 맡긴 꼴"이라는 지적이 나올 만도 하다. 인천공항 출입국관리사무소 직원이 밀입국 브로커들과 결탁해 밀입국 비리를 저지른 것은 이번이 처음이 아니다. 지난 2001년에는 입국심사과 직원들이 모두 약 5억 3천만 원을 받고 무려 560여 명을 밀입국시킨 사실이 적발됐고, 2002년에는 2천 600만 원을 받고 22명을 밀입국시킨 직원이 구속됐다. 출입국관리사무소 직원들의 밀입국 비리가 마치 연례행사처럼 터지고 있다.

_2004년 〈인천일보〉 5월 17일 기사

2001년(9·11테러)을 거쳐 2011년(지문과 얼굴 정보 확인 시스템 도입) 이후부터는 출입국의 통제가 강화되면서 오히려 송출 비용이 2,000만 원 이상으로 더욱 올라갔다. 직접(관광비자)적인 경로로 한국에 입국하기가 어렵게 되자 제3국 홍콩, 싱가포르, 중국, 말레이시아, 일본 등을 경유해서 우회하는 방법으로 전환되면서부터다. 미등록 체류를 하지 않을 것이라는 신뢰(신호)를 주기 위해 제3국을 경유하다 보니 체류 비용이 과다하게 발생할 수밖에 없었다. 여기에 송출국에 있는 한국대사관에 근무하는 현지인(송출국)과 한국에 있는 초청자(브로커)가 다자 간 연계되이 제3국을 통과하는 방식으로 '진화'한 결과다.

반면 2004년 고용허가제 도입 이후에는 등록 이주노동자의 송출 비용이 300만 원 정도로 축소되었다. 하지만 도입되는 인원의 규모 역시 한정되자 이주노동 희망자들은 다른 경로를 찾게 되었다. 이 시기 유학생이나 어학연수생의 신분으로 한국에 들어온 외국인이 폭증한 것이 좋은 예다. 이른바 '쏠림현상'이 발생한 것이다. 최근에는 법무부에서 실시하고 있는 '계절노동자제도'로 외국인이 대거 유입되면서 과다 송출 비용 발생과 미등록 체류를 초래하여 물의를 빚고 있다.

밀집 지역으로 인해 출입국 단속의 표적이 되다

마석가구공단은 이른바 '밀집 지역'이다. 게다가 축적된 기술을 요구하는 가구 제조업이 대세인 만큼 장기체류 미등록이주노동자의 수가 다른 곳보다 상대적으로 많다. 그러다 보니 출입국 단속의 표적이 되기 일쑤다. 한 해에도 몇 차례씩 출입국의 단속이 이루어질 정도다.

이처럼 이주노동자 유입 인구가 많은 데 비해 공단 자체의 구조는 매우 열악하다. 아니, 위험하다. 오래된 축사 건물을 개조하는 과정에서 공단이 형성되었기에 규정 도로가 제대로 마련되어 있지 않다. 공장들의 구조도 위험하기는 마찬가지다. 출입하는 입구가 매우 협소하고, 계단과 옥상에도 안전장치를 찾아보기 힘들다. 따라서 낙상의 위험성이 매우 크다. 또한 공장 내부에는 많은 기계와 설비 장비들이 놓여 있어 혹시 예고 없이 사업장에 진입하여 단속이 집행될 때 이주노동자들이 우왕좌왕하다 다칠 위험도 크다. 미등록이주노동자의 단속과정에서 종종 큰 부상이 발생하는 이유다.

2005년에는 출입국 미니버스 2대가 공단 내에서 사전에 아무런 통보 없이 기숙사와 사업장에 난입하여 미등록이주노동자 34명을 단속하여 나가던 중 사업주와 주민의 저항을 받아 10시간 넘게 양측이 대치하는 상황이 발생하기도 했다. 고용허가제가 시행된 지 얼마 되지 않은 시점이어서 고용주의 처지에서는 숙련된 이주노동자를 잃어버리면 영세업체로서 감당하기 어려운 크나큰 손실이 발생하니 정책 마련을 요구했고, 출입국은 법 집행 행위를 막는 것을 용납할 수 없다면서 서로 첨예하게 대립한 것이다. 이후, 단속된 미등록이주노동자들은 출입국으로 인계되어 조사받고, 단순 미등록 체류자의 경우 자진 출국을 조건으로 풀려났다. 그 이후에도 단속은 계속 진행되었다. 급기야 2008년에는 출입국 대형버스 1대, 경찰

버스 2대, 승합차 7대, 승용차 등의 차량이 동원되어 138명(센터 파악)이 단속되었다. 그 과정에서 9명이 큰 상처를 입었고, 당일 3명이 수술을 받았다. 마석가구공단의 인력 부족에 따른 이주노동자의 유입과 출입국의 단속은 그러나 여전히 아직도 진행형이다.

대표적인 사례와 당사자들의 진술, 그리고 이 사건에 대한 국가인권위원회 결정문을 소개한다.

2003년 강제 단속 추방 반대하는 농성

2003년 11월 16일~30일에 3D업종 가구공장이 밀집해 있는 남양주, 마석 지역의 7개국 100여 명(방글라데시 26명, 필리핀 25명, 나이지리아 23명, 몽골 6명, 기타)의 이주노동자가 정부의 미등록이주노동자 강제 단속으로 '외국인노동자지원센터 샬롬의 집'으로 피신해 와 5년 이상 미등록이주노동자에 대한 대책을 요구하며 무기한 농성에 들어갔다.

2005년 위법적인 단속에 대한 저항

2005년 10월 17일 마석가구공단 내 출입국 미니버스 2대로 34명의 미등록이주노동자를 공장과 기숙사 내에서 단속하는 과정에서 단속의 불가피성과 부당한 절차(공장 및 기숙사의 무단 진입, 과도한 보호장비 사용, 공무원 신분, 보호 명령서 미제시 등)에 대해 사업주, 공장 종사자 및 주민들이 출입국 호송차를 가로막고 10시간 동안 격렬하게 항의하며 대치하는 사건이 발생했다. 미등록이주노동자에 대한 단속 및 보호는 사실상 체포와 구금에 준하는 것으로서 신체의 자유를 구속하는 절차이기에 단속과정에서 헌법 제12조에서 정한 적법절차의 원칙(신체의 자유를 침해하는 경우에는 반드시 적법하고 적정한 절차에 의하여야 한다는 원칙)과 법률 우위의 원칙(모든 행정작용은 법률에 위반되어서는 안 된다는 원칙)이 지켜져야 함은 행정에 있어서의 법치주의 이념, 즉 법치행정의 이념상으로도 이견이 있을 수 없다. 그러나 단속과정에서 헌법은 물론 출입국관리법상 최소한의 단속 절차마저 무시하고 공권력을 행사했기에 저항할 수밖에 없었다.

2008년 '토끼몰이식' 단속

2008년 11월 12일 오전 9시 30분부터 오후 1시경까지 출입국 직원 93명과 경찰 115명이 동원되어 마석가구공단에서 미등록이주노동자 126명이 단속되었다. 단속 방법은 일병 '토끼몰이' 방식으로 가구공단의 입구를 버스와 경찰 병력으로 에워싸고 공장과 기숙사 등에 무차별적으로 진입하여 단속하였다. 단속과정에서 기숙사의 문을 부수고, 단속된 차량의 여성 이주노동자에 대해서 수갑을 채운 채 단속 버스 차량 옆에서 용변을 보게 하기도 했다. 단속과정에서 중상자가 4명 발생하였고, 경상자도 다수 발생했다.

피해자 진술

1) 피해자 1(○○○, 국적: 방글라데시)

2008. ○○. ○○. 10시경 공장에서 작업 중 검정 조끼를 입은 단속반원 1명이 무작정 쫓아와 후문으로 도망갔고, 후문과 연결되어 있던 2미터 50센티미터 정도 높이 축대에서 단속반원이 왼쪽 어깨를 밀쳐 떨어졌으며, 이후 바닥에 무릎이 먼저 닿아 부상을 입었

다. 당시 단속반원 4명이 축대 아래에 미리 대기하고 있었고, 쫓아오던 단속반원 1명은 축대를 돌아내려 왔다. 단속을 당한 이후 계속 수갑이 채워져 있었고, 단속 반원에게 호송과정에서 통증을 호소하였으나 묵살당하였다. 이후 인천공항 출입국에 보호된 지 2시간 후 병원에 갈 수 있었고, 진료 결과 오른쪽 무릎의 신경과 인대까지 파열되어 수술이 필요하다는 진단을 받았다. 3일 후에 ○○의료원에 입원하여 수술을 받았다.

2) 피해자 2(○○○, 국적: 방글라데시)

2008. ○○. ○○. 10시 30분경 단속반원이 왔다는 소리를 듣고 근처 산으로 동료 직원 7명과 함께 도주하였다. 산으로 피신하였지만 이미 산에는 검정색 상의를 입고 있는 단속반원이 여러 명 와 있었다. 그중 한 명이 "이리 오라"고 하여 도망을 가기 위해 급하게 몸을 움직이다가 다리가 접히면서 비탈 쪽으로 떨어졌고, 이후 단속반원이 떨어져서 다친 본인을 보고 그냥 떠났다. 현재 병원에 입원 중이며, 우측 요골 골두 분쇄골절 및 탈구가 되었고, 외측부 인대가 파열되어 약 8주간의 의료적 조치가 필요하다는 의사의 진단을 받았다.

3) 피해자 3(○○○, 국적: 방글라데시)

2008. ○○. ○○. 10시 30분경 회사에서 작업을 하고 있던 중 필리핀 출신의 직장동료 3명이 단속되는 것을 목격하고 뒷문 쪽으로 뛰어내리다가 발을 다쳐 심한 통증을 느끼면서 산으로 피신하였고, 당일 12시 30분까지 산에 있다가 나뭇가지를 목발로 이용해서 회사로 돌아왔다. 현재 마석○○병원에 입원 중이다. 4번째 발가

락 골절로 스프린트를 고정한 상태이며, 약 8주간의 계속적 관찰과 의료적 조치가 필요하다는 의사의 소견이 있었다.

참고인 진술

1) ○○○(주식회사 ○○ 작업부장, 피해자 1이 근무한 작업장)

2008. ○○. ○○. 오전 10시경 단속반원들이 왔으며, 경찰 옷을 입고 있는 사람도 있었다. 단속반원들이 공장으로 들어오려고 하자 참고인이 입구를 막으며, "왜 그러냐"고 묻고 "들어오지 말라"고 하자, 단속반원 한 명이 허리를 잡고 밀어 뿌리쳤고, 이후 경찰 한 명이 움직이지 못하게 막아섰다. 이후 공장으로 다시 들어가 보니 필리핀 여성 한 명이 잡힌 상태였고, 피해자1(○○○○)이 도망가다가 1층 후문 축대 위에서 밑으로 떨어지는 것이 보였다. 높이는 2.42미터 정도였고, 떨어진 곳의 바닥이 경사져서 피해자 1의 무릎이 먼저 땅에 닿았다. 그 뒤에 단속반원 2명이 동시에 같이 뛰어 피해자1을 덮쳤으며, 피해자1은 다리가 아프다고 계속 단속반원들에게 호소하였지만, 단속반원들은 이를 묵살하면서 피해자1의 팔을 잡고 단속 차량으로 데려갔다. 또한 단속당한 필리핀 사람은 단속반원들이 목을 조르며 개구리 자세로 엎드리게 한 다음 수갑을 채웠다. 단속 당시 단속반원들은 외국인들의 신분증 확인을 하지 않았고, 단속에 대한 아무런 설명도 하지 않았다. 또한 단속 직후 긴급보호서 등 기타 서류를 외국인들에게 제시하지 않았으며, 본인이 단속반원들에게 "외국인들에 대한 신분증 확인이라도 해야 된다"고 하자 단속반원들은 "일단 데리고 가서 불법이 아니면 풀어

주겠다"고 이야기하였다.

2) ○○○(○○○○ 사장)

단속 당일 10시경 단속반원 10여 명이 기숙사 담을 넘어왔으며 군화발로 기숙사(4호실) 문을 부셨고, 남자 단속반원들은 보호외국인 여성 2명(○○, ○○○○)의 머리채를 잡아 공장 밑까지 끌고 가 수갑을 채웠다. 당시 기숙사 뒤편에는 단속반원들이 도망갈 것을 대비하여 경찰 장구를 들고 지키고 있었고, 내가 "왜 뒤지느냐, 가택수색 영장 가지고 왔느냐? 공장 현장도 아니고 기숙사 아니냐?"라고 항의했지만 단속반원들은 아무런 대꾸도 하지 않고 단속만 하였다. 당시 기숙사에서 자고 있던 사람들은 7명이었고, 이 중 5명이 단속되었다. 현재 우리 공장은 ○○가공공장으로 수출협력업체이지만, 직원들 모두 단속이 되어서 공장 가동을 중단한 상태이다.

국가인권위원회 결정문

국가인권위원회에서는 2008년 12월 29일 마석 단속과 관련하여 과잉단속, 환자방치, 무단침입 등에 대해 권고를 한 바 있다. 헌법 제10조가 보장하는 인간의 존엄과 가치 및 행복추구권을 침해한 행위에 대해 공무원으로서 성실의 의무위반은 물론 최소한의 인도주의적 의무조차 방기한 인권침해 행위라고 판단했다. 또한, 출입국관리법 제81조에서도 규정하고 있는 방문조사 및 자료제출 요구 등의 한계를 넘어 직접 강제를 수반하는 조사(진입, 수사 및 단속)는 헌법 제12조가 규정하고 있는 적법절차를 위배하였고, 헌법 제17조의 사생활 보호 침해와 관련해서는 무단진입행위에 대해 위법성을 지적하였다.

〈판단〉

1) 진정요지 '가'항과 관련하여

　　기숙사 문을 부수고 잠을 자고 있는 여성 외국인들을 단속차량까지 호송하는 과정에서 머리채를 부여잡는 등 위압적인 방법을 사용하여 여성 외국인 등을 강제로 연행한 것은 「헌법」제12조가 보장하는 신체의 자유를 침해한 것으로 판단된다. 하지만 단속반원들이 시민을 폭행하였다는 주장에 대하여는 진정인의 주장 외 달리 사실을 인정할 만한 객관적 증거가 없는 경우에 해당하는 것으로 판단된다.

2) 진정요지 '나'항과 관련하여

　　피해자 1이 무릎과 인대수술이 필요할 정도로 중상이었고, 호송과정에서 단속반원들에게 고통을 호소하였지만 이를 묵살하였던 점과, 단속반원들이 추격하는 과정에서 피해자 2가 부상을 입었지만 이에 대한 의료조치 등 별도 조치를 취하지 않은 행위는「헌법」제10조가 보장하는 인간의 존엄과 가치 및 행복추구권을 침해한 행위이며, 공무원으로서 성실의 의무 위반은 물론이고 최소한의 인도주의적 의무조차 방기한 인권침해 행위로 판단된다.

3) 진정요지 '다'항과 관련하여

　　「국가인권위원회법」제2조 제5호에 성희롱이라 함은 업무, 고용 그 밖의 관계에서 공공기관의 종사자, 사용자 또는 근로자가 그 직위를 이용하거나 업무 등과 관련하여 성적언동 등으로 성적 굴욕감 또는 혐오감을 느끼게 하거나 성적 언동 그 밖의 요구 등에 대한 불응을 이유로 고용상의 불이익을 주는 것이라 규정하고 있다. 여성 외국인들이 단속을 당한 후 호송차량에 장시간 대기하면서 화장실에 가고 싶다는 요구에 대하여 단속반원들이 이를 화장실이 아닌 대로변에서 용변을 보게 한 행위와 단속과정에서 남성 단속반원이 피해 여성 외국인의 머리카락을 잡고 호송 차량에 탑승시키는 행위는 단속을 당한 여성 외국인들로 하여금 성적 수치심을 느끼게 하기에 충분하므로 이에 대한 개선책이 필요하다. 따라서 여성 외국인 단속 시에는 단속반원들에 대한 사전 성희롱 교육을 철저히 하여야 된다고 판단된다.

3장   이주노동의 변천사

의사소통과 기술 미숙으로 갈등이 불거지다

가구를 제작하려면 기술이 필요하다. 숙련공이 있어야 한다. 공장에서 찍어나온 부품들을 조립하는 공장도 있지만, 마석가구공단에는 기술을 요구하는 곳들이 더 많다. 작업을 지시하거나 업무지시를 받는 과정에서도 정확하게 의사소통이 이루어져야 한다. 그래야만 일의 정밀도를 높이고 생산성도 증가시킬 수 있다. 소통이 제대로 되지 않으면 작업 속도가 지연된다거나 생산품에 하자(불량품)가 생긴다. 그 결과로서 매출 하락을 감수해야 한다. 일부 사업주들은 이럴 때 이주노동자들을 인격적으로 모독하며 질책하거나 때로 폭력을 가한다.

미등록이주노동자들이 이런 일을 당하면 어떻게 대처할까? 그들은 대체로 자신의 처지를 고려하여 무조건 감내하거나 다른 사업장을 찾아 떠난다. '미등록'이라는 딱지 때문에 변변한 항의 한마디 제대로 할 수 없는 탓이다. 살기 위해 시작한 타국살이가 정작 삶을 옥죄는 아이러니다. 하지만 이런 식으로 피고용인을 대하는 사업장은 곧 소문이 나게 마련이어서 이주노동자들 사이에서 흔히 기피 사업장이 되곤 한다.

그런데 가장 심각한 갈등은 같은 사업장에서 일하는 내국인 노동자와의 사이에서 발생하는 경우가 많다. 일차적인 원인은 이주노동자의 작업 기술이 숙련되지 못했다거나 한국어 능력이 부족하다는 점을 들 수 있다. 내국인 노동자들은 대개 작업장에서 이주노동자보다 우위에 있다. 그러다 보니 내국인들이 주로 작업을 지시하게 되는데 이때 이주노동자들과 의사소통하는 데 걸림돌이 생기면 욕설을 퍼붓거나 폭력을 행사하기도 한다. 그뿐이 아니다. 작업 미숙으로 발생한 불량품에 대해서 이주노동자에게 책임을 전가하여 그 몫을 임금에서 공제하기도 한다. 마석가구공단의 경우 초기에 임금체불과 산업재해의 발생률이 높았던 요인도 바로 여기에 있다.

기술과 의사소통이 어느 정도 해소되고 난 뒤에도 문제는 남는다. 3D 업종의 경우 내국인이 취업하기를 꺼리다 보니 사업주는 숙련된 이주노동자를 계속 고용하기 위해 불가피하게 임금을 올릴 수밖에 없다. 이주노동자에게는 이런 상황이 목표한 재화를 단기간에 마련할 좋은 기회로 작용한다. 사업장에서 오래 일해주기를 바라는 사업주와 어떻게든 얼른 돈을 모아 본국으로 돌아가려는 이주노동자 사이에서 고용과 임금을 둘러싸고 얽혀 있는 이해관계는 언제든 갈등으로 촉발할 수 있는 불씨를 내포하고 있다.

고용허가제 이후의 병행 고용

2004년 고용허가제 이전에는 대다수 사업장이 미등록이주노동자에 의지해 운영되었다. 그러나 고용허가제 이후로 등록 이주노동자와 미등록이주노동자를 병행 고용하게 되었다. 새로 유입된 등록 이주노동자들은 작업

기술이나 의사전달 능력이 부족하게 마련이어서 사업장에서는 숙련된 미등록이주노동자와 함께 일하게 된다. 그 원인은 단기·순환되는 고용허가제가 지닌 취약점 때문이다. 사업주가 이주노동자를 고용 신청하면 최소 3개월의 시간이 소요되고, 비숙련 이주노동자는 최초 3년에서 최장 4년 10개월 고용 이후 재고용이 가능하지만, 고용허가제가 순환을 원칙으로 하고 있어 숙련된 이주노동자 아닌 비숙련 등록 이주노동자에 기대야 하는 상황이 반복되고 있다. 상황이 이렇게 돌아가는 만큼 사업주들은 숙련 미등록이주노동자 고용 유혹을 뿌리치기 어렵다. 등록 비숙련 이주노동자보다 숙련 미등록이주노동자의 고용부담금이 상대적으로 적다는 점도 유혹의 한 요인으로 작용한다.

문제는 또 있다. 등록 이주노동자 역시 체류 기간이 도과하면 함께 일한 미등록이주노동자처럼 미등록 체류로 유인되는 성향이 커질 수밖에 없다. 사업주 입장에서는 공정 과정을 체득한 숙련된 인력을 최대한 활용하고자 하고, 등록 이주노동자들도 미등록 체류에 따른 제한사항이 협소하므로 크게 고민하지 않고 미등록 체류를 선택하게 된다. 게다가 2021년 초 팬데믹이 전면화하면서 고용 현장은 최악의 상황이 연출되었다. 생산물량의 주문이 없다 보니, 사업장마다 인원 감축을 하면서 최소 인력만으로 버텨야 했다. 등록 이주노동자나 숙련된 미등록이주노동자 최소 인력을 남겨 두었다가 일감이 들어오면 아르바이트 형태로 전환하면서 미등록이주노동자를 고용하여 사업장을 유지해야 했다. 하지만 코로나 상황이 장기화하면서 등록 이주노동자의 도입 자체가 완전히 차단되고, 숙련 미등록이주노동자들이 대거 귀국하는 사태가 벌어지자 사업주들은 경영난을 겪게 된 것이다.

코로나 상황에서 외국인력의 신규 도입이 중단되면서 사업장에 외국인력의 원활한 수급이 이루어지지 않게 되자, 외국인력 제도인 고용허가제도 역시 한계에 봉착해 그 민낯을 여실히 드러내게 되었다.

산업구조가 달라지면 이주노동의 성격도 변한다

한국경제는 1986년~1989년에 3저(저금리, 저유가, 저달러) 호황을 맞아 급격한 성장을 이루었다. 덕분에 한국의 생활 여건도 눈에 띄게 좋아졌다. 마석가구공단 역시 침대나 소파 등 가정용 가구와 각종 테이블이나 의자, 칸막이 등 기업용 가구를 생산하는 데 박차를 가하게 된다. 하지만 1997년 외환위기와 2008년 금융위기 등 경제가 무너지면서 우리나라의 전 사업장이 큰 타격을 입었다. 특히, 가구업체는 더 어려운 처지에 놓였다. 사업장의 폐업·도산·휴업 등으로 수많은 미등록이주노동자가 일자리를 잃고 생활고에 빠졌다. 이런 사정은 2010년에 들어선 뒤에도 회복될 기미를 보이지 않았다. 그러던 중 2019년 말부터 시작된 코로나로 국경이 차단되면서 이주노동 인력 유입은 아예 원천 봉쇄되었다.

노동의 문제는 국제 경제나 정세와 맞물려 가게 마련이다. 자본의 이동이 신 자유화의 급 물결을 타면서 의류와 신발 같은 제조업 분야는 임금 단가가 더 낮은 국가로 생산지를 옮겨버렸다. 그 결과 국내 생산품보다 저렴한 수입 물품들이 쏟아져 들어왔고, 한국경제의 산업구조도 변화를 겪게 되었다. 가구 분야도 예외가 아니다. 국내에서 만드는 가구보다 가격이 낮은 중국과 동남아시아(베트남, 인도네시아, 필리핀 등)에서 만들어진 가구(재) 수량이 증폭하면서 더는 경쟁력을 유지하지 못하게 된 것이다.

이러한 전반적인 산업구조의 변화에 따라 가구 업계도 방향을 틀게 되었다. 가구를 제작하여 판매하는 것보다 더 높은 수익을 창출할 수 있는 인테리어업종으로 전환한 것이다. 리모델링을 자주 하는 모텔, 식당, 백화점 등에서 공모하는 사업이 주된 일거리에 속한다. 여기서 사업권을 따내 일주일에서 한 달 정도 밤낮없이 일하는 것이다. 이런 경우 숙련된 미등록 이주노동자는 한 달에 400만~500만 원가량 임금을 받게 된다. 그러나 이런 일에 배치되려면 이주노동자의 경우 기술 수준이 높아야 하고, 체력도 고강도 노동을 견딜 수 있을 만큼 받쳐주어야 한다. 미등록이주노동자 입장에서는 이런 식의 노동을 마다할 이유가 없다. 단기간에 돈을 더 벌 수 있기 때문이다. 사업주도 마찬가지다. 가구 제작보다 부가가치가 높으므로 선호할 수밖에 없다. 실제로 코로나 시기에도 인테리어업종은 큰 영향을 받지 않았다. 오히려 코로나로 인해 재택근무가 늘어나고, 내부에 있는 시간이 증가하면서 실내를 새롭게 꾸미는 리모델링 수요 역시 증가했다.

미등록이주노동자 체류의 장기화와 고용 안정화의 상관관계

마석가구공단의 장기체류 미등록이주노동자의 인터뷰를 진행하면서 미등록 체류의 장기화가 되면서 한 사업장에 오랫동안 근속기간이 유지되고 있음을 확인할 수 있었다. 센터 설문(2020년)에 의해서도 한 사업장에서 5년 이상 일하고 있는 미등록이주노동자가 36.3퍼센트를 차지하고 있었다(5년 이상~7년 미만: 8.7퍼센트, 7년 이상~10년 미만: 12.8퍼센트, 10년 이상: 14.8퍼센트). 이는 사업장이 기술력이 축적된 미등록이주노동자에 의존하고 있음을 보여주는 결과다. 실례로, 가구 제작 및 염료의 비율을 적합하게 혼합하여 도색하는 작업, 유리의 가공 및 재단, 용접 등에서 10년 이상 한 사업장에서 일하는 미등록이주노동자들이 의외로 많이 있다.

미등록이주노동자가 장기적으로 한 사업장에서 일할 수 있는 요인으로는 우선 내국인 기술자들의 문제를 들 수 있다. 내국인 기술자들은 미등록이주노동자에 비해 임금을 더 많이 요구할 뿐더러 상부의 업무지시를 잘 수용하지 않는다. 따라서 이직이 잦게 되어 사업주 입장에서는 작업에 차질이 많이 생기게 하는 요인으로 비친다. 그러나 상대적으로 미등록이주노동자는 내국인보다는 적은 임금에도 불구하고 생산성에서 별 차이를 보이지 않는다. 노무관리 측면에서 본다면 내국인보다 미등록이주노동자가 훨씬 낫다. 또한, 내국인을 고용함으로 인해 발생하는 고용(4대 보험 및 퇴직금 정산 등)에 따른 비용도 절감할 수 있다. 영세한 사업체일수록 숙련된 장기체류 미등록이주노동자에게 의존할 수밖에 없는 배경이다.

미등록이주노동자들은 이직하면서 내국인들처럼 경력을 인정받아 경력에 따른 급여를 받는 것이 아니어서 쉽사리 이직하려 들지 않는다. 오히려 한 공장에서 오래 일하는 것을 선호한다. 그러다 보면 임금 상승에 대한 요구나 기대가 더 커지기도 한다. 설혹, 다른 사업주가 높은 임금을 주겠다고 하더라도 안정적인 사업장을 원하며 사업주와의 유대관계와 친분 등을 고려하여 옮기려고 하지 않는다.

이주노동자의 국가별 분포 특성과 체류 기간

마석가구공단의 이주노동자 분포를 살펴보자. 1990년 후반에 대략 2,000명까지 이르렀다가 2000년대 초반 이후 1,500~1,000명대에서, 최근 2023년 현재는 코로나의 여파와 공단 개발에 맞물려 700명대로 방글라데시 320여 명, 필리핀 260여 명, 베트남 30여 명, 태국 20여 명, 네팔 20여 명, 그 밖의 나라에서 온 이주노동자가 50여 명 정도로 축소되었다 (미등록이주노동자에 대한 전수조사가 가능하지 않아, 정확한 통계는 파악이 되지 않는다. 센터 이용에 따른 추정치에 불과하다).

국가	회원수	국가	회원수
나이지리아	53	인도	31
네팔	48	인도네시아	26
몽골	27	중국	44
미얀마	22	카메룬	24
방글라데시	423	태국	33
베트남	52	파키스탄	41
우즈베키스탄	21	필리핀	362
이란	28		
합계	**15개국 : 1,235명**		

* 1999~2000년 이주노동자지원단체 샬롬의 집
이주노동자 ID카드 발급 현황을 근거로 추산

　　한국에 있는 이주노동자의 분포 특성이 국가에 따라 혈연·지연·학연 관계로 집중되어 분포도의 지형이 형성되듯이 마석가구공단에 방글라데시와 필리핀 출신이 상대적으로 많은 것도 이 점을 반영하고 있다. 이를테면 포천지역엔 방글라데시, 스리랑카 출신자가 많이 모이고, 화성시에는 베트남, 부평·부천지역에는 미얀마에서 온 사람들이 많다. 다른 측면에서는 업종 군이나 종교 지형에 따라 형성되기도 한다. 해양과 농경문화에 익숙한 경험을 지닌 이주노동자들이 업종 군(농축산업, 어업)에 따른 지역과 불교와 이슬람 종교시설이 있는 곳에 자국 종교 지도자가 상주하는 지역에 따라 편중되기도 한다. 이처럼 지역에 따른 이주노동자의 분포는 사업장에 대한 정보의 교류와 직종이 요구하는 충분한 기술력을 갖추는데 편리하고, 안정적인 정착에 도움을 준다.

　　마석가구공단을 예로 들어보자. 초기에 산업연수생이나 여행비자 등을 통해 들어와서 마석에 정착한 이주노동자의 사유는 다양하다. 그러나 이후 모여든 노동자들의 유입 경로는 대동소이하다. 대개 초기 정착 이주 노동자들이 고국의 친족이나 친구를 불러들였기 때문이다. 따라서 고국의 동향지기가 많다는 것이 특징이다. 이를테면 방글라데시는 다카나 둥기바리, 로호정 지역 출신이 많고, 필리핀은 마닐라, 바기오 지역 출신이 대세다. 같은 지역 출신자들이 모이면 좋은 점이 있다. 대개 친인척이나 학교의 선후배 관계로 친밀감과 유대감이 강하게 작용하여 타국살이가 좀 더 수월해진다는 점이다.

미등록이주노동자들의 체류 기간은 어떨까? 센터의 설문(2020년)에 따르면 입국한 시점을 기준으로 2016년~2020년: 34.0퍼센트, 2011년~2015년: 28.6퍼센트, 2006년~2010년: 12.1퍼센트, 2001년~2005년: 17.6퍼센트, 1992년~2000년: 7.7퍼센트로 나타났다. 대략 10년 이상 20년 미만이 40.7퍼센트이고, 20년 이상은 25.3퍼센트로 장기체류 미등록이주노동자가 전체 66퍼센트로 높게 나타났다. 그만큼 마석가구공단에는 장기체류 미등록이주노동자가 많이 형성되어 있음을 알 수 있다.

또한 다른 지역에서 일하던 미등록이주노동자의 경우 마석으로 온 후에는 다른 곳으로 잘 이동하지 않는다. 이러한 현상의 요인으로 1990년 이후 이주노동자 공동체의 자치적인 결속력과 이주지원단체의 편의 제공 등이 미등록 체류자에게 안정감을 가져다준 측면을 들 수 있다.

탄력적 고용인가, 노동 착취인가

경제가 회복되지 않고 침체 국면에 직면하게 되면 사업주는 최소한의 인력만을 배치한다. 그러다가 주문 물량이 많아지면 이른바 '아르바이트' 형태로 미등록이주노동자를 한시적으로 투입하여 운영한다. 고정비용을 최대한 절감해서 사업장을 유지하기 위해 탄력 운영을 선호하는 것이다. 탄력적인 고용은 고용허가제 이후 진행됐지만, 코로나 이후로 극심하게 늘어나는 추세이다. 이제는 소규모로 운영되는 거의 모든 사업장이 최소한의 인력을 우선으로 하고 있다.

경기침체와 고물가로 인해 운영비용이 치솟았다는 어려움도 있지만, 안정적으로 인력을 고용할 수 없다는 것은 사업주에게 가장 큰 어려움이다. 이 문제를 해결하지 못하면 결국 사업을 접어야 한다. 그러니 사업주 입장에서는 원활한 인력 공급과 지속적인 고용이라는 최우선 과제를 해결하기 위해 미등록이주노동자에게 의존할 수밖에 없다. 신규 노동자들이 도입되지 않는 상황인 만큼 사업주에게는 다른 선택의 여지가 없는 셈이다. 하지만 이런 형태의 고용이 사업자에게 일면 유리한 점도 있다. 등록체류 이주노동자의 경우 한번 고용하면 기본적인 임금 외에 각종 부대비용을 사업주가 부담해야 한다. 이에 비해 미등록이주노동자들은 고용 자체가 아르바이트 성격을 띠므로 정기적으로 임금을 지급할 필요가 없고, 일하지 않은 날에 대해서는 임금이 나가지 않으므로 고용 비용을 유동적으로 절감할 수 있기 때문이다.

1990년 초반에는 미등록이주노동자의 사업장 이탈을 예방한다는 명목으로 사업주들이 이주노동자의 임금을 '꺾기'하는 관행이 있었다. 마치 보증금처럼 급여 일부를 남겨 두는 것이다. 임금체불 문제도 공공연했다. 미등록이주노동자가 일을 그만두게 되면 꺾기 임금을 포함하여 체불된 임금을 모두 정산해야 하는데 사업주들은 이를 외면했다. 지금은 이런 비상식적인 처우가 초기에 비해 많이 줄어들었지만, 완전히 없어진 것은 아니다. 사업장이 영세하다 보니 자금회전이 순조롭지 않고 고용에 대한 불안정한 측면이 있는 것도 사실이다. 그러나 임금 체불은 어떠한 이유로도 정당화될 수 없다.

안타까운 것은 미등록이주노동자 가운데 임금 체불을 경험하지 않은 경우가 거의 없다는 점이다. 미등록이주노동자의 임금 체불 기간은 대개 3~6개월 정도다. 이들 중 60퍼센트 이상의 사람들이 체류 신분상의 이유로 임금을 전액 수령 받지 못했다. 이런 현상은 코로나 상황에서 다시 한번 이슈화되었다. "다들 그러니 참아 보자"라는 인식이 퍼지면서 3개월 정도 임금 체불은 당연한 현실로 받아들이게 된 것이다. 사업주 중에는 목돈이 나간다는 이유로 임금을 일시금으로 지급하지 않고 토막을 내어 조금씩 지급하는 등 외형적으로만 체불 문제를 회피하는 사업주도 있다.

사업주들이 임금을 제때 지급하지 않거나 체불된 임금을 한 번에 주지 않는 것은 무슨 이유일까? 임금수준이 높은 탓일까? 조사 결과는 우리의 기대를 저버린다.

1990년대 이주노동자 여성은 20~40만 원, 남성은 30~60만 원 정도의 임금을 받았다. 이후 2000년대 여성은 60~80만 원, 남성은 80~100만 원 정도를 받았다. 2004년 고용허가제 시행과 함께 최저임금 지급이 법제화하자 2010년대부터는 여성 100~120만 원, 남성 120~160만 원을 받게 된다. 그러다가 2020년에 들어서자 여성은 130만 원, 남성은 평균 180만 원에서 현재는 미등록이주노동자의 경우 여성은 140만 원, 남성 평균 200여만 원 정도를 받고 있다.

한 가지 특이한 사항은 숙련된 미등록이주노동자들의 경우 고정(월) 임금보다 아르바이트 형태를 선호한다는 점이다. 고정(월) 임금 200만 원을 받는 것보다 1일 15만 원(20일 경우 300만 원)을 받고 탄력적으로 일한다. 이 경우 사업주와 협의하여 필요시 휴무를 할 수 있는데 이 점이 장점으로 작용하기 때문이다. 또한, 고정 임금보다 높은 임금을 취할 수 있고, 언제든지 사업장을 이동할 수 있다는 점 역시 노동 제공에 있어 매력 포인트로 작용한다. 물론 이 같은 아르바이트 노동은 사업주와 미등록이주노동자 상호 간에 신뢰가 바탕이 되어 있어야 가능한 일이다. 그러나 숙련 미등록이주노동자가 아르바이트를 선호하지만, 아르바이트 자체가 유동성이 크고, 노동시장의 경기에 따라 변동(코로나와 같은 시기)이 있어 양면성을 지니고 있다. 과연 미등록이주노동자의 아르바이트와 같은 '노동의 유연화'가 독이 될지 약이 될지의 판단은 유보적이다.

이중 차별에 허덕이는 여성 이주노동자

이제 성(性) 비율을 살펴보자. 2021년 미등록 체류자는 388,700명으로 그중 남성이 243,540명, 여성이 145,160명이었다. 여성이 차지하는 비율이 37퍼센트나 된다(2021년 출입국·외국인정책 통계연보). 마석가구공단의 성비도 남성 대 여성이 7 대 3 정도다. 하지만 앞서 살핀 바와 같이 여성의 임금은 남성과 비교할 때 평균 30만 원 이상 차이가 난다. 내국인 여성과 비교해 보면 격차가 더 크다. 경력이 짧은 내국인 여성이 여성 이주노동자보다 무려 적게는 30~60만 원을 더 받는다. 사업장에서 보여주는 작업 기능(목재 재단, 표면작업, 무늬목 작업, 도색, 조립, 포장 등) 치가 다를 수는 있지만, 실제 이들의 작업량이라든지 노동강도 같은 것은 전혀 고려되지 않는 것이다.

여성 이주노동자들은 또한 사업장이나 일상에서 "한국말에 익숙하지 않다"라는 이유로 잦은 언어 폭행과 성희롱에 노출된다. 여성 이주노동자는 작업하는 일이 어렵다기보다 욕설을 견디는 게 너무 힘들다고 하소연한다. 어떤 여성 이주노동자는 "샌딩기(표면 가공기)로 때려주고 싶다"라고 할 정도로 극심한 마음의 괴로움을 토로했다. 그뿐이 아니다. 여성 이주노동자의 작업한 물량을 내국인 여성이 가로채는 일도 있고, 내국인 여성의 물량을 여성 이주노동자들에게 감당시키는 경우도 많다. 이 문제로 항의라도 하면 사업장 내에서 왕따를 시키거나 더 나아가 그 사업장에서 일하지 못하게 만들기도 했다. 또한 사업장에서 사소한 다툼이 일었을 때 미등록 신분이라는 점을 악용하여 협박하기도 한다. 실제로 같이 일하던 어느 여성 미등록이주노동자는 내국인 동료들의 출입국 신고로 단속되기도 했다.

여성 이주노동자들은 이처럼 남성 대 여성이라는 성차별과 내국인 대 외국인이라는 인종차별에 동시에 노출되어 있다. 임금은 물론 인격적 대우와 자존감까지 박탈당하는 수모를 겪으면서, 소수자를 위한 여러 정책이 책상 위를 지난하게 오가는 사이, "있지만 없는 존재"인 우리의 이웃들은 공정 없는 세상에서 살얼음판 위를 걷고 있는 셈이다.

이주노동 운동의 산실 마석가구공단 이주노동자

마석가구공단의 미등록이주노동자는 한국 사회 이주노동의 역사와 궤를 같이하고 있다. 한국 사회 이주 운동에서 있어 이주노동자 당사자 운동의 시금석이 되었고, 이주노동자의 주체적인 세력으로 자리매김하는 데도 주도적인 역할을 하였다.

마석가구공단의 미등록이주노동자는 1999년 추석 연휴에 이주노동자 수련회에서 이주노동자들이 행사를 준비하는 과정과 진행을 통해 자발적이며 주체적인 인식과 연대를 갖는 계기가 되었다. 이후, 산업연수생제도 폐지와 미등록이주노동자 합법화 투쟁과 노동절(메이데이) 행사에도 적극적으로 참여하게 되었다. 2000년 10월에는 이노투본(이주노동자 노동권 완전 쟁취와 이주 취업의 자유 실현을 위한 투쟁본부)이 결성되면서 미등록이주노동자의 의식화 학습과 집회 조직 활동에 함께 하였다. 또한 마석가구공단과 인연을 갖고 있던 성공회대학교 박경태 교수의 주도하에 성공회대학교에서 '이주노동자를 위한 노동학교'(2001.4.11. 12주 과정)가 개설되어 노동자 문화, 사회운동, 한국 노동운동의 역사, NGO 활동에 대한 의식화 교육을 통해 이주노동자의 주체적인 역량과 이주노동자 운동을 위한 동기부여가 되었다.

이후 2001년 5월 이후에는 마석가구공단의 미등록이주노동자를 주축으로 하여 평등노조 산하의 '서울경인지역 평등노동조합 이주노동자지부'가 설립되어 노동조합원 조직 구성을 위한 기반을 구축하였다. 하지만 2002년 9월에 마석가구공단의 핵심적인 미등록이주노동자들이 출입국에 의해 표적 단속되면서 활동이 위축되기도 했다. 이런 와중에 고용허가제 시행을 앞두고 5년 미만의 미등록이주노동자에게 합법화하는 한시적 조치가 시행되면서, 이에 제외된 많은 미등록이주노동자는 배제와 강압적인 단속추방에 저항하여 전국적으로 농성 투쟁을 전개하였다. 마석가구공단 미등록이주노동자들도 농성 투쟁의 대열에 본격적으로 참여하였다(명동성당 농성은 2003년 11월 15일부터 2004년 11월 28일까지 380일간 천막농성).

농성 투쟁 이후 2005년 4월 24일에는 이주노동자 당사자가 주체가 되어 주도적으로 이주 운동 투쟁의 전면에 나서면서 '서울경기인천 이주노동자 노동조합'을 결성하여 이주노동 역사의 새로운 분수령을 이루게 되었다.

비두(Bidduth Khademul Islam)

비두는 1996년 국내에 입국하여 마석가구공단에서 이주노동을 시작하며 이주노동자의 열악한 노동 상황과 처우에 대해 자각하게 되었다. 이후 그는 2002년 4월 28일부터 77일간 '집회결사 자유 쟁취, 추방 반대, 노동비자 쟁취'를 위한 명동성당 농성에 참여하게 되었다. 하지만 2002년 9월 2일 새벽에 기숙사에서 강제 연행되어 출입국에 인계되었지만, 출입국 외국인보호소에서도 이주노동자의 노동권 쟁취를 위해 단식투쟁을 계속하였다. 결국 21일간의 단식투쟁과 국가인권위원회의 진정을 통해 3개월 만에 일시보호해제 조치로 풀려났다. 그 이후에도 이주노동자의 노동권 쟁취를 위한 투쟁을 멈추지 않고 계속하던 중 2003년 10월 26일 '전국비정규직 노동자대회' 행진 도중 경찰에 연행

비두

되어 결국에는 강제 추방을 당하게 되었다. 국제테러리스트로 둔갑 되어 정치범으로 송환되어 재판받았지만, '증거 불충분으로 인한 무혐의' 판결을 받았다. 이후, 비두는 방글라데시에서도 지역사회의 소외된 사람들의 권리를 확립하고 농촌 및 도시 사람들의 지속 가능한 개발을 보장한다는 목적을 가지고 2004년 7월 1일에 BPS(Bangladesh Patriot Society)를 조직하여 활동하고 있다.

섹 알 마문(Shekh al Mamun)

마문은 1998년 한국에 와서 마석가구공단에서 이주노동자로 일을 했으며, 현재는 비영리 이주민문화예술단체 '아시아미디어컬쳐팩토리 Asia media culture factory(AMC Factory)'에서 이주민들이 주체적인 문화예술 활동에 참여할 수 있도록 주도적 역할을 하고 있다. 또한, 독립영화 감독으로서 이주노동자, 이주민의 삶과 현실을 영상에 담아 한국 사회에 이주민의 생생한 목소리를 전하는 활동을 활발히 하고 있다. 특히 마문은 어느 한 영역, 한 조직에 국한된 활동만 한 것이 아니라, 이주민 권익을 위한 시민단체 및 공익법률 단체의 이사 활동, 이주민 문화예술 활동 등 이주민의 권익을 위해 전방위적으로 활동하고 있다. 마문은 지난 2003년 말부터 시작된 380일간의 이주노동자 명당성당 장기 농성 투쟁에서 조직국장으로 활동하며 이주노동자들의 노동권 쟁취를 위해 발 벗고 나서기도 했다. 2012년부터 현재까지는 이주노동자 노동조합 수석부위원장으로 활동하면서 이주노동조합의 노조설립 합법화에도 기여하였음은 물론, 많은 이주노동자의 노동 상담과 그 피해 구제를 위해서도 노력해 왔다.

섹 알 마문

어쏙 타파(Ashok Thapa)

어쏙은 2000년에 산업연수생으로 한국에 온 후 마석가구공단에서 미등록이주노동자로 일하면서 이주노동자방송국(MWTV)에서 이주노동자의 노동권 실태를 보도하는 활동을 하다, 2009년 네팔로 귀국했다. 이후 네팔에서 작품활동을 하면서 2013년 4월 21일에 제9회 알자지라 국제다큐멘터리 필름 페스티벌(영화제)의 단편 부문에서 〈코리안 드림〉으로 심사위원상을 수상했다. 아랍권 최대의 미디어 그룹인 알자지라 네트워크에서 주관한 다큐멘터리 영화제는 세계적으로도 가장 인정받는 영화제이다. 그 해 출품된 90개국에서 1,400여 개의 작품 중에 30개

국 205개의 작품만이 본선에 초대됐고, 그중에서도 최종 17개의 작품만
이 수상의 영광을 누렸다. '코리안 드림'은 이주노동자로 스탑크랙다운
의 다국적 밴드에서 활동한 미누의 삶을 그린 다큐멘터리 작품이다. 네
팔에서 영화사상 국제영화상 첫 수상자이다.

모누(Mohammad Minhaj Ahamed)

모누는 2000년에 한국에 왔다. 마석가구공단 내 방글라데시 공동체의
대표로 활동하면서 상담 통역을 담당했고, 공동체 소식지 발간 및 문화
활동, 지역 봉사 활동에도 적극적으로 참여하였다. 2013년에는 방글라

어속 타파

데시로 귀국하여 마석가구공단에서 일하다 귀환한 이주노동자들과 함께 지역사회에 어려움을 겪고 있는 취약계층에게 나눔과 자립의 봉사 활동을 실천해오다, 2018년에 '희망의 다리'(Bridge of Hope)라는 단체를 설립하였다. 무료 컴퓨터 교실을 운영하며 현재 1년에 300~400명의 학생을 교육하고 있다. 또한, 경제적 어려움으로 학교에 취학하지 못한 학생들을 모아 공부방을 운영하고 있으며, 코로나 시기에는 아동에게 분유 전달, 의약품 전달, 가방이 없는 학생들에게 가방을 선물, 거리에서 노숙하는 어린이들에게 담요 전달 등 많은 봉사 활동을 해왔다. 이를 인정받아 방글라데시에서 IVD Bangladesh 자원 봉사상을 받았다. 이주노

가방이 없는 학생들에게 가방을 선물하는 모누

학교에 가지 못하는 아이들을 위해 공부방을 운영하다.(상)
코로나 시기에 아기들에게 분유를 전달하는 모습(하)

동의 지속적인 반복으로 발생하는 악순환의 고리를 끊고, 지역사회가 자립할 수 있는 기반을 마련하여 상호공생하는 사회를 마련하고자 노력하고 있다. ·

2부

나는
미등록이주노동자입니다

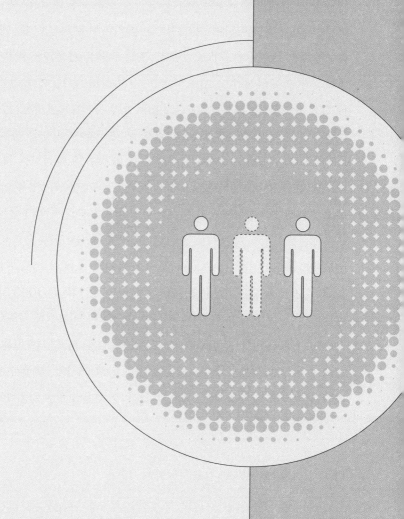

자녀 학비 문제로 돌아갈 수 없어요

- 공단의 이발소 아저씨의 도움으로 일자리를 구하기도
- 코로나로 인해 아르바이트 형태로 일하던 일자리도 사라지고 빚더미에…

2006년 관광비자로 들어왔습니다. 당시 브로커에게 1,000만 원을 주었습니다. 1962년생으로 현재 61세입니다. 아르바이트 형태로 일하고 있습니다. 처음에 잠시 의정부에서 있었고, 포천시에서 4년 동안 신발 끈(레이스) 만드는 공장에서 일했습니다. 제일 먼저 마석가구공단에 왔었는데, 포천에 가게 된 계기는 온 지 얼마 되지 않아 일할 공장을 찾지 못하던 중 마석가구공단 내에 있던 이발소 아저씨(사우디아라비아에서 이주노동을 한 경험이 있음)가 소개해 주어 일하게 되었습니다. 이발소 아저씨는 사우디아라비아에서 방글라데시 사람들과 함께 일했고, 이슬람 종교로 귀의하시면서 마석가구공단의 방글라데시 친구들을 도와주셨습니다. 사정이 어려운 방글라데시 친구들에게는 무료로 이발해주셨습니다.

방글라데시에서는 여행사에서 일했습니다. 하지만 벌이가 쉽지 않았습니다. 결혼은 동네 여자분과 6년 연애 후에 9살 차이가 나는 분과 결혼했습니다. 현재 3명의 자녀 딸 3명이 있으며 대학생입니다. 딸들이 다카대학(영어학)을 다니고 있습니다. 공부를 잘해야 들어갈 수 있습니다. 다카대학은 한국의 서울대처럼 명문대학교입니다. 다카대학의 학비도 많이 들어갑니다. 그러다 보니 여행사에서 일하는 것으로 딸들의 학비를 감당하기 어려워서, 44세 늦은 나이에 한국에 오게 되었습니다. 방글라데시도 이제는 가부장제에서 많이 탈피하여 아들과 딸을 많이 구별하지 않습니다. 전에는 남자들만 대학교를 보냈는데, 지금은 여성들도 사회에 많이 진출하고 있습니다. 오히려 딸들이 결혼해도 처가의 부모님을 많이 도와줍니다. 딸들의 학비와 미래를 위해 한국행을 결심했고, 이에 필요한 경비를 부모님과 누나, 처가 등에서 돈을 빌려 오게 되었습니다. 나이가 많아도 방글라데시로 가지 못하는 이유는 자녀 학비 문제를 해결해야만 하기 때문입니다. 다른 친구들은 한국에서 이주노동을 하면서 땅도 사고, 집도 샀지만 저는 꿈도 꾸지 못합니다. 한국에 있으면서 여행 한번 가 보지 못했습니다.

　현재 기숙사는 28만 원 정도로 혼자 생활하고 있습니다. 전체 생활비로 50만 원 쓰고 있습니다. 하지만, 코로나가 시작된 2019년부터 아르바이트도 없는 상태에서 어려움을 겪었습니다. 최근에야 조금 일이 있지만 많지 않습니다. 아르바이트를 매일 하지는 않고 있습니다. 3년 전부터는 당뇨로 인해 약을 먹고 있습니다. 한국에 오기 전에는 없었습니다. 한국에 와서 생겼습니다(한국 정부가 책임져야 하지 않아요! 함께 웃음!!). 남양주시외국인복지센터에서 무료 진료(코로나로 인해 중단)를 해주어 도움을 받았는데, 코로나 이후 무료 진료하는 곳이 없어서 큰 비용이 들어가고 있습니다.

　코로나 전에는 250~150만 원 정도 벌었습니다. 코로나가 있던 3년 동안은 한 달에 50만 원도 벌기 힘들었습니다. 자녀 학비로 매월 160~200만 원을 보내야 하는데, 빚을 내어 보내 주고 있습니다. 그나마 다행인 것은 남들에게 빚진 돈은 이자가 없습니다. 이슬람 문화권에서는 코란을 근간으로 한 '샤리아'(Shariah, 이슬람법 체계)의 원칙에 따라 남에게 돈을 빌려주는 대가로 이자를 받는 행위를 금지하고 있습니다. 서로서로 도와주는 것이 원칙입니다. 그것도 부족한 경우에는 장인어른에게 빌리기도 했습니다. 일 하든 안 하든 간에 무조건 돈을 보내야 하는 상황입니다. 코로나로 학교에 가지 못했던 때에도 학비는 내야 하는 상황이라 더 힘이 들었습니다. 딸들이 다카대학에 다니고 다카에서 생활하고 있어서 더 비용이 많이 들어갑니다. 본국에 가고 싶어도 빚이 있어 가지 못합니다. 자녀들이 졸업하기까지 앞으로 2년 동안은 계속 더 일할 수밖에 없는 상황입니다. 자녀들의 학비를 생각하면 잠이 오지 않지만, 그보다 내일 일할 수 있는지? 그런 생각에 더 마음이 걱정입니다. 공장에서 힘든 일보다 일하지 못하는 날이 더 마음으로 힘이 듭니다. 아침에 일하러 나가지 못할 때는 아침에 일하러 나가는 친구들을 보면서 부러운 마음이 듭니다. 일하지 못하는 날에는 공단에 있는 기도방에 가서 조용히 기도합니다.

가구공장에서 가구 도색 하기 전에 샌딩기로 표면 처리하는 일을 합니다. 오늘 하루도 아르바이트 일했던 공장 사장님에게 연락처를 알려드리면서 "다음에 필요하면 연락을 꼭 달라!"고 부탁했습니다. 매일 저녁에 친구들과 동생들에게 전화하면서 아르바이트할 곳을 물어보고 전화를 기다립니다. 오늘 밤에도 초조한 미음으로 핸드폰이 울리기를 기다리며….

자만(방글라데시) ▶▶▶

이주노동자 유출국에서 유입국으로

한국은 이주노동에 대해 유·출입의 역사를 함께 가지고 있습니다. 처음 인천 제물포항에서 1903년~1905년까지 64회에 걸쳐 7,415명이 하와이의 사탕수수농장에서 이주노동을 하였습니다(미국 국립문서기록관리청). 1954년에 세워진 인하대학교(인천과 하와이의 첫 자)의 설립 배경에도 이주노동자의 애환이 담겨 있습니다. 이후 1963년~1977년까지 8,000여 명이 독일에 광부와 간호사로 가게 되었고, 1970년대는 중동지역의 건설 현장으로 가게 되었습니다(해외건설협회의 통계에 따르면 1973년부터 시작되어 1978년 8만 4천여 명에서 1982년 17만 1천여 명 정점을 찍고 점차 감소하였다고 합니다). 마찬가지로 '아메리칸드림'이라는 꿈을 품고 미국으로 가서 세탁업, 청소 등을 하면서 이주노동을 하기도 했습니다(미연방 센서스국이 발표한 자료에 따르면 2020년 기준 미국 내 한국인은 총 192만 6,508명으로 집계되었습니다. 이중 대략 약 20~25만 명은 미등록 체류자로 추정됩니다).

이주노동을 유출하던 국가에서 경제의 급성장을 이룬 한국은 이를 바탕으로 1988년 올림픽 개최를 계기로 세계에 알려지게 되었고, 동남아시아 지역의 이주자들이 유입되는 국가가 되었습니다. 1990년대 20~40만에 이르던 이주자가 이제 100여 개국의 200만이 넘는 국가로 변모하게 되었습니다(2007년 100만, 2016년 200만, 2019년 250만으로 증가). 체류자의 자격에서도 이주노동자가 주축을 이루었지만, 이후 2000년 초부터는 결혼이민자, 중도입국자녀, 유학생, 난민 등으로 다양화되었습니다.

체류 이주민과 내국인의 비교를 살펴보아도, 코로나 이전 5%에 육박하던 이주민이 코로나 이후 4%대 미만으로 내려갔다가 회복세를 보이고 있습니다. 매년 평균 10만~20만 이상의 이주민이 증가하다 보면, 조만간에 한국은 OECD(경제협력개발기구)의 기준에 따른 다문화사회에 진입하게 됩니다. 이제는 이민 국가로서의 위상에 맞는 이주민과 함께 더불어 살아갈 채비를 해야 할 때입니다.

인구대비 체류외국인 현황

구분	2018	2019	2020	2021	2022
전체 인구	51,826,059	51,849,861	51,829,023	51,638,809	51,439,038
체류외국인	2,367,607	2,524,656	2,036,075	1,956,781	2,245,912
대비비율	4.57%	4.87%	3.93%	3.79%	4.37%

출입국외국인정책본부

가족의 재결합을 꿈꾸며

- 가족(부인과 자식)과 함께 있다가 홀로 이주노동으로 남음
- 공장의 이동 없이 한 공장에서 22년간 일한 성실 숙련 노동자

2000년 5월 5일에 한국에 왔습니다(어린이날 왔다고 하니, 웃음!). 1973년생 (51세)입니다. 7형제 중 막내입니다. 매제가 한국에 사업 비자를 가지고 있어서 함께 들어 왔습니다. 이후 2010년에 갔다가, 2011년에 브로커에게 2,000만 원을 주고 관광비자로 다시 한국에 왔습니다. 아내도 2002년(브로커에 1,000만 원)에 들어와서 함께 살았고, 아내는 한국에서 태어난 아들 우맘(2004년 한국 출생)과 함께 2006년에 방글라데시로 돌아갔습니다.

한국에 처음 왔을 때는 인천 남동공단에서 일했고, 경기도 광주시 문형리에 있는 의자공장에서 4개월 일하고, 이후 계속 마석가구공단에서 22년 동안 계속 일하고 있습니다. 그동안 공장을 바꾸지 않고 계속 같은 공장에서 일했습니다. 마석가구공단에는 형(셋째)과 조카가 1997년에 들어와 있었고, 2003년에 형은 방글라데시로 돌아갔습니다.

한국에 오기 전에 사이프러스(CYPRESS, 옛 키프로스 섬)에서 인도식 식당에서 조리하며 일했습니다(그런데 우리는 왜 음식 안 만들어 줘? 웃음!!). 사이프러스에 인도 식당이 많이 있습니다. 대학생(유학) 비자로 가서 일했는데, 1년 정도 있었습니다. 8개월까지 일했는데, 몸이 아파서 학교에 다니지 못해 벌금을 500만 원까지 냈지만, 비자가 나오지 않아 식당에서 계속 일

하던 중 출입국의 단속으로 추방당했습니다.

이후, 방글라데시로 돌아와 2년 연애(연애 오래 안 했어요. 웃음!)하고 나이 8년 차이가 나는 분과 결혼했습니다. 2000년에 한국에 온 것은 처남이 한국에 있었고, 추천해주어 300만 원 들여서 왔습니다. 그런데 2011년에 다시 올 때는 가지고 있던 돈과 많은 사람에게 빌려서 2,000만 원 주고 들어왔습니다. 한국에 있던 친형(1997~2003), 조카 그리고 마석가구공단의 동네 사람 따신, 마이야 아빠와 같은 로호정(Louhajang) 지역 출신 사람들이 많아 함께 잘 지낼 수 있었습니다.

코로나와 상관없이 한 공장에서 22년 동안 일하고 있습니다. 월급은 300만 원 받고 있습니다. 방글라데시 2명, 한국 사람 6명이 일하고 있습니다. 2021년에 코로나로 인해 1~2월에 일이 별로 없었는데, 7~8월 되면서 리모델링 하는 곳이 많아졌습니다. 장사하지 못하는 상황에서 오히려 리모델링을 해서 준비하는 곳이 많이 있었기 때문입니다. 모텔 가구, 교회의 의자 등을 만들고 있습니다. 전국에 부산, 마산, 김해, 거제도, 창원, 통영, 울산 등 다 다녔는데, '제주도'만 가보지 못했습니다. 다니면서 만든 가구(화장대, 침대, 테이블) 등을 세팅하러 다녔습니다. 공장에서 만든 가구들을 지방에 옮겨 리모델링을 하느라 지방에서 1달 정도 머물면서 작업을 했습니다. 지방에 다니면서 그 지방 음식도 많이 먹고 좋아하게 되었습니다. 서울의 무역센터에서 리모델링을 하러 들어가려고 했는데, 이슬람 사람들은 수염(수염은 기도하는 사람, 이슬람 사람이라는 것을 상징한다고 합니다. 그리고 수염이 없으면 시력이 안 좋아진다고 합니다. 로키 씨도 수염이 있어 지금까지 작은 글씨도 보인다고 합니다!)을 기르는데, 수염을 보고 못 들어가게 했습니다. 사장님이 그럼 수염 깎으라고 했는데, 하지 않았습니다. 결국 사장님이 "이 친구! 나랑 20년 넘게 일했고, 문제 생기면 내가 책임진다"라고 해서 들어가서 일했습니다.

실내장식(인테리어) 사무실은 서울에 있고, 이를 다시 마석가구공단에 하청받아 일하는 것이 관례입니다. 실내장식 일을 하게 되면 밤부터 새벽 시간에 일해야 하고, 정해진 시간에 작업을 마무리해야 합니다. 그럴 뿐만 아니라, 백화점 같은 경우 몇 개 업체가 함께 들어가서 일하기 때문에 자재를 옮기는 과정에서 혼란과 충돌이 생기고, 단시간에 작업을 끝내야 하는 관계로 고강도의 노동이 필요합니다. 세팅해야 할 물건(백화점에 납품되는 물건은 일체형으로 분리할 수 없다고 합니다)이 큰 경우에는 엘리베이터를 사용할 수 없어 7~8층까지 계단으로 들고 옮겨야 합니다.

한번은 사무실에 1,200×3,000 테이블 배달을 갔는데, 4층에 엘리베이터가 없고 계단으로도 할 수 없어서 건물 밖에서 줄로 묶어서 당겨서 옮겼는데 지금 생각하면 제일 힘든 일로 기억합니다. 흠집이 생기면 안 되기 때문에 더 힘이 듭니다. 특히, 대학교나 사무실, 사택 등이 흠집에 더 민감해서 작업하기가 어렵습니다(가구 정품 도장도 찍혀 있어야 하고, 흠집이 생기면 무조건 반품이 됩니다). 실내장식 물건은 일반 기성 물건보다 7~8배 비싸서 더 조심해야 합니다. 2년 정도 물건에 대한 보증 서비스가 제공됩니다.

다카에 땅과 시골에 건물도 세웠습니다. 다카의 땅에는 아직 건물을 세우지 않았고, 가면 건물을 지으려고 합니다(본인이 있어야 비용을 절감할 수 있다고 합니다! 건물을 지으면서 허가받기 위해 들어가는 건축비용보다 관련 공무원에게 주어야 하는 뇌물이 더 많다고 합니다. 그러면 경찰에 신고하면 되지 않느냐고 하니, 경찰도 주어야 한다고 합니다. 함께 웃음!).

2012년에 아들 우맘이 포경수술을 했는데, 의사가 약을 잘못 처방하여 우맘이 몇 차례 경련이 계속되어 걱정이 많습니다. 이로 인해 뇌에도 이상이 생겨 머리가 아프고 열도 나서 혼자 있다가 쓰러지기도 했습니다. 혼자서는 생활하지 못할 정도로 우려스러운 상황입니다. 방글라데시는 의료시설이 발달하지 않아, 한국에서 치료받을 기회가 생긴다면 좋겠습니다. 저도 공장에서 일하면서 언제부터인가 안면에 이상이 생겨 약을 먹었지만, 계속 아파서 병원에서 검사받고 두 달 후 검사 결과에 따라 치료받기로 했습니다.

최근 2022년 12월에 위층에서 생활하던 이주노동자 부부가 본국으로 귀국하고 비어 있던 기숙사의 수도가 터져서 아래쪽에 살던 기숙사로 물이 쏟아져 내렸습니다. 비어 있던 기숙사의 보일러를 사용하지 않고 있다가 얼었다 녹으면서 수도관이 터져버렸습니다. 오래된 건물이라 수도 배관이 부실해서 생겼다고 생각합니다. 지난 3개월 동안 밤낮(밤 12시, 1시, 3시)으로 다섯 군데의 수도 파이프가 터져, 기숙사 살림뿐만 아니라 전기도 끊기고 천장도 무너지는 일이 벌어졌습니다. 살림 도구들을 전부 버렸습니다. 누수로 인해 지난달 전기세가 60만 원 나오기도 했습니다. 집주인은 알아서 하라고만 하고 보수를 해주지 않았습니다. 영하 15도가 넘는 이번 겨울에도 전기장판에 의존해서 생활했습니다. 식사는 기숙사에서 먹을 수가 없어서 밖에서 사 먹고 있습니다. 지난주부터 겨우 물이 조금 새고 있어 그나마 다행이지만, 생활할 수가 없는 상황입니다. 3월부터 출입국 집중단속과 공단 개발로 인해 기숙사도 구할 수 없는 처지에서 다른 곳에 가기도 어려워서 그냥 기숙사에서 생활하고 있습니다.

마석가구공단에서 20여 년 넘게 살았습니다. 방글라데시에 있을 때도 한곳에서 이렇게 오랫동안 산 곳이 없었습니다. 다른 방글라데시 친구들도 일이 없어 다른 곳을 갔다가 다시 돌아옵니다. 마석가구공단처럼 서로 가깝게 지내고, 서로 도움을 주는 곳이 없다고 생각합니다. 기도방도 있어 종교 생활도 하고, 서로 일자리를 알아봐주기도 합니다. 세상이 점점 더 개인주의로 변해가지만, 마석가구공단의 이주노동자들은 슬픔과 기쁨을 함께 나누며 지내고 있어 좋습니다. 공장에서도 함께 힘든 일을 하지만, 사장님과 직원들이 함께 식사도 같이하고 회식도 합니다. 또, 친구 중에 어려운 일이 있을 때는 서로 돕는 일(병원비나 여행비를 분담)도 합니다.

20년을 회고하면서 많은 것이 변했는데, 전(2000년 초)에는 공중전화를 하면서 1만 원 카드를 사면 20분 정도 통화를 할 수 있었습니다. 가족과 통화를 하는 동안 카드의 숫자가 떨어지면 안타까움에 발을 굴렀습니다. 가족에 대한 그리움도 많고, 공장의 일도 힘들었지만, 이제는 많이 적응되었습니다. 지금은 공장에서 사장님이 자기 동생에게 저에게 공장 일을 배우라고 말합니다. "로키는 외국 사람 아니야! 너보다 일도 잘하고 오래됐어!" 이제 마석가구공단은 "여기가 내 동네이고, 우리 집!"입니다.

하지만 올해 3월 말에 공단에서 함께 지내던 형(넷째)이 심장 수술 도중 사망하는 일을 겪어야 했습니다. 형(넷째)은 5년 전에 한국에 왔고, 이미 2년 전에 심장 스텐트(심장혈관 확장) 시술을 받은 바 있습니다. 이번에도 통증이 있어 병원에 갔지만 이미 늦었습니다. 방글라데시 대사관을 통해서 시신 유해를 본국으로 송환하고, 병원비 1,100만 원 중 1,000만 원은 서울의료원에서 지원받았고 나머지만 지급했습니다. 형의 죽음과 함께 이런저런 일들로 이제는 방글라데시로 돌아가기로 마음을 정하고 공장에도 알렸습니다. 공장에서 일하셨던 분들은 "로키! 없으면 우리는 어떻게 일해! 가지 마!"라고 말했습니다.

로키 (방글라데시) ▶▶▶

* 로키는 2023년 5월 14일(일)에 이드 무바라크 행사를 마치고, 2023년 5월 15일(월) 은행 업무를 보기 위해 마석 시내에 나갔다가 출입국에 단속이 되어 출국했습니다.

축구선수의 꿈이 이주노동의 꿈으로

- 농업 등록 이주노동자로 쉬는 날 없이 작물 재배에 종사하다 미등록 체류
- 농어촌의 열악한 노동조건으로 등록 이주노동자의 기피 현상

E-9으로 한국에 온 지 7년이 되었습니다. 한국어 시험에 합격했지만, 대기자들이 너무 많아 농촌을 지원하여 빨리 한국에 입국할 수 있었습니다 (제조업의 경우 대기자들이 많고, 농어촌은 지원자가 없어 조기에 입국이 가능). 이후 4년 10개월을 일하고 귀국하지 않고 마석가구공단에서 미등록 체류 상태로 일하고 있습니다. 이유는 농촌에서 일해서 많은 돈을 벌지 못했습니다.

저는 네팔 다단(Dharan)에서 왔습니다. 한국에 오기 전에 부모님이 하고 계시던 돼지 키우는 일을 함께했습니다. 네팔에 있을 때 축구선수가 꿈이었습니다. 스쿠라(2002년 월드컵 열기가 식기 전 2003년 제13회 아시안컵 축구선수권대회가 치러지던 중에 입국한 네팔 축구 국가대표팀 선수 3명이 잠적했던 선수 중 한 명인 스쿠라가 마석가구공단에 들어와 가구공장에서 일했습니다. 2018년에 네팔로 돌아가 청소년축구팀 감독으로 활동하고 있습니다)와 함께 한국에서도 축구를 했습니다. 축구선수는 아니지만, 축구를 좋아합니다.

한국에 고용허가제로 오게 된 계기는 한국에 먼저 온 친구들에게 소개받았습니다. 한국어 시험공부를 위해 3개월 걸렸고, 한국어 학원에 한국 돈으로 매월 10만 원 내었습니다. 시험에 합격 후 농업에 지망하여 2개

월 만에 올 수 있었습니다. 한국의 강원도 홍천 시내에서 2시간 떨어진 곳에서 감자, 무, 고추, 호박, 토마토 등의 작물을 농사하는 곳으로 가게 되었습니다(홍천에서 2시간이면 어디냐고 물으니, '북한'이라고 농담!). 농장에서는 네팔인 3명과 70세가 넘은 주인 할아버지와 월 120만 원을 받고 일했습니다. 기숙사는 있었지만 형편없었습니다. 가축이 사는 '목장' 같았습니다. 하루에 아침 6시부터 저녁 6시까지 쉬는 날 없이 일했습니다. 한 달에 두 번 정도 쉬고, 매일 쉬는 시간도 없이 계속 일만 했습니다. 비가 와도 눈이 와도 쉬지 않고 일했습니다. 정말 고생을 많이 했습니다. 전에 캄보디아 친구들이 있었는데 일이 힘들어서 몇 개월 일하다가 가버리고 해서 네팔 사람은 계속 있는 것을 보고 사장님이 고용해서 이곳으로 오게 되었습니다(고용허가제로 들어오는 등록 이주노동자는 직장선택의 자유 없이 고용주에 의해 고용이 되면 직장이동이 원천적으로 허용되지 않는 제도입니다).

그곳을 나온 이후 금곡동에 있는 옷 창고(중국에서 온 옷 정리)에서 일하고 있습니다. 창고에서 정리한 옷은 동대문시장으로 보냅니다(옷을 달라고 하니, 여자 옷만 들어오는데 입고 다니는데 괜찮냐고 묻습니다). 월급은 200만 원 받고 있습니다. 마석가구공단에서 출퇴근(30분 정도)하고 있습니다(센터에서 차 하나 달라고 농담!). 마석가구공단의 기숙사는 25만 원을 내고 있습니다. 노동시간은 오전 10시부터 오후 7시 30분까지 일합니다.

남동생이 1명 있습니다. 한국에 있게 되면 5년 더 있고 싶습니다. 네팔에 가면 아버지의 사업을 하게 됩니다. 결혼은 7년 전에 했습니다. 아들 1명이 있습니다. 한국에 있는 동안 1번 네팔을 다녀왔습니다. 홍천에서 나온 지 3개월밖에 되지 않았습니다. 강원도에서 밥으로 감자, 옥수수만 먹었습니다. 감자만 보면 무섭습니다(농담으로 별명을 감자로 하면 좋겠다고 하니! 다 같이 웃음!).

먹거리조차 이주노동자의 손길 없이는 불가능하다

강화지역에서 청년회장으로 최연소 당선자가 60대 어르신으로 축하 인사를 받았다는 웃지 못할 소문을 접했습니다. 그만큼 농촌의 일손은 심각한 현실에 놓여 있습니다.

고용허가제가 2004년 시행되고 농업 분야 등록 이주노동자 신규 도입 규모는 2012년까지 5,000명대 미만이었고, 2013년 이후부터 2019년까지 약 6,000명을 유지해왔습니다. 그러나 코로나로 2020년(1,388명)부터 2021년(1,841명)까지는 신규 도입이 급격히 감소하면서 농촌 일손은 가뭄처럼 말라버렸습니다. '농업 고용환경 변화에 따른 외국인근로자 활용정책 방안' 보고서(한국농촌경제연구원, 2020.10.1.)에 따르면 설문 조사 대상 402개 농가 가운데 2019년 이주노동자 고용은 64.2퍼센트이며, 이 중 94.9퍼센트는 미등록이주노동자를 비공식 경로로 고용하고 있다고 보고하고 있습니다.

최근 법무부는 2023년 '불법체류 감축 5개년 계획'을 발표하면서 강원도 여주지역에서 농촌 미등록이주노동자 130여 명을 단속하였고, 이 과정에서 농민들의 거세 반발과 항의를 받았습니다. 농민들은 현행의 고용허가제에서는 농업 분야에 배정되는 외국인력은 불과 10퍼센트 미만이며, 대다수가 대규모 시설원예 농가 위주로 인력이 수급되는 정책으로 작물 재배(배추, 고구마, 감자, 인삼 등) 농가는 배제되어 있어 노동 집약적인 농업 특성을 반영하지 못한 행정 편의주의적 정책이라고 토로하였습니다.

또 다른 측면에서는 농업에 미등록이주노동자가 만연한 이유가 정부 정책의 부실도 있지만, 무엇보다 다른 업종에 비해 더 열악한 노동과 생활환경이 크다고 할 수 있습니다. 국내에서도 농업 이주노동자와 관련 매스컴을 통해 취약성이 보도되어 큰 충격을 주기도 했습니다. 2006년, 2009년 국제앰네스티와 2013년 국가인권위원회 조사를 통해서도 과도한 노동시간, 시간 외 근로 수당 미지급, 휴일 및 휴게시간 미 부여의 심각성에 우려를 표명하였습니다. 또한, 농한기의 불법파견, 수준 이하의 기숙사 내 생활환경 등이 제기되었습니다.

특히나 근로기준법 제63조에 농업 등 일부 분야는 근로 시간, 유급 주휴일, 일일 휴게시간과 관련한 보호 규정의 적용이 제외되어 있어 정당한 휴게·휴일과 임금을 받지 못하고 강제노동을 강요받고 있습니다.

또한, 농축산업에 종사하는 이주노동자는 대부분 5인 미만 사업장에서 일하지만, 산업안전재해보험법을 적용받지 못해 산재를 당해도 보상을 받을 수가 없습니다. 전근대적인 근로기준법 63조(1953년 제정된 근로기준법 제49조를 현재도 적용)의 법 적용과 안전을 보장받지 못하고 있는 사업장에 이주노동자를 내몰고 있습니다.

농자천하지대본(農者天下之大本)이라는 옛말도 있지만, 먹거리는 우리의 생명과 직결됩니다. 농축산업에 종사하는 내·외국 노동자를 홀대해서는 안 됩니다. 현대 산업화에 뒤떨어지지 않도록 농축산업 역시 노동환경이 개선되어야 합니다.

산업재해 적용 제외 사업장 현황 (2022년)

구분	2017	2018	2019	2020	2021	2022
농업	9,348	9,366	9,912	7,932	6,963	2,893
어업	2,578	3,684	4,955	4,109	3,746	7,055
합계	11,926	13,050	14,867	12,041	10,709	9,948

(단위: 명, 기준: 각 연도 말, 5인 미만 개인 사업자수) 고용노동부

고향으로 돌아가 산양을 키우면서 살고 싶어요

- 관광비자로 왔다가 발이 묶이다
- 휴일에도 일해요

관광비자로 2007년에 와서 16년 되었습니다. 사장님에게 2020년 7월까지 일하고 귀국하겠다고 했는데 코로나로 비행기가 없어서 가지를 못했습니다. 미혼입니다. 43살입니다. 27세에 왔습니다. 히말라야 무스탕(Mustang) 지역 부근이 고향인데, 해외 많은 사람이 등반(Trekking) 여행하는 곳입니다. 한국 사람들이 많이 오는 관광지입니다. 얼마 전에는 비행기 추락으로 많은 사람이 죽기도 했습니다(2022년 5월 29일 포카라에서 이륙한 비행기가 무스탕 좀솜으로 향하던 중 추락하여 22명이 사망). 어렸을 때 13살부터 22살까지 셰르파(Sherpa)로 일했습니다. 제가 13살 때, 아버지가 42세에 돌아가셔서 생계를 위해 셰르파로 일했습니다. 어머니도 38세에 돌아가셨습니다.

형제가 여동생 2명, 누나 1명이 있어 남자인 제가 일하게 되었습니다. 가정의 경제적 어려움으로 인해 학교에 다닐 수 없었습니다. 셰르파 일은 생각할 수 없을 만큼 힘든 일입니다. 어린 나이에 무거운 짐을 지고 산을 오르며 추운 날씨에도 견뎌야 했습니다. 지금 생각하면 눈물이 나옵니다. 또한 일한 만큼 돈을 받지 못했습니다. 셰르파로 일했던 것에 비하면 지금 한국 공장에서 일하는 것은 힘들다고 생각이 안 들 정도입니다.

2007년 한국에 올 때 삼촌과 이자 돈을 빌려 750만 원을 주고 왔습니다. 이 돈을 갚는 데 5년 조금 더 걸렸습니다. 2007~8년 미국금융 위기로 인해 한국경제가 어려울 때 달러가 높아 돈을 갚는 데 더 어려움이 있었습니다.

처음 한국에 먼저 온 친구들의 소개로 포천시 소흘읍 송우리에 있는 청바지공장에서 일했습니다. 치마처럼 통으로 된 작업복을 입고, 장화를 신고 60도가 넘는 염색을 뿌리는 작업을 해야 합니다. 여름에는 너무 더워서 일하기가 힘들었습니다. 2년 동안 오전 7시부터 오후 7시까지 일하면서 110만 원을 받았습니다. 공장에서 일하는 사람은 외국인이 40명, 한국인은 30명 정도였습니다. 하지만 한국 사람들은 관리직이 많았습니다.

그리고 이후에 대전(대전으로 가면서 교통편을 몰라 당시 35만 원 택시비를 주고 갔습니다)으로 가서 하수관을 만드는 공장에서 4년을 일했습니다. 300㎜~1,500㎜의 하수관을 제조하는 일을 했습니다. 하수관 제작 공정을 다 설명할 수는 없지만, 시멘트와 혼합물을 첨가해서 기계에서 만들어지면 이를 가공과 건조하는 작업을 하게 됩니다. 여러 공정을 거쳐 가면서 무거운 하수관을 옮겨야 해서 힘이 많이 들어가는 작업입니다.

열심히 일하다 보니 사장님이 새로운 공장을 하나 더 하게 되었고, 그곳으로 저와 함께 외국인 8명을 데리고 가셔서 여러 공정 중에 하나의 일을 책임지는 팀장으로 세우셨습니다. 월급도 120만 원에서 140만 원을 주셨습니다. 그런데 함께 일하는 외국인 친구들이 저의 지시를 따르지 않았습니다. 사장님에게 팀장을 그만두겠다고 했지만, 팀장을 할 만한 한국 사람이 없으니 팀장이 올 때까지 기다려달라고 하셨습니다. 하지만 6개월이 지나도 한국 사람이 오지 않아 저도 더는 버티지 못하고 그곳을 나와 다시 청바지공장으로 돌아왔습니다. 청바지공장으로 갔지만, 청바지공장도 6개월이 지나 문을 닫게 되었습니다. 정확하지는 않지만, 한국에서 청바지의 수요가 적어서 그렇게 된 것 같습니다.

그 이후 마석(차산리 맹골)에 온 지는 6년 되었습니다. 소파 공장에서 일하고 있습니다. 소파 공장에서 1년에 한 번 퇴직금을 줍니다. 코로나 때도 힘들지 않고 공장이 계속 운영되고 있습니다. 사장님이 공휴일에 전화해서 밥 먹자고 해서 나가면, 밥 먹고 또 함께 일해야 했습니다. 사장님도 제가 성실히 일해서 그런지 함께 편하게 일하고 있습니다.

한국에 오기 전에 5년 사귀었던 여자와 결혼하려고 했는데, 혼수까지 다 보내줬는데 결혼을 앞두고 파기(사기)되었습니다. 그로 인해 많은 돈을 잃었습니다(여자 친구를 소개해달라고 농담함. 함께 웃음!). 이제는 조금 돈을 모으면 히말라야산맥이 보이는 고향으로 돌아가 작은 땅을 사서 농사도 하고 산양을 키우면서 살고 싶습니다.

빼마 (네팔) ▶▶▶

외국인력제도(산업연수생과 고용허가제)

1990년대 초까지만 해도 이주자의 대부분은 이주노동자였으며, 이에 따른 제도로 1993년에 산업연수생제도를 도입하게 되었습니다. 하지만, 산업연수생은 말 그대로 연수생일 뿐 노동자의 신분을 인정하지 않고 편법으로 활용함으로써 사회적인 지탄의 대상이 되었습니다. 노동법을 적용하지 않아 임금체불이나 산재를 당해도 법적 구제와 보상을 받지 못했습니다. 이로 인해 산업연수생은 사업장을 이탈하게 되었고, 50퍼센트를 상회하는 미등록 체류자가 발생하게 되었습니다. 비근한 예로 산재를 보상

받지 못한 이주노동자들이 본국으로 돌아가 산재 당한 모습을 달력으로 만들어 자국민에게 배포함으로 외교적인 수모를 당하기도 했습니다.

이뿐 아니라, 산업연수생제도는 민간대행 기관을 통해 이주노동자를 받아들이면서 과다한 송출 비용, 미등록이주노동자 발생, 민간대행 기관의 관리부실과 비리 등으로 시민사회의 저항으로 철폐되고(고용허가제와 병행 후 2007년에 폐기), 2004년에 고용허가제라는 제도로 바뀌게 되었습니다.

고용허가제는 산업연수생제도의 불합리한 요소들을 차단하고, 한국 정부(고용노동부)와 송출국가 정부가 MOU를 맺고 투명성 있는 제도로 전환한 것이 고용허가제의 가장 큰 변화라고 할 수 있습니다.

그러나 고용허가제의 원칙에 있어 정주를 허용하지 않는 단기·순환(최초 3년), 내국인의 노동시장(일자리)을 침해하지 않는 사업장에서 이주노동자를 일회성 비숙련(기간제 비정규직)으로 활용하고 있는 제도입니다. 더욱이 고용허가제는 이주노동자의 사업장이동을 원천적으로 불허(이주노동자의 귀착 사유가 없는 경우는 가능:과도한 임금체불, 휴·폐업, 부당한 노동행위 등)함으로 강제 노동의 요인이 되고 있습니다. 또한, 과도한 행정적 절차(사업장이동 신청 및 구직활동 기간 초과)로 인해 이주노동자는 체류 자격이 상실되고, 일할 사업장마저 잃게 됩니다. 사업주 입장에서도 인력 손실로 인해 경영에 어려움을 겪게 됩니다.

외국인력 제도인 고용허가제가 이제 20년을 맞이하게 됩니다. 나름 성과를 평가하기도 하지만, 고용허가제의 중요한 원칙인 비숙련·단기·순환 원칙은 사실상 임계점에 도달하면서 위와 같은 많은 문제에 봉착하게 되었다는 점입니다. 최근에 와서야 서둘러 고용노동부는 준숙련인력

(10년+α) 활용 방안을 내놓았지만, 'α' 의문부호처럼 의문만 남겨 두었습니다. 그뿐만 아니라 법무부는 E-7-4비자, 계절노동자, 유학생 활용, 지역특성화 비자 등으로 외국인력 제도의 교란을 불러일으켜 도대체 외국인력 제도의 주무 부처(고용노동부)가 어디인지 의아하게 합니다. 이제 외국인력 제도는 한국 사회가 겪고 있는 고령화·저출산에 따른 변화에 맞는 선진화 이민제도가 요구되고 있습니다. 인구감소 위기와 노동력 부족에 직면하여 외국인력은 절대적으로 필요한 상황입니다. 이러한 문제를 해소하기 위해서는 현행의 단기·비숙련·순환을 원칙으로 하는 고용허가제는 한계가 있습니다. 이에 부응하기 위해서는 단기에서 장기로, 비숙련에서 숙련으로, 순환에서 영주로 가는 총체적인 외국인력 정책의 재편이 마련되어야 할 때입니다.

또한, 제도적인 측면의 개선도 있지만 2022년 통계를 보면 고용허가제 외국인력은 23만 명이지만, 미등록 체류자는 2배 가까운 41만 명에 이르고 있습니다. 미등록 체류자의 증가에 대한 원인 분석과 이에 대한 정책적 대안이 마련되어야 할 분기점에 서 있기도 합니다. 이를 보완 정비하지 않는다면 증가하는 미등록 체류자로 인해 발생하는 사회적 비용 부담과 갈등이 더 커질 수밖에 없습니다. 따라서 미등록 체류자의 문제를 물리적 강제 단속과 추방으로 야기되는 인권침해를 극복하고, 실질적인 사회통합 차원에서 폭넓게 미등록 체류자를 제도권 내에 수용하는 방안이 조속하게 마련되어야 할 것입니다.

업종별 사업장 및 외국인노동자 현황

구분		2017	2018	2019	2020	2021	2022
제조업	사업장	40,919	40,461	39,625	36,718	34,716	36,945
	외국인	182,981	182,167	181,395	146,876	130,207	164,145
건설업	사업장	697	608	549	481	446	472
	외국인	9,157	8,641	8,131	6,382	5,570	5,848
농축산업	사업장	8,338	8,233	8,269	7,526	6,802	8,325
	외국인	22,802	23,804	24,509	20,689	17,778	24,138
서비스업	사업장	109	126	117	104	98	111
	외국인	286	330	358	276	230	283
어업	사업장	4,421	5,007	5,620	4,667	3,955	5,198
	외국인	6,352	7,432	8,665	6,850	5,678	8,707
총계	사업장	54,484	54,435	54,180	49,496	46,017	51,051
	외국인	221,578	222,374	223,058	181,073	159,463	203,121

(단위: 명) * 각 연도 말 기준 근무하고 있는 외국인근로자(E-9) 수 기준

업종별 성별 현황

구분		2017	2018	2019	2020	2021	2022
제조업	남자	173,430	173,188	172,830	140,135	124,231	157,266
	여자	9,551	8,979	8,565	6,741	5,976	6,879
건설업	남자	9,157	8,641	8,131	6,382	5,570	5,848
	여자	0	0	0	0	0	0
농축산업	남자	14,882	15,805	16,537	14,104	11,978	15,739
	여자	7,920	7,999	7,972	6,585	5,800	8,399
서비스업	남자	282	326	354	274	228	280
	여자	4	4	4	2	2	3
어업	남자	6,350	7,431	8,663	6,849	5,677	8,701
	여자	2	1	2	1	1	6
총계	남자	204,101	205,391	206,515	167,744	147,684	187,834
	여자	17,477	16,983	16,543	13,329	11,779	15,287

(단위: 명) * 각 연도 말 기준 근무하고 있는 외국인근로자(E-9) 수 기준

이주노동자의 아픔을 헌신적으로 돌보다

- 비숙련에서 숙련기능으로 아르바이트로 전환
- 못내 놓지 못하는 어머니에 대한 그리움이 한가득

저는 1981년생입니다. 4남 1녀 중 첫째입니다. 방글라데시에서 고등학교 졸업 후 아버지 공장(플라스틱 사출)에서 일을 도와드렸습니다. 하지만 아버지의 사업이 잘되지 않아, 한국에 있는 삼촌의 소개로 브로커에게 730만 원을 주고 당시 20살에 브로커 부부의 아들(자녀)로 위장해서 학생 비자로 1999년에 한국에 오게 되었습니다.

처음에는 남양주 진접읍 내각리에 있는 싱크대 만드는 공장(상판 알루미늄)에서 7년 일했습니다. 열심히 일했습니다. 얼마 후 공장장님이 공장을 그만두셨지만, 대신해서 기계를 작동(수리)할 수 있게 되어 당시 월급을 180만 원 받았습니다(당시 평균 110~130만 원). 아버지 공장에서 어깨너머로 배운 덕분입니다. 한 달에 15일, 일을 해도 한 달 월급을 주셨고, 연장근로 때에도 챙겨주셨습니다. 사장님이 기숙사와 중식도 제공해주셨습니다. 월급도 밀리지 않고 주셔서 잘 지낼 수 있었습니다. 그러던 중 공장에 단속반이 들어와서 4명이 단속되었고, 저는 산으로 도망갔습니다. 사장님이 벌금이 많이 나와 더 일할 수 없다고 해서, 2006년에 마석가구공단에 오게 되었습니다. 그때 사장님이랑은 지금도 가끔 안부를 전하고 있습니다.

아버지가 2013년에 돌아가셨습니다. 어머니도 건강이 매우 좋지 않습니다. 동생들은 모두 결혼했습니다. 조카도 4명이 있습니다. 장남인 저는 어머니가 소개해준 여자와 작년에 (전화) 결혼하였지만, 서로 입장(시어머니를 모시지 않는 일. 그리고 송금은 본인에게 해달라는 요구 등)이 달라 서류상으로만 남아 있습니다.

2008년에 가구공장에서 130만 원 월급을 받았는데, 2008년 이후부터는 아르바이트만 했습니다. 월급보다 아르바이트가 더 많이 벌 수 있습니다. 아르바이트를 알아보는 것도 쉽지 않았지만, 지금은 사장님들이 필요할 때 연락을 주십니다. 2008년에는 6만 원~7만 원을 받았고, 지금은 11~12만 원을 받는데 세금이라고 6천500원을 빼고 받습니다(세금 명목이 무엇인지!). 코로나 전에는 아르바이트로 260만 원을 벌었는데, 코로나 이후 140만 원, 2022년에는 한 달에 60만 원 벌어 생활하기도 했습니다.

기숙사 월세는 20만 원이고 전기, 수도세를 포함하면 23만 원 정도입니다. 겨울철에는 더 들어갑니다. 방 2개가 있지만 혼자 생활하고 있습니다. 휴일에는 한국이나 인도 드라마를 보면서 맥주를 먹기도 합니다. 친구들과 함께 어울려 술을 먹기도 합니다. 한국 사람들과 일하면서 술을 배웠습니다. 전에는 유선으로 방송이 되었지만, 몇 년 전부터 유선은 없어지고 인터넷 보급으로 텔레비전은 없습니다. 방글라데시 방송을 보지 않는 것은 가짜 뉴스가 많고 정치가 탐탁하지 않아 보지 않습니다. 한국 음식은 해장국과 삼계탕을 좋아합니다. 어제도 ○○해장국집에서 먹었는데, 전보다 맛이 좀 달라졌습니다(그 해장국집은 이주노동자가 좋아하는 음식점인데, 이제 한국에서 오래 생활하다 보니 맛의 변화까지 알고 있습니다.).

2013년에 출입국 단속이 밤 9시에 와서 이주노동자들이 많이 모이는 가게 앞에서 필리핀 이주노동자를 단속했습니다. 그날 늦게 일을 마치고 그곳을 지나치고 있었는데, 출입국 직원이 저를 보고 잡으려고 했습니다. 순간 저는 산 쪽으로 도망을 쳤고, 어두운 산속에서 발을 헛디뎌 벼랑에서 떨어졌습니다. 저를 쫓아오던 출입국 직원도 어둠 속에서 저를 찾지 못하고 갔습니다. 벼랑에서 일어날 수 없어 센터에 연락했고, 센터 백진우 팀장님이 오셔서 구조를 받았습니다. 지금도 겨울에는 다리에 통증이 있습니다. 지금까지 지내 오면서 몇 번 단속되는 것을 목격했습니다. 한번은 공장에서 출고 중인 물품을 차에 싣고 있는데, 단속반이 와서 이주노동자를 몇 명 단속했습니다. 단속이 일상화되고 저도 단속에 대한 염려와 걱정이 가장 큽니다. 단속에 대해 주의하지만, 한다고 해서 되는 일도 아니라, 잠잘 때 꿈을 꾸기도 합니다.

방글라데시 친구들이 어려운 일을 당하면 도와줍니다. 마석가구공단에서 방글라데시 친구들 몇 명이 죽었는데, 장례의 모든 과정을 함께하고 본국으로 송환하는 일까지 도왔습니다. 방글라데시 이주노동자가 수술하고 도우미가 필요할 때 대소변을 받고 돌보는 일도 했습니다. 젊은 나이에 한국에서 와서 힘들게 일하다가 죽거나 아픈 친구들을 보면 마음이 아픕니다. (다른 사람을 돕다 보면 하루 일당 급여 10만 원 정도를 잃게 되는데 괜찮냐고 물었더니), "저도 언젠가는 아플 수 있지 않을까요!" 아버지가 돌아가셨을 때도 아버지를 뵙지 못한 것이 마음이 아프고 안타까움으로 남아 있지만, 타국에 와서 아픈 친구들을 보니 가족처럼 돕고 싶습니다.

한국에서 여자 친구를 만나 적도 있습니다. 친구가 소개해서 알게 되었습니다. 5~6년 정도 교제했습니다. 두 살 많은 연상이었고, 잠깐 동거도 했습니다. 지금은 서로 연락도 하고 식사도 하는 친구처럼 지내는 사이입니다. 결혼할 생각도 있었지만, 방글라데시에 가서 혼인 신고도 해야 하는 절차 때문에 여성분이 원하지 않았습니다. 그보다는 신용불량자라서 더 그랬던 것 같습니다.

어머니가 제일 뵙고 싶고, 어머니를 안아드리고 싶습니다. 어머니가 해주시는 밥이 그립습니다. 가끔 스스로 음식을 만들면서 어머니 생각 많이 합니다. 어머니는 어렸을 때 화상을 입으셔서 다리가 안 좋으신데, 최근에도 화상을 입었던 다리 상처가 터져서 병원에 입원 중에 계십니다. 어머니를 위해 매달 100만 원을 송금하고 있습니다. 방글라데시에는 삼촌들에게 송금을 보내서 세 명 명의로 2014년도에 땅과 건물도 세웠습니다(지금은 세를 두고 있습니다). 하지만 아직 방글라데시에 가려는 계획은 없습니다. 한국을 떠나면 다시 돌아올 수 없고, 한국이 좋고 한국에서 계속 일하고 싶은 마음입니다.

사담(방글라데시) ▶▶▶

'천식 호흡기'에 의존하는 멈출 수 없는 이주노동

- 가족의 생계를 위해 이주노동은 반복되고, 이주노동자는 '병'조차 감내하며 건강이 악화된다.
- 코로나로 인해 이주노동자의 일자리는 없어지고, 경제적인 압박은 심화하는 상황

저는 1965년생으로 한국에는 2000년에 입국하였습니다. 17세에 결혼했고, 5년 후 1987년에 싱가포르에서 가사노동을 2년 하고, 필리핀에 다시 돌아왔지만, 남편은 다른 여자를 만나고 있어 헤어졌습니다. 다시 홍콩으로 가사노동을 하게 되었습니다. 이후, 전 남편은 심장마비로 죽었습니다. 전 남편과의 사이에서 태어난 아들(폴)은 현재 마닐라 경찰관이며, 현재의 남편 사이에서 태어난 딸(제니)은 2018년에 한국을 방문한 적이 있고, 현재 개신교 목사가 되었습니다.

이혼 후에는 자녀들의 생계를 위해 다시 타이완에 가서 오전·오후에 병원에서 청소 및 의사의 집에서는 가사노동(빨래, 청소 등) 및 자녀의 영어 학습지도 등을 하였습니다. 현재 남편(아빠는 타이완, 엄마는 필리핀)은 다시 타이완 갔을 때 1992년에 가톨릭교회에서 만났고, 3년 노동 비자가 끝나고 함께 필리핀으로 돌아왔습니다(결혼식을 했는지 물었더니, 못 했다고 해서 "그럼 은경축(25년)을 맞아 다음 주에 결혼식을 하자"고 하니 못내 수줍어서 웃기만 했습니다).

이후, 여동생(벨렌) 부부와 친척 마이크 부부가 마석가구공단에서 일하던 중 한국에 올 것을 추천하여 1999년 남편(C-3)이 먼저 들어오고, 이

후 8개 후, 한국에 오게 되었습니다(당시 입국 비용으로는 각 150만 원. 현재는 평균 500만 원 정도이고, 방글라데시는 1,500만 원이지만 지금은 그것도 힘들다고 함). 한국에 올 때 생후 1살의 딸(제니)이 있었습니다. 한국에 온 후 너무 어린 나이에 떨어져 많이 보고 싶었지만, 가족(자녀)들의 생계비를 위해서는 어쩔 수 없었습니다. 그러던 중 2018년에 딸이 한국을 방문한 적이 있었는데 그때 21살이었습니다. 지금도 보고 싶지만, 코로나로 볼 수가 없습니다.

처음 마석가구공단에 왔을 때 이미 친척들과 다른 필리핀 사람들이 많아, 많은 도움을 받고 어려움 없이 즐겁게 생활할 수 있었습니다. 처음에는 돈을 모았지만, 필리핀에 있는 부모님이 아프셔서 병원비로 많이 들었고, 지금 딸(제니)이 4년여 년 동안 투석하고 있어 1주일에 20만 원 정도 병원비를 내야 해서 모을 수가 없습니다. 필리핀은 건강보험이 되지 않아, 병원비가 많이 나옵니다. 그래서 딸(제니) 병원비로 한 달에 150만 원을 보내고 있습니다.

10년 전부터 천식과 2년 전부터 당뇨로 인해 계속 근교 병원에서 약을 처방받아 먹으면서 아르바이트로 일하고 있습니다. 매월 20~25만 원 정도 약 처방 병원비로 지출하고 있습니다. 코로나 전에는 남양주시외국인복지센터에서 하는 무료 진료 시에 약을 처방받기도 했지만, 코로나로 인해 센터에서 무료 진료가 없어 더욱이 어려움을 겪고 있습니다.

남편은 가구공장에서 무늬목 작업을 하고 있으며, 한 달에 160만 원을 받고 야근하면 190만 원까지 받습니다. 저는 아르바이트할 때 7~8만 원을 받습니다. 주로 가구 제작을 위해 샌딩기(사포 작업) 작업을 합니다. 가구공장에서 일하면서 발생하는 미세먼지가 가장 견디기 힘이 듭니다. 방진 마스크를 써도 먼지가 들어옵니다. 공장에서 나오는 미세먼지로 인해 천식이 생겼다고 생각합니다. 지금은 천식 흡입기를 사용하고 있습니다(저도 폐가 안 좋아 사용하고 있다고 하니, 의료보험이 되지 않아 2만 5천 원에 샀다고 합니다. "그럼 제가 사서 드리겠다"라고 했습니다. 미등록이주노동자의 의료보험 제외 대상에 대해 실감했습니다).

코로나 전후로 많은 변화가 있는데, 코로나 이후 일자리도 많이 줄었고 본국으로 가는 이주노동자와 폐업하는 공장들도 늘고 있습니다. 저도 이제 병도 있고 나이가 많아 일하기가 힘듭니다. 하지만 딸(제니) 병원비로 비용이 많이 들어가 가진 돈도 없고, 막상 필리핀에 가더라도 일도 없고, 필리핀도 코로나로 힘든 상황이라 어쩔 수 없이 계속 일해야만 합니다.

그동안 20년 일하면서 공장에서 좋은 사람, 나쁜 사람을 많이 만났는데 오히려 좋지 않은 기억이 더 남아 있습니다. 같이 일하는 한국 사람들이 절대 이주노동자를 도와주지 않습니다. 함께 일하는 한국 사람들은 "XX야! 왜 이렇게 만들어. 그만 놀고 빨리빨리"라고 합니다. 그러고는 자신이 해야 할 일을 저에게 미루고, 사장이 나타나면 자신이 작업한 것처럼 가지고 갑니다.

그래도 그동안 이주노동을 했던 싱가포르, 타이완보다 한국이 더 좋다고 생각합니다. 어느 나라나 힘들지만 그래도 마석가구공단에 대한 친근감이 더 강한 것 같습니다(리나는 필리핀 바기오가 고향이고 공단 내에는 바기오에서 온 필리핀 이주노동자가 많은 편입니다). 조금 돈을 모으게 되면 필리핀에 가서 조그만 가게(부모님과 자식들의 생계비와 병원비 등으로 전에 있던 가게를 처분해서 지금은 없습니다)라도 하는 것이 작은 소원입니다.

리나 (필리핀) ▶▶▶

가사노동 저출산의 해법!

서울시 오세훈 시장이 국무회의(2022.9.28.)에서 외국인 가사 도우미를 제안하면서 논의가 본격화되었습니다. 그러면서 2023년 5월 9일에 서울시·고용노동부는 2023년 하반기에 시범사업(100명) 계획을 발표하였습니다.

외국인 가사노동의 진원지는 저출산과 출산으로 인한 여성의 경력단절 해소에 있습니다. 하지만 '유엔 세계 인구 전망 2022년' 보고서를 보면, 238개국의 합계 출산율(2021년 기준) 낮은 순서(한국 2위·0.88명) 중에 1970년대부터 가사노동을 도입하고 있는 나라 홍콩(1위·0.75명), 싱가포르(5위·1.02명), 마카오(6위·1.09명), 1990년대부터 도입한 대만(7위·1.11명)이 세계 10위권 내에 포함되어 있습니다. 가사노동을 도입한 나라의 경우를 비추어보면 가사노동이 여성의 경력단절을 완화하여 경제활동 참여율을 높여 줄 수는 있지만, 근본적으로 저출산의 해법이 되지는 않았습니다.

이뿐 아니라 가사노동과 관련하여 불거진 문제들이 산적해 있습니다. 우선은 고용노동부 고용허가제도의 최저임금 내에서 가사서비스 제공기관(중개업체)과 근로계약을 할 경우, 수수료와 숙박비 등이 공제되고, 제반 비용을 외국인 가사 노동자가 부담해야 합니다. 특히나 가사노동을 도입한 국가에서 인권침해 및 강제노동이 심각하다는 보고가 끊이지 않는데, 고용허가제에서는 사업장이동이 원천적으로 불허(귀책 사유가 없는 경우 허용)하고 있어 이를 더욱 악화시킬 수 있다는 점입니다. 다른 하나는 가사노동에 있어 돌봄의 영역까지 외주화하는 정책이라는 비판입니다. 자녀의 돌봄은 친밀한 관계에 있는 양육자의 돌봄이 가장 바람직합니다. 이를 위해서는 부모의 노동환경(노동시간의 단축, 성평등 강화 등)이 개선되어 가정생활의 균형과 안정을 도모하는 다양한 지원이 이루어져야 하는데, 오히려 이를 외국인 가사노동제도로 회피하고 있습니다. '요람에서 무덤까지'라는 말처럼 국가가 책임져야 할 의무를 개인에게 전가하고 있습니다.

급기야 윤석열 대통령(국무회의 2023년 5월 23)도 홍콩과 싱가포르(월 38~76만 원 수준)에서 운영하는 외국인 가사 도우미 도입을 적극적으로 검토하라고 지시했습니다. 이는 가사 노동자의 임금을 축소하여 가사노동을 고용하는 내국인의 비용을 절감하겠다는 의도가 담겨 있습니다. 가사 노동자의 고용 비용은 생산성에 따른 수익이 발생하지 않기 때문에 고스란히 고용자가 부담해야 합니다. 또한, 현실적으로 가사 노동자를 고용하는 내국인은 고소득층에 쏠릴 수밖에 없습니다(서울시에서 시범사업). 맞벌이 부부의 서민층은 엄두도 낼 수 없는 제도입니다. 정부가 사회적 빈부의 격차에 대한 박탈감과 소외감의 갈등을 더욱 조장하는 꼴이 됩니다.

2022년 6월 16일 '가사 근로자 고용개선 등에 관한 법률' 시행에 따라 가사 노동자도(고용노동부는 2023.8.2. 직업 호칭을 '가사 관리사'로 변경) 노동자로 인정받게 되었습니다. 근로기준법 제정 이후 68년 만이라고 합니다. 불과 법률이 시행된 지 1년도 되지 않은 시점에서 외국인 가사 노동자 도입은 내국인 가사 노동자의 일자리마저 잠식하고, 가사 노동자의 권리 보호를 위해 마련한 법의 목적과 취지를 무력화하는 의도라고 볼 수밖에 없습니다.

가정을 외주화시킬 것이 아니라 양질의 일자리를 통해 가족 모두가 함께 머무는 행복한 가정을 꿈꾸는 것이 사치일까요! 외국인 가사노동자 역시 자기 자녀는 누군가에게 맡겨 놓고 해외로 가사노동을 떠납니다. 어머니의 품을 떠나는 자녀는 어머니가 돌아오기를 꿈꾸며 눈물로 잠이 들고, 어머니 역시 고국에 두고 온 자녀를 그리며 눈물을 흘립니다. 그들의 눈물은 누가 닦아줄까요!

영어 선생님의 꿈을 이어가고 싶다

- 필리핀에서 영어 선생을 했으나 가족의 병원비와 생계를 위해 이주노동
- 미등록이주노동자 자녀에게 자국어인 타갈로그어 무상으로 가르침

저(1969년생)는 필리핀에서 고등학교 영어 선생님으로 일했습니다. 그런데 첫째 아들이 수술받아야 하는데 선생님의 월급으로는 감당할 수 없어, 돈을 벌기 위해 2000년에 마카오에서 2년 동안 산타로사 델리마학교(가톨릭 여자고등학교)에서 학생들과 3년은 하얏트호텔에서 직원들에게 영어를 가르쳤습니다. 2002년 아들을 필리핀에서 데리고 나와 홍콩에서 수술받게 했습니다. 그리고 하얏트호텔에서 2주 동안 대만에 간 적이 있었는데, 어린이집을 소개받고 대만에서 6년 동안 유치원생들에게 영어를 가르쳤습니다. 대만에서 유치원생들을 가르칠 때 한국인 학생의 어머니를 알게 되었는데, 남편의 사업으로 대만에 잠시 있었던 것이었고, 한국으로 돌아갈 때 아이들 영어 교육을 위해 한국에 같이 갈 것을 권유받아, 2012년에 한국으로 오게 되었습니다. 당시, 마카오와 대만에서 일할 때 여동생이 아들 2명을 부양하고 있었는데, 여동생의 심장 수술비가 필요한 상황이 생겨 한국행을 결심했습니다. 여동생은 심장 수술을 받았지만 3년 전에 하늘나라로 떠났습니다. 한국에 오게 해주신 어머니도 가족과 함께 4년 후 미국으로 이민을 떠나셨고, 대신 어머니의 지인 친구분들의 자녀들을 새롭게 소개받아 영어를 가르쳤습니다.

2년 전에는 가르치던 학생들이 3개월 동안 뉴질랜드로 영어 캠프를 떠나, 3개월 동안 린다(필리핀) 씨와 가구공장에서 일 한 적도 있었습니다. 혹시, 여기서도 조금 안정된 직업을 찾고 싶은 마음에서 한번 해보았습니다. 짧은 기간이었지만 이주노동자들이 어떻게 일하는지 볼 수 있는 좋은 경험과 기회를 얻었습니다. 하지만 너무 힘들었고 친구들이 거의 술로 버틴다는 생각이 들 정도였습니다. 일이 끝나고 집에 돌아오면 온몸의 근육이 너무 아파 저녁에 밥을 먹기도 쉽지 않았고, 아침에 몸을 일으키는 것도 쉽지 않았습니다. 3개월이 지난 후 아카데미학원장님이 다시 일하러 나오라고 연락이 왔는데, 공장일이 너무 힘들어 몸이 아파서, 1달만 더 쉬고 나가겠다고 말했을 정도로 힘들었습니다. 공장일은 아무나 하는 게 아니고, 한국 사람들이 왜 하지 않는지 그제야 알게 되었습니다(함께 웃음!!!).

혜화동성당을 다니게 되었는데, 그곳에서 마석가구공단에서 일하는 필리핀 여성분을 만나게 되었고, 한번 놀러 오라고 해서 와서 보니 필리핀 신앙공동체가 있다는 것을 알게 되어 나오게 되었습니다. 먼 곳까지 오는 것은 마석가구공단의 필리핀 신앙공동체에 대한 애정과 필리핀 사람들과 친교 할 수 있는 기회가 많이 있었기 때문입니다. 또한, 왠지 여기에 오면 조용하고 숨 쉬는 느낌이 들고, 마음이 편안해집니다. 주말에는 마석가구공단에 있는 기숙사에 옵니다. 주말에는 마석가구공단에 오면 필리핀 아이들을 모아 영어 및 타갈로그어를 무상으로 가르쳐줍니다. 한국에서 태어나 한국어를 하지만, 부모님의 모국어를 잊지 않게 하려고 아이들을 가르치고 있습니다.

공단 내 기숙사는 방값이 17만 원인데 전기, 수도를 합해 27만 원을 내고 있습니다. 인덕원은 전기세가 1만 원 정도 나오는 데 마석가구공단은 왜 비싼지 모르겠습니다.

안양시 인덕원에 작은 원룸이 있고, 하루 오후 2시부터 저녁 8시까지 직접 방문하여 1대1 또는 4명 그룹으로 인덕원, 판교에서 아이들과 성남시 분당구에 있는 아카데미학원에서도 아이들 영어를 가르치고 있습니다. 한 달에 200만 원 정도 벌고 있습니다. 대중교통으로 이동하고 있습니다. 대중교통을 이용할 때 한국말을 알아듣지 못한다고 판단하고 외국인에 대한 혐오스러운 말을 듣거나 옆자리를 피하는 것을 보면서 불쾌감을 느끼곤 했습니다. 아이들을 가르치다 보니 차림에 신경을 쓰는데, 그렇지 않은 외국인들에 대해서는 얼마나 차별할까 하는 생각이 들기도 합니다.

그동안 2명의 아들 양육과 교육비를 위해 한 달에 70만~100만 원 정도를 송금해서 보내주었습니다. 두 아들은 이제 26, 25세가 되어 대학을 졸업하여 결혼도 하고 일하고 있어 조금은 마음이 놓입니다. 그래서 이제는 10년이 넘는 이주 생활도 정리하고 돌아가고 싶었습니다. 한 가지 소원은 두 아들이 한국을 방문하고 함께 필리핀으로 돌아가려 했는데, 코로나로 인해 실행되지 못했습니다. 필리핀으로 돌아가서는 마닐라 북쪽에 한국인들이 많이 있는 곳에 한국 식당을 운영하려고 계획까지 세워놓고 있었습니다. 전에 센터에서 했던 요리 강좌를 배워 한국 음식에 관심을 두게 되었습니다. 지금도 필리핀 바기오(Baguio)에는 작은 콘도를 갖고 있습니다. 홈페이지도 운영하면서 예약해야만 받고 있으며, 이용하는 손님이 많습니다. 필리핀 바기오 가면 무료로 사용할 수 있도록 해드리겠습니다.

테스(필리핀) ▶▶▶

이주노동자 산재 '위험의 이주화'

이주노동자 산업재해 현황

구분		2018년	2019년	2020년	2021년	2022년
재해자 수	계	7,239	7,538	7,583	8,030	8,286
	사고	7,061	7,315	7,363	7,739	7,968
	질병	178	223	220	291	318
사망자 수	계	136	129	118	129	108
	사고	114	104	94	102	85
	질병	22	25	24	27	23

(단위: 건, 명) 고용노동부

이주노동자들이 일하는 사업장은 열악합니다. 언제나 산재의 위험에 노출되어 있습니다. 국내 크고 작은 산재가 발생할 때마다 이주노동자는 산재에 다반사로 등장합니다. 2022년 한국 사회 취업 이민자는 843,000명(법무부 '이민자 체류 실태 및 고용조사')이고, 41만 미등록을 포함하면 120만 정도가 취업 상태에 있습니다. 이중 평균 25~28만 명에 속하는 저숙련 이주노동자의 경우는 산재에 더 취약합니다. 더욱이 41만 명의 미등록 이주노동자의 경우는 산재 신청조차 쉽지 않습니다. 미등록을 고용하고 있는 사업장 대부분은 산재보험에 가입도 되어 있지 않은 경우가 많습니다. 그러다 보니 미등록이주노동자의 산재 경우에는 치료 또는 공상 처리하는 경우가 많습니다. 이런 가운데 이주노동자의 산재는 매년 끊임없이 증가하고 있습니다.

2022년 내국인 산재는 총 130,348명이며 이중 사고재해자는 107,214명, 질병 재해자는 23,134명, 사망자는 2,223명(사고: 874명, 질병: 1,349명)으로 나타났습니다. 한편 이주노동자는 같은 해 8,286명으로 전체 재해자의 6.4퍼센트를 차지하고 있습니다. 아래의 도표는 내국인과 이주노동자의 산재 현황입니다. 도표에서 특히, 내국인은 사고재해자 대비 질병 재해자가 21.6퍼센트이지만, 이주노동자는 4.0퍼센트에 불과해 이주노동자는 질병 재해보다는 사고재해에 취약하다고 할 수 있습니다. 사망자에 있어서도 마찬가지로 내국인은 질병 사망자가 60.7퍼센트를 차지하는 반면 이주노동자는 21.3퍼센트이고, 이주노동자 사고 사망자는 78.7퍼센트(내국인은 39.3퍼센트)로 높게 나타나고 있습니다.

2022년 내외국인 산업재해 현황

	전체		사고		질병	
	재해자	사망자	사고 재해자	사고 사망자	질병 재해자	질병 사망자
내국인	130,348 (94.0)	2,223 (95.1)	107,214 (93.1)	874 (91.1)	23,134 (98.6)	1,349 (98.3)
외국인	8,286 (6.0)	108 (4.9)	7,968 (6.9)	85 (8.9)	318 (1.4)	23 (1.7)
전체	138,634 (100)	2,331 (100)	115,182	959 (100)	23,452 (100)	1,372 (100)

또한, 최근 한 조사(정연 외, '이주노동자 산업안전보건 현황과 정책 과제', 2022)에 따르면 이주노동자의 업무상 사고 또는 질병으로 발생한 업무상

사고·사망률이 성별, 연령을 망라하고 내국인보다 높게 나타났습니다. 그뿐만 아니라 업종별에서도 건설업에서 가장 높게 나타났고, 전반적으로 다른 업종에서도 높게 나타났습니다.

OECD 국가 내에서도 한국은 산재율이 높습니다. 이주노동자의 산재율이 내국인 노동자의 산재율보다 높다는 사실은 이미 알려져 있습니다.

노동자의 생명과 신체를 보호하기 위한 중대재해 처벌 등에 관한 법률이 2022년 1월 27일부터 시행이 되었지만, 5인 미만 사업장에는 적용이 되지 않습니다. 특히나 농축산업, 어업에 종사하는 산업재해 적용에서 제외된 이주노동자의 사업장도 이에 포함되어 있습니다. 중대재해처벌법 부칙에 의하면 50인 미만 사업장 역시 2024년 1월 26일까지는 법 적용이 유예되어 있습니다. 내국인의 50인 미만 사업장의 산재가 72퍼센트인데, 이주노동자 역시 예외가 아닙니다. 이주노동자들이 일하는 사업장은 '위험의 외주화' 현상을 넘어 이제는 '위험의 이주화'가 고착되어 있습니다.

'코리안 드림'을 꿈꾸며 한국에 온 이주노동자들이 건강한 몸으로 귀국할 수 있기를 바랍니다. 가족의 품으로….

'단속'이 제일 무섭습니다

- 어린 나이 가족의 생계를 업고 온 이주노동자 "처음 한국에 올 때는 수염이 없었습니다."
- 이제는 겉절이김치도 좋아할 정도로 한국 생활에 적응

저는 2012년에 C-3로 입국하는 데 1,500만 원 들었습니다. 방글라데시 친형이 마석가구공단에서 일하고 있던 동네 아는 형의 소개로 18살에 한국에 들어오게 되었습니다. 브로커가 인천공항에서 나오는 것까지 봐주고, 인천공항에서 택시를 타고 공단에 오게 되었습니다(너무 어린 나이 18살에 들어 왔다고 하니, "처음 한국에 올 때는 수염이 없었습니다"라고 합니다).

저는 3남 1녀 중 막내입니다. 아버지는 1년 전에 돌아가셨고, 어머니와 형이 함께 생활하고 있습니다(형이 아닌 본인이 한국에 온 것에 후회하지 않는지에 대한 물음에 당연한 듯 "우리나라는 일도 없고, 먹고 살기에 힘들어"라고 말합니다). 처음에는 월급을 120만 원 받았습니다. 그래서 많이 송금할 수 없었지만, 이후 조금씩 적응하면서 월급도 올라 가족들의 생계비를 위해 평균 매달 100~120만 원 송금하고 있습니다. 3년이 지나서는 1,500만 원도 갚을 수 있었습니다. 코로나 전에는 한 달에 아르바이트로 220~230만 원 정도 받았습니다. 하지만 코로나로 인해 일이 많이 없어져 그만큼 벌지는 못하고 있습니다. 현재(코로나 이후)는 아르바이트로 하루 9~11만 원을 받고 있으며 공장에서 방글라데시 두 사람만 일하고, 바쁠 때는 더 부르고, 일이 없을 때는 다 빼버립니다.

기숙사에서 친구와 함께 생활하고 있는데 한 달에 생활비로 30만 원이 지출되고 있습니다. 보일러하고 전기 6~8만 원이 나옵니다. 겨울에는 보일러 비용이 20만 원 이상 됩니다. 식비로는 매월 30~40만 원이 듭니다.

공단 내에 있는 가구공장에서 일을 시작해서 지금은 인테리어 일을 하고 있습니다. 처음에는 한국말과 일이 익숙하지 않아 많이 힘들었습니다. 같이 일하는 한국 사람이 "타카(Tacker) 가져와!" 했는데, 다른 거 가져가서 욕을 먹었습니다. 하지만 지금은 일도 배우고 해서 말도 알아들어 괜찮습니다.

어린 나이에 와서 어머님이 많이 보고 싶지만, 참고 지내고 화상으로 연락하고 있습니다. 오늘 오기 전(인터뷰하기 전)에도 어머니와 화상으로 안부를 전했습니다. 페이스북이나 카톡이 아니라 방글라데시는 '이모'라는 웹을 사용해서 연락합니다(전화카드 및 인터넷을 사용하다가 휴대전화로 발전).

음식은 이제 방글라데시 음식보다 한국 음식을 더 잘 먹고, 갈비탕을 좋아하고 김치도 잘 먹습니다. 김치도 새로 한 겉절이김치를 좋아하니 한국 사람이 다 되었다고 합니다. 한번은 식당에서 음식이 나오기 전에 김치가 맛있어서 다 먹고 또 달라고 해서 먹었더니 옆에 있던 한국분이 자신의 식탁에 있는 김치를 주셨습니다. 방글라데시에 있을 때는 요리를 못했지만, 형들과 삼촌에게 배워 지금은 요리할 줄 압니다.

한국에 있으면서 힘들었던 것은 '단속'이었습니다. 제일 무서운 일입니다. 몇 번 단속되는 것을 보고 겁이 많이 나고 두려웠습니다. 지금도 공장에 외부 사람이 오면 경계하면서 일합니다. 나이가 어려 친구들이 많이 없지만, 센터에 있는 쥬엘 삼촌이 형처럼 많이 도움을 주고 있습니다. 쥬엘 삼촌은 방글라데시 사람들의 어려운 일이 있으면 밤 1시, 2시에도 도움을 주고 있습니다. 방글라데시 사람들에게는 큰형입니다.

젊은 나이에 와서 이제는 한국 생활이 익숙하다 보니 한국에서 오랫동안 있고 싶습니다. 하지만 다른 한편 언제 갈지도 모르기 때문에 매달 20~30만 원 저금하려고 합니다. 이제는 저를 위해서도 준비해야 한다고 생각합니다. 코로나가 끝나기를 간절히 기다리고 있습니다.

셀님(방글라데시) ▸▸▸

과도한 규제 장벽이 부른 미등록이주노동자 양산(사업장이동 초과자)

고용허가제의 가장 독소조항이라고 할 수 있는 사업장이동 제한은 이주노동자의 귀책 사유가 아닌 경우 사업장이동을 할 수 있습니다. 하지만 외고법 제25조에 따르면 "다른 사업 또는 사업장으로의 변경을 신청한 날부터 3개월 이내에 '출입국관리법' 제21조에 따른 근무처 변경 허가를 받지 못하거나 사용자와 근로계약이 종료된 날부터 1개월 이내에 다른 사업 또는 사업장으로의 변경을 신청하지 아니한 외국인근로자는 출국하여야 한다"라고 명시하고 있습니다. 아래의 통계는 이를 초과한 이주노동자의 현황입니다.

사업장 변경 신청 기간과 구직 기간 초과자

업종	사업장 변경 신청기간(1개월) 초과 외국인근로자						사업장 변경 신청자 중 구직기간(3개월) 초과 외국인근로자*					
	2017	2018	2019	2020	2021	2022	2017	2018	2019	2020	2021	2022
제조업	4,875	5,867	4,321	8,690	6,123	7,809	1,731	2,046	2,202	2,842	957	955
건설업	390	329	461	647	677	827	224	307	338	271	181	151
농축산업	853	904	983	1,670	2,368	1,917	514	897	630	535	328	357
어업	285	395	506	814	1,191	1,541	172	180	376	418	159	180
서비스업	35	15	11	20	20	14	13	10	16	16	9	5
총계	6,438	7,510	6,282	11,841	10,379	12,108	2,654	3,440	3,562	4,082	1,652	1,648

통계에서 확인할 수 있듯이 2017년부터 2022년까지 6년 동안 사업장 변경 신청 기간(1개월) 초과자는 54,558명이며, 구직기간(3개월) 초과자는 17,038명으로 총 71,596명입니다. 이는 한 해 평균 5만 명 정도를 신규로 도입하는 규모를 넘고, 매해 초과자가 1만 명 이상으로 발생하니, 매년 신규 도입의 1/5을 잃고 있습니다. 초과한 이주노동자는 외고법에 정한 대로 출국을 강제하고 있지만, 실상은 미등록으로 전락할 소지가 큽니다. 고용노동부가 설정한 기간(신청 기간과 변경 기간)에서 단 하루만 지나더라도 여지없이 체류자격을 상실하게 되는 경직된 행정적 규제가 미등록 체류자를 양산하고 있는 것입니다.

이에 대한 이미 UN인종차별철폐위원회에서도 다음과 같이 지적하며 권고를 한 바 있지만, 아직도 이에 대한 변변한 개선책이 없는 상황입니다.

"고용허가제하에서 기간 제한적이고 경직된 체류 허가 및 비자 제도의 결과로 한국에 합법적으로 입국한 많은 이주노동자가 미등록자가 되고 있으며, 이들은 어떠한 서비스에 대한 권리와 접근을 향유할 수 없다. 위원회는 당사국이 합법적으로 입국한 이주노동자들이 경직된 고용허가제 때문에 미등록자가 되지 않도록 모든 조치를 취할 것을 요구한다."_UN인종차별철폐위원회, 심사보고서, 2012.8.

"2012년 고용허가제 제도에 대한 개정에도 불구하고 이주노동자들이 여전히 직면하고 있는 (a)사업장 변경 횟수 제한, (b)체약국 영토 내에서의 최장 허가체류기간의 제한, (c)가족재결합 가능성의 결여, (d)다른 종류의 비자로 변경할 가능성이 매우 제한적이어서 장기거주 또는 영주 허가에 대한 이주노동자들의 접근을 막고 비정규 체류의 위험을 증가시키는 점"에 대해 우려를 표명하며, (a)가족재결합을 용이하게 하고, (b)이주노동자들에 대한 사업장변경제한을 철폐하고, (c)체장체류기간을 연장하고 (d)이주노동자들이 보다 쉽게 다른 비자 종류로 바꿀 수 있도록 할 것을 권고한다."_UN인종차별철폐위원회, 2018. 12.

따라서 이주노동자에게 귀책 사유가 없는 사업장의 이동은 원천적으로 자유로운 이동의 권리를 보호해야 합니다. 이주노동자의 귀책 사유가 아님에도 불구하고 이주노동자들이 변경 신청 기간(1개월)과 구직활동 기간(3개월) 제한으로 불필요한 정신적 부담과 불안한 생활을 이주노동자가 감내하게 하는 것은 부당하며, 이는 최소한의 이주노동자의 직업 선택과 이동의 권리를 과도하게 침해하는 것입니다.

산업연수생제도는 미등록 체류 이주노동자의 과다 발생으로 철폐
되었습니다. 그런 산업연수생제도에서도 사업장 변경 기간은 설정되어
있지 않았습니다. 그런데 지금 고용허가제에서 오히려 사업장 변경 기간
설정으로 미등록 이주노동자를 양산하고 있습니다. 현행의 문제에 대해
반면교사(反面敎師)로 삼아야 하지 않을까요!

화장실도 마음대로 못 가나요?

- 슬픔은 나의 몫
- 고국에 돌아가면 쌀가게를 운영하고 싶다

저는 1980년생으로 3남 4녀 중 6번째입니다. 고등학교 졸업 후 대학교 진학을 못 하던 중에 고향 선배 중 한 분이 한국에서 일하셨는데, 한국에서 돈을 벌어 집을 사셨습니다. 이것을 알게 되어 2000년 6월에 산업연수생으로 한국에 오게 되었습니다. 남동생도 2007년 산업연수생으로 들어왔습니다.

처음에 안산 원단공장에서 비자가 끝나기 전까지 5년 동안 일했습니다. 30만 원의 월급을 받았고, 휴일근무수당(4만 원)을 받으면 70만 원 정도 받았습니다. 어린 나이 20살에 와서 힘들어서 많이 울었습니다. 일주일에 6일 동안 주야간 교대로 작업을 해야 해서 방글라데시로 돌아가고 싶었습니다. 그런 마음을 사장님과 같이 일하는 형들(6명)이 알고 배려해주어 주간에만 일했습니다. 한국에 온 지 2달 만에 아버지가 돌아가셨다는 소식을 듣게 되었습니다. 슬픈 마음에 일하기가 힘들었지만, 더 열심히 일해야만 했습니다. 가족의 생계가 저에게 달려 있었기 때문입니다. 돌아갈 수가 없었습니다.

2005년 마석가구공단으로 오게 되어 그동안 8~9개 정도 가구공장에서 일했습니다. 옮기게 된 이유는 월급 지체, 임금체불, 경영난 등으로 불가피하게 옮길 수밖에 없었습니다. 현재는 아르바이트로 일하고 있습니다. 기술이 있는 이주노동자는 월 220만 원을 받습니다. 아르바이트로 하루 10만 원을 받는데, 월급은 지체되거나 임금체불이 있지만, 아르바이트는 당일 받을 수 있어 더 안전하다고 생각해서 이를 선호합니다. 또한, 코로나 때는 작업량이 많지 않아 사업주들도 아르바이트를 더 원했습니다.

처음 일할 때 말없이 화장실을 갔는데, 책임자에게 말을 하고 가라는 말에 당황했습니다. 화장실도 마음대로 갈 수 없다는 것이 이상했습니다. 처음 안산에서 일할 때 컨테이너에서 5명이 생활했는데, 주야간 교대 때문에 이불이 늘 펼쳐있고, 갤 필요가 없었습니다. 전깃불을 켜야 할 일도 없었습니다. 모두 씻고 밥 먹고 잠자기에 바빴습니다. 그러다 보니 전기세는 많이 나오지 않았습니다(다 같이 웃음!!!).

한번은 회사에서 강원도로 갔는데, 설악산에 올라간다고 회사 직원들이 말했습니다. 그냥 놀러 간 줄 알았지, 산에 올라갈 거라고는 생각하지 못했습니다. 한국에 와서 제일 힘들었던 것으로 기억합니다(방글라데시는 험준한 산이 별로 없고, 강이 많아 수영은 잘하지만, 산에 오르는 것은 잘하지 못한다고 합니다). 하지만 내려와서 맛있는 음식과 술도 먹어 조금은 기분이 풀어졌습니다.

처음에 한국 음식을 먹기 힘들어 빵과 과자만 먹었는데, 지금은 1주일에 한 번은 한국 음식을 먹습니다. 좋아하는 한국 음식은 갈비탕, 추어탕입니다. 기숙사는 월세로 17만 원을 내고 전기세와 수도세를 포함해서 23만 원 정도 내고 있습니다. 1년에 2~3회 정도 송금하는데 목돈을 만들어서 환율 시세에 따라 보내고 있습니다. 한국에서 일하면서 모은 돈으로 방글라데시에 3층 건물을 지어 세를 주고 있습니다. 현재 통장에는 4,000만 원 정도 있고, 방글라데시에 돌아가면 아버지가 하시던 쌀가게를 운영하려고 합니다. 올해 방글라데시로 가려고 자진 출국 신고했는데, 코로나로 가지 못했습니다. 마석가구공단 내에서는 주로 이동 수단으로 오토바이를 사용하는데, 2009년에 오토바이를 타다가 사고가 있어 지금은 타지 않고 있습니다(왜 사고가 났냐고 물으니 웃으면서 "친구랑 누가 빨리 가는지 내기"했다고 합니다. 웃음!).

2014년 EBS 대기획 9부작 가족 쇼크 3부 〈마석, 집으로 가는 길〉에 출연하기도 했습니다. 이주노동을 하면서의 애환과 그리움을 보여 준 다큐멘터리 방송이었습니다. 20년의 이주노동을 회상하면 20년이 참 빨리 지나간 것 같습니다. 느껴지지 않을 정도로 어제처럼 느껴집니다. 친구들과 놀러 갔을 때 한 학생이 "어느 나라에서 오셨어요?"라고 묻기에 "방글라데시에서 왔어요", 그리고는 "한국에 온 지 몇 년 되셨어요?" 묻기에 "학생은 몇 살이지요?", "저는 18살입니다"라고 대답해서 "학생이 태어나기 전에 나는 한국에 있었어요. 학생보다 먼저 한국에 있었어요"라고 대답했습니다. 저에게 한국은 이제 몸의 한 부분처럼 느껴집니다.

하산 (방글라데시) ▸▸▸

아들을 품에 안아보고 싶다

- 욕설이 제일 싫다
- 아들이 태어났을 때 그래도 행복했다

나는 1975년생입니다. 아버지는 14살에 돌아가셨고, 어머니는 파출부로 일했습니다. 하지만 어머니도 2004년에 고혈압으로 돌아가셨습니다. 1남 3녀 중 언니는 10년, 여동생은 7년 동안 홍콩에서 가사노동을 하였습니다. 남동생은 필리핀에서 치킨집을 하고 있습니다. 나는 아르바이트를 하면서 야간에 대학교를 다녔습니다. 하지만 2년 반만 다녔습니다. 이후 작은 회사의 비서로 일하다가 23살 되던 1997년에 산업연수생으로 입국했습니다.

처음 서울 성수동에서 전기선을 만드는 제조업에서 일하던 중 너무 힘들어서 8개월 만에 나오게 되었습니다. 한국말도 잘하지 못했고, 매운 음식을 먹지 못했지만 김, 달걀, 생선만은 먹을 수 있었습니다. 그때 임금은 40만 원이었습니다.

1998년도에 마석가구공단으로 와서 노트 만드는 공장에서 일을 시작했습니다. 하지만 IMF로 인해 1년 7개월 만에 그만두게 되었는데 임금 370만도 받지 못했고, 사장님도 사라져버렸습니다. 이후, 월산리의 사출 공장에서 일하던 현재의 남편을 소개받고 만나게 되어 함께 살게 되었습니다. 2001년에 아들을 출산했지만, 금곡에 있던 개신교 목사님의 도움으로 아이를 필리핀에 보낼 수밖에 없었습니다.

처음 공장에서 한국말을 하지 못해 접했던 것은 같이 일하는 한국 사람들의 일상적인 '욕설'이었습니다. 그뿐만 아니라 사장님도 술을 먹고, 욕을 하면서 위협을 해서 그만두었습니다. 그 공장에서 일했던 필리핀 사람들도 모두 떠났습니다. 공장에서 일할 때마다 욕하는 소리를 들을 때마다 '샌딩기'(사포를 끼워 목재의 표면을 다듬는 데 쓰는 공구)로 때려주고 싶은 마음이었습니다. 2004년에는 인쇄공장에서도 일했습니다. 공장 운영도 잘 되었는데, 그때도 3개월 동안 임금을 받지 못했습니다. 사장님은 주겠다고 차일피일 미루다가 나중에는 중국으로 가버리고 말았습니다.

지금 일하는 공장은 6년이 되었고, 같이 일하는 필리핀 동료 마일린은 2년이 되었습니다. 저는 이제 작업에 숙련이 되었지만, 이와는 달리 2년이 된 마일린은 아직도 작업이 서툴러 사장님에게 늘 책망과 지적을 당했습니다. 사장님은 저에게 마일린이 잘 할 수 있도록 일을 가르치라고 했습니다. 하지만 오히려 마일린은 "내가 알아서 할 테니 신경 쓰지 말라!" 라고 합니다. 그럴 때마다 사장님과 함께 일하는 한국 아줌마들은 마일린에게 욕을 했습니다. 그 소리를 들은 마일린은 저에게 무슨 말을 했는지 말해달라고 했습니다. 저는 차마 말을 전하지 못하고, 소리 없이 울었습니다. 일보다도 더 힘든 것은 같이 일하는 사람들의 욕설이었습니다.

설날이나 추석 명절에 한 번도 보너스나 선물을 받아본 적이 없습니다. 명절에 같이 일하는 한국 사람과 필리핀 사람들 다 불러놓고 한국 사람들에게는 명절 보너스와 선물을 주면서 필리핀 사람들에게는 아무것도 주지 않았습니다. 그리고 오히려 코로나 이후부터는 월급에서 지급되던 점심값 10만 원도 월급에서 공제했습니다. 전에는 주던 점심값을 왜 공제하냐고 물었더니 공장 사모님이 '세금' 때문이라고 했습니다. 코로나 때는 오후에만 일하고, 월급도 50퍼센트만 받고 일했습니다.

2005년에는 출입국의 대대적인 단속이 있었을 때 남편과 함께 점심

시간에 기숙사에 있다가 단속되었던 적도 있었습니다. 대대적인 단속으로 많은 사람이 단속되었고, 이를 본 지역주민과 사업주, 이주노동자들이 10시간 넘게 대치하는 일이 있었던 때입니다. 단속 이후 3일 후 자진 출국을 조건으로 나올 수 있었습니다.

그동안 공장에서 스프레이, 렌딩, 페인팅, 신발공장의 사출 등에서 일했습니다. 처음에는 65만 원, 75만 원, 100만 원, 160만 원 등을 받다가 지금은 액자공장에서 200만 원 받고 있습니다. 그동안 모은 돈은 700만 원이고, 그동안의 임금체불액은 500만 원 정도 됩니다.

2010년에 딸이 태어났고, 현재 중학교 2학년입니다. 딸에게 어렸을 때부터 필리핀 타갈로그어를 잊지 않도록 신경 써서 동화책도 읽어주고 가르쳐주었는데 지금은 많이 잊어버렸고, 이제는 저보다 아버지의 말을 더 잘 듣습니다. 하지만 그 덕분에 아버지의 술도 많이 줄어서 좋습니다.

(행복한 날이 있었는지 물었더니) "다 힘들었습니다. 그래도 아들이 태어났을 때"가 행복했지만, IMF 때 일도 없었고, 남편도 아르바이트로 일해서 힘이 들었던 상황에서 아들이 태어나기 4일 전에 기숙사에 불이 나서 아들을 필리핀으로 보낼 수밖에 없었습니다. 아래층 공장에서 불이 시작되어 불이 옮겨붙어 기숙사가 전소되어 옷 하나 남지 않았습니다. 필리핀에 간 아들은 남편의 형수님이 키워주셨고, 지금은 23살이며 대학교 4학년입니다. 어렸을 때 "왜 다른 아이들과 같이 엄마는 함께 있지 않냐?"라고 아들이 말할 때마다 많이 울었습니다. 지금 하고 싶은 일이 있다면 아들을 품에 안아보는 것입니다. 아들이 커 갈수록 마음도 조금씩 멀어지는 것 같아 더욱 마음이 아픕니다.

최근 딸은 법무부에서 실시한 '외국인 아동 교육권 보장을 위한 체류자격 부여'에 따라 체류자격을 부여받았습니다. 체류자격을 부여받기 위해 벌금으로 1,900만 원을 냈습니다. 1,000만 원은 그동안 모아둔 돈이 있었고, 900만 원은 공장 사장님이 빌려주었습니다. 빌린 돈을 다 갚으면 필리핀에 다녀오고 싶습니다. 태어난 지 한 달도 안 되어 보낸 아들이 올해 대학교를 졸업합니다. 아들의 졸업식에 꼭 가 보고 싶습니다. 자랑스럽게 자란 아들을 안아주고 싶습니다. 딸도 화상(전화)으로만 봐, 오빠와 지금까지도 서먹서먹합니다. 온 가족이 함께 만날 수 있기만을 기다리고 있습니다.

안나 (필리핀) ▸▸▸

코로나 시기 총 체류 외국인 감소 대비 미등록 증가

2019년 국내 체류 외국인은 2,524,656명으로 최대치를 나타냈습니다. 또한, 측면에서는 미등록 체류자는 2022년에는 411,270명으로 정점에 이르렀습니다. 그 증가의 원인으로 2018년 평창동계올림픽을 앞두고 무사증 입국과 관광비자 발급의 확대를 원인으로 두고 있습니다.

구분	2017	2018	2019	2020	2021	2022
총 체류 외국인	2,180,498	2,367,607	2,524,656	2,036,075	1,956,781	2,245,912
미등록 체류	251,041	355,126	390,281	392,196	388,700	411,270
사증면제 (B-1)	85,196	162,083	176,244	171,805	175,747	164,523
관광통과 (B-2)	20,662	30,028	30,272	26,111	20,864	19,133
단기방문 (C-3)	56,331	61,157	81,723	78,934	78,455	79,677

출입국·외국인정책 통계 연보

한 가지 특이한 점은 2019년 말 코로나 이후 2020년에는 국내 체류 외국인이 전년 대비 2,036,075명으로 50만 명이 감소하였는데, 미등록 체류자는 전년 대비 392,196명으로 유지되었다는 점입니다. 결국 코로나가 미등록 체류에 아무런 영향을 주지 않았음을 확인할 수 있습니다.

50만 명이 축소되었어도 미등록 체류자는 요지부동으로 오히려 2022년에는 41만 명으로 증가하였습니다. 이를 어떻게 설명할 수 있을까요? 우선 코로나로 인해 정부의 단속이 이루어지지 않은 측면도 있습니다. 코로나 2019년까지 매년 3만 명 이상이 출입국에 단속되어 강제퇴거를 당했지만, 코로나에서는 단속이 2020년 1/5, 2021년 1/10 수준으로 떨어지면서 그 영향이 있었다고 볼 수 있습니다.

연도	강제퇴거	출국명령
2017년	26,694	6,282
2018년	31,811	4,770
2019년	34,557	5,852
2020년	5,867	2,062
2021년	3,115	1,560

출입국 외국인정책 통계연보

다른 하나는 1997년의 IMF와 2008년 금융위기 때에는 미등록 체류자가 감소하였지만, 상대적으로 코로나는 전 세계적인 확산으로 어느 나라도 안전을 보장받지 못하는 상황에서 한국은 청정국이라는 이미지가 영향을 주었습니다. 개발도상국의 경우 예방 접종과 방역체계가 구축되어 있지 않아 더욱 불안감이 커서 본국으로의 귀국을 쉽사리 결정하지 못했습니다. 역설적으로 코로나가 오히려 미등록 체류자의 온상 효과를 가져왔습니다.

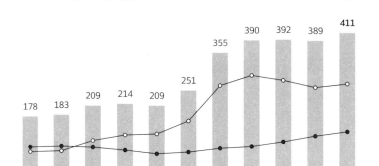

한 가지 더 중요한 사실은 위 도표에서도 볼 수 있듯이 단기 체류 미등록 체류자는 코로나로 인해 감소 추세였지만, 등록체류자는 오히려 미등록 체류자가 되면서 증가추세를 보이는 측면의 시사점과 요인입니다. 단기 체류자의 경우에는 한국 생활의 적응도가 부족하고, 사업장에도 숙련도가 높지 않아 구인·구직이 쉽지 않았습니다. 상대적으로 등록체류자가 미등록 체류한 것은 취업 상태에 있었으며 최소한 숙련도와 생활 적응력을 갖추고 있었다고 보아야 합니다. 코로나로 인해 신규 외국인력이 유입되지 않아 어려움을 겪고 있는 사업장에 등록체류자가 미등록이주노동자로 전환되었음을 의미합니다. 비근한 예로 농가에서는 작물 재배를 위해 미등록이주노동자를 고용할 수밖에 없었고, 농가의 90퍼센트 이상이 미등록이주노동자이었습니다. 또한, 코로나에서 호황을 누린 업종도 있었습니다. 방역용품과 인테리어업종 등에서는 인력이 없어 미등록이주노동자를 고용할 수밖에 없었습니다. 코로나 시기 총 체류 외국인이 50만이 축소됨에도 불구하고 미등록이주노동자가 증가한 것은 새로운 외국인력이 공급되지 않아, 산업현장에서 인력난을 해소할 수 있는 유일한 방안으로 미등록 이주노동자를 고용할 수밖에 없었습니다. 결국, 코로나 시기에 미등록이주노동자가 한국 산업현장을 지탱하는데 일정 부분 한몫했다고 해도 과언이 아닙니다.

연도	총 체류외국인	불법체류외국인				불법체류율
		소계	등록	거소	단기	
2013년	1,576,034	183,106	95,637	1,533	85,936	11.6퍼센트
2014년	1,797,618	208,778	93,924	2,066	112,788	11.6퍼센트
2015년	1,899,519	214,168	84,969	1,114	128,085	11.3퍼센트
2016년	2,049,441	208,971	75,241	941	132,789	10.2퍼센트
2017년	2,180,498	251,041	82,837	1,064	167,140	11.5퍼센트
2018년	2,367,607	355,126	90,067	1,015	264,044	15.0퍼센트
2019년	2,524,656	390,281	95,815	1,316	293,150	15.5퍼센트
2020년	2,036,075	392,196	108,665	1,674	281,857	19.3퍼센트
2021년	1,956,781	388,700	125,022	1,427	262,251	19.9퍼센트
2022년	2,245,912	411,270	138,013	3,725	269,532	18.3퍼센트

출입국·외국인정책 통계연보

내일의 희망을 포기하고 싶지 않아요

- 코로나로 인해 아버지의 임종을 뵙지 못한 한 맺힌 눈물
- 공장에서 일은 제일 많이 하지만, 월급은 제일 적어요.

네팔 포카라 출신으로 1984년생이고, 20살에 결혼했습니다. 1남 1녀를 두었지만, 결혼생활이 순탄하지는 않았습니다. 남편이 생활 능력이 없었고, 폭력을 행사할 뿐만 아니라 바람까지 피웠습니다. 결국은 이혼하였고, 아들은 남편이, 딸은 제가 맡게 되었습니다. 그러던 중에 동네 분들이 전남편이 아들을 술 먹고 때리고 집 밖으로 던졌다는 소식을 전해주었습니다. 오빠와 함께 가서 아들을 데리고 와서 자녀들을 책임지게 되었습니다.

그 후 저는 생계를 위해 건물을 지키는 경비 일을 하게 되었습니다. 밤일이라 무섭고 두려웠지만, 아이들을 위해서는 어쩔 수 없었습니다. 몇 달 정도 일했을 때 건물에 계시는 분이 한국에서 일하는 것을 권유했습니다. 한국에 가는 것을 결심하고 어머니와 주변 친척분들에게 1,200만 원의 돈을 빌려 한국에 오게 되었습니다.

그때 아들은 8살이었고, 딸은 5살이었습니다. 한국에 가는 그날 일을 잊을 수가 없습니다. 아들은 학교에 갔는데, 딸이 평상시와는 다르게 집을 나서는 저에게 "엄마! 오늘 일하러 가지 마!"라고 해서 놀랐습니다. 그 소리가 아직도 잠결에 들리는 것 같습니다. 한국에 온 이후 아이들과 통화를 하면 언제나 묻는 것이 "엄마 언제 와?", 그러면 저는 "이번 명절에 갈 거

야!"라고 거짓말을 했습니다. 이런 거짓말을 벌써 몇 년을 했는지 모릅니다. 이제는 아이들에게 "공부 잘하고 있어야 해. 너희가 공부 잘하고 있어야 엄마도 빨리 갈 수 있다"라고 말합니다. 하지만, 아이들에게 엄마가 필요할 때 귀여운 아이들이 커 가는 모습을 보지 못한 것이 지금도 가장 마음이 아픕니다.

한국에서 처음 일을 시작한 곳은 세탁업이었습니다. 모텔 등에서 나오는 세탁물들을 세탁하는 작업이었는데 아침 7시부터 저녁 11시까지 일했습니다. 처음 받은 월급이 75만 원이었습니다. 첫 월급을 받고 너무 고된 일과 네팔에 있는 아이들, 부모님이 생각나서 많이 울었습니다. 네팔에 돌아가고 싶은 간절한 마음도 있었지만, 악착같이 마음을 추스르고 열심히 일했습니다. 그렇게 3개월이 지나자 사장님이 같이 일하는 한국 아주머니들에게 말하지 말라고 하면서 20만 원의 월급을 더 주셨습니다. 3개월 동안 작업을 숙지하고 능숙하게 일을 했기 때문이었습니다.

처음에는 김치 냄새가 참기 힘들어서 한국 음식을 못 먹었습니다. 귤하고 사이다만 먹었습니다. 청국장이 몸에 좋다고 먹으라고 하는데, '양말' 냄새가 났습니다(웃음!). 젓가락 사용도 힘들어 포크를 사용했습니다. 네팔에는 젓갈류의 음식이 없는 반면 한국에는 발효음식이 많아 힘들었습니다. 하지만 지금은 김치도 청국장도 좋아하고, '시래기국밥'도 좋아합니다.

처음 말도 못 하고 일을 잘하지 못할 때 매일 욕을 먹었습니다. 그런데 지금은 욕을 들으면 웃으면서 "아저씨 저 불렀어요" 하고 먼저 말합니다. 그러면 아저씨는 "아니야 저리 가! 아무 말도 안 했어." 저는 "예, 예" 하면서 지나갑니다. 지금은 공장에서 농담도 많이 하고 잘 지냅니다. 삶의 지혜라고나 할까요!

마석가구공단은 오빠의 친구가 있어 소개받고 오게 되었습니다. 세탁 일은 깨끗하지만, 가구공장은 먼지가 많다고 알려주었습니다. 월급은 90만 원이고, 기숙사도 없지만, 가구를 만드는 기술을 배울 수 있다는 말에 선택하게 되었습니다. 처음 가구공장에서 일하면서 110만 원을 받았습니다. 일을 잘해서인지 4개월이 지나 20만 원을 더 받았고, 지금은 180만 원을 받고 있습니다.

제가 일하는 작업량이 남자들보다 일이 적은 것도 아닙니다. 그뿐만 아니라 저보다 일을 적게 하고, 경력도 늦은 한국 아주머니들은 200~240만 원을 받습니다. 가구공장에서 가구 제작을 위해 목재 재단, 사포, 무늬목 작업, 포장 등을 하고 있습니다. 그러다 보니 제가 일을 제일 많이 하고 힘든 일은 저에게 다 미루기도 합니다. 공장에서 "일을 제일 많이 하지만, 월급은 제일 적어요."

8년 동안 4개의 공장을 옮기며 일했습니다. 옮긴 것은 열심히 일해도 임금체불이 생겨서입니다. 4년 전에 임금체불 400만 원을 1년이 지난 후에야 남양주시외국인복지센터를 통해 받을 수 있었습니다. 아마, 저 혼자 했다면 받지도 못했을 것입니다. 그동안의 퇴직금은 받지 못했습니다.

3년 전에는 공장으로 출입국 단속반이 왔는데, 공장에서 같이 일하던 오빠와 함께 산속으로 도망을 갔습니다. 추운 겨울이라 오후 7시까지 있느라고 손발이 얼었습니다. 추위도 참기 힘들었지만, 단속되면 아프신 아버지의 병원비를 보내지 못한다고 생각하니 두려움 속에서 앞이 보이지 않았습니다. 단속은 저의 삶의 절망 끝입니다.

기숙사는 2명이 사용하고 월세로 30만 원이고, 겨울에는 난방비(보일러)로 50만 원이 나갔습니다. 하지만 오래된 집이라 난방도 잘되지 않습니다. 감기라도 걸리면 병원비와 약으로 5만 원이 들어갑니다. 가구공장에서 오랫동안 일하다 보니, 공장의 화학 염료(신나 등)로 인해 지금은 천식으로 매일 약을 복용하고 있습니다.

한국 온 후 아버지가 심장이 아프셔서 일주일에 두 번 투석을 9년 동안 받고 계셨습니다. 소변도 제대로 보지 못하시고, 몸이 부었습니다. 네팔은 의료비가 비싸서 한 달에 50만의 병원비가 들었습니다. 결국 아버지는 작년에 돌아가셨습니다. "이제 언주는 돈도 없고, 아빠도 없습니다."

아버지가 돌아가시기 전, 한 달 전에 딸이 보고 싶다는 아버지의 말씀에 네팔로 돌아가려고 짐도 싸고 항공권을 사려고 했습니다. 그런데 코로나로 인해 비행기가 운행하지 않았습니다. 결국 아버지의 임종을 뵙지 못했습니다. 아버지가 돌아가시고 어머니가 아버지의 물품을 정리하시다가 아버지의 지갑에 "너의 사진을 간직하고 계셨다"라고 말씀해주셨습니다('아버지의 지갑 속에 저의 사진'이 있었다고 이야기하면서 그동안 참았던 눈물을 한없이 흘렸습니다). 돌아가시기 전에 아버지는 어머니에게 "언주가 보고 싶다"라고 말씀하셨다고 합니다. 그러면 어머니는 "언주! 내일 비행기 타고 온다"라고 했다고 합니다(인터뷰를 진행하고 있던 오늘이 바로 아버지의 기일이라고 이야기해줍니다).

어머니도 지금은 매우 아프십니다. 병원에서 5개(혈압, 폐, 관절염, 갑상선, 소화장애)의 병명을 받으셨습니다. 어머니가 살아계실 때 네팔로 가고 싶습니다. 하지만 솔직히 자녀들의 학비를 위해서는 5년 더 있어야 합니다. 네팔에 계신 어머니와 자식들의 모습이 겹치지만, 내일의 희망을 포기하지 않고 힘차게 하루하루를 열심히 살아가려고 합니다.

(인터뷰 후 몇 달 지난 후) 최근 페이스북을 통해 알게 된 네팔분과 결혼을 약속했습니다. 남편이 될 사람은 부평에서 일하다가 남양주로 일자리를 옮겼습니다. 서로 어디에서 일하는지는 알지 못했습니다. 페이스북으로만 알고 지냈는데, 길거리 신호등에서 우연히 만나게 된 것이 인연이 되어 사귀게 되었습니다. 처음에 저는 이미 결혼해서 자녀들이 있다고 말했고, 상대방 네팔분은 아직 미혼이라 저는 결혼하는 것은 원하지 않는다고

했습니다. 그러나, 네팔분이 네팔에 있는 저의 어머니에게 전화로 결혼을 승낙해주시기를 간청했습니다. 그래서 결국은 사귀게 되어 함께 생활하며 네팔에 돌아가면 결혼식을 하려고 합니다. 하지만, 현재 함께 사는 집이 개발로 인해 5월 말까지 비워야 하는 상황이 발생하면서 또 다른 둥지를 찾아야 하는 걱정이 생겼습니다. 모처럼 꿈같은 작은 행복을 잃지 않기를 바라는 마음입니다.

언주(네팔) ▶▶▶

쉬는 날에도 이주노동자를 돕기 위해 나섭니다

- 7남매의 장남으로 가족의 생계를 짊어짐
- 14년 동안 일했지만 월급은 오르지 않고 욕만 먹음

저는 1977년생입니다. 필리핀 딸락 출신이며, 2005년에 관광비자로 왔고, 아내는 2002년에 왔습니다. 한국에 오기 전에는 아버지와 함께 농사(쌀)를 지었습니다. 7남매 중에 첫째입니다. 아버지에게는 3명, 어머니에게는 4명의 자녀가 있습니다(재혼). 쌀농사만으로는 가족 생계를 유지하기 어려워 한국에 오게 되었습니다. 형제 중 둘째 여동생이 먼저 한국에 산업연수생으로 와서 신당동의 신발공장에서 일했습니다. 여동생의 친구 소개로 마석가구공단에 오게 되었습니다. 지금 여동생은 이태원에서 만난 미군과 결혼해서 하와이에 있고, 부모님도 함께 하와이에서 함께 있습니다.

마석가구공단에서 처음 신발공장에서 8개월 일했고, 이후 2년 가구공장, 지금 가구공장에서 14년 동안 샌딩기 작업(표면작업)만 했습니다. 코로나 전에는 15명 외국인이 일했는데, 코로나 이후 8명이 일했습니다. 코로나가 있었던 3년간 공장에 일이 없는 경우에는 하루에 월급에서 7만 원 공제를 당했습니다. 한국 사람은 공제하지 않고 일하는 외국 사람만 공제했습니다. 또한, 작업환경이 너무 안 좋아서 기관지가 나빠졌습니다. 오랫동안 일하고 한국 사람보다 더 많은 일을 하지만 저는 180만 원 받았습니다. 그런데 한국 사람은 250만 원입니다. 사장님에게 14년 일했는데, 월급

을 올려달라고 했더니, "XX"라고 욕을 했습니다. "5만 원 더 줄게 일해!"라고 했지만, 더는 일하고 싶지 않았습니다. 그래서 최근에 공장을 옮겼는데, 공장에서 가구에 기름(oil) 칠하는 일을 하고 있습니다. 먼지나 화학약품 냄새가 나지 않고 향이 좋습니다(함께 웃음!!!). 가구공장에서 2005년에 처음 일할 때 85만 원 받았는데, 지금은 220만 원 받고 있습니다. 아내도 아르바이트로 하루 일당 7만 원에 가구공장에서 일하고 있습니다.

2006년 공단에서 지금의 아내를 만났습니다. 필리핀농구대회가 있었는데 선수로 농구를 했고, 그때 아내가 먼저 만나자고 해서 사귀게 되었습니다. 아내에게는 전남편의 아들(현재 24세)이 있었고, 아들도 2018년 한국에 와서 현재는 마석가구공단에서 일하고 있습니다. 아들은 신발공장에서 야간에만 일하고 있습니다. 몇 차례 출입국 단속이 있었던 공장이라 야간에만 일하고 있습니다. 아들은 같은 공장에서 만난 태국 여성과 동거하고 있습니다.

그리고 저와 아내 사이에는 아들이(2008년생) 있습니다. 지금은 중학교 3학년입니다. 아들은 부모 말을 잘 듣는 편입니다. 운동을 좋아해서 태권도와 농구도 배웠습니다. 수학을 잘합니다. 중3이 되고 나서 학업에 열중하고 있어 새벽 1, 2시까지 공부합니다. 온라인으로 타갈로그어도 배우고 있습니다.

최근에 공단이 개발된다고 해서 집주인이 기숙사를 5월 말까지 비워달라고 했습니다. 현재 공단은 개발로 인해 기숙사를 구할 수 없는 상황입니다(건설사에서 토지와 건물을 매입하고 있는 중). 최대한 공단 내에서 구하려고 하지만 없습니다. 여의찮으면 인근지역을 알아보고 있지만, 보증금(1,000만 원 이상)과 월세(50만 원 이상)가 너무 높고 미등록 신분으로는 임대계약을 할 수도 없는 상황입니다. 방법이 없습니다. 아마도 올해 공단에 커다란 변화가 있을 것 같습니다. 공단의 많은 이주노동자가 걱정하고 있습니다. 제가 있는 기숙사동에는 11가구가 있었는데, 지금은 4가구만 남았습니다. 필리핀으로 돌아가기도 했고, 다른 지역으로 이사했습니다. 지금 기숙사는 우리 가족이 18년 동안 생활했던 곳입니다.

2018년에는 기숙사 아래 2층 공장에서 불이 나서 아들이 급히 대피하던 중 계단에서 떨어졌는데, 크게 다치지는 않았습니다. 저희가 있던 기숙사동은 불이 붙지 않았지만, 2층 공장 내부와 기숙사 앞에 있던 필리핀 기숙사는 전소되었습니다. 인명 피해가 없어 다행이지만 늘 항상 화재의 위험이 있습니다.

2019년부터 당뇨를 앓고 있어서 시내 내과에서 2달 약 처방을 받으면서 15만 원 상당의 의료비와 피검사로 8만 원을 주고 있습니다(의료보험 혜택이 없어 큰 비용을 부담).

아들이 고등학교를 졸업하면 가족도 필리핀으로 가려고 합니다. 필리핀에 돌아가면 농사를 지으려고 합니다. 전에 땅을 팔았지만, 지금은 조금 사둔 땅이 있습니다. 쌀, 채소 등 농사하려고 합니다("나이가 좀 있어 이젠 힘들 텐데?"라고 묻자 마이크는 "사람 구해서 하면 된다"라고 하여 함께 웃음!).

필리핀공동체의 리더로 활동하고 있습니다. 유일하게 일요일 하루 쉬지만 쉬지도 못하고 필리핀 행사나 필리핀공동체의 대소사를 돕고 있습니다. 최근 필리핀 이주노동자 두 명이 암으로 판정받아 필리핀으로 귀국하는 비용을 마련하기 위해 바자회 및 모금 활동을 했습니다. 그뿐만 아니라 국적과 상관없이 긴급한 수술로 병원비가 없었던 네팔 이주노동자의 병원비 마련을 위한 모금 활동을 하여 전달하기도 했습니다.

마이크 (필리핀) ▸▸▸

등록외국인의 신규 미등록 체류 증가는 외국인력 정책이 실패했음을 보여준다

출입국관리법상 체류자격에 있어 취업이 가능한 비자는 E로 시작되는 취업비자(E-9)와 방문취업(H-2) 외에도 단기취업(C-4), 유학(D-2), 상사주재(D-7), 기업투자(D-8), 무역경영(D-9), 거주(F-2), 동반(F-3), 재외동포(F-4), 영주(F-5), 결혼이민(F-6) 등이 있습니다.

출입국·외국인정책본부의 아래 통계 자료에서도 나타나듯 신규 발생하는 취업 자격의 미등록 체류자 중 D-2(유학생), D-4(어학연수), E-9(비숙련취업) E-10(선원취업), F-6(결혼이민), G-1(인도적), H-2(재외동포방문취업)를 살펴보더라도 취업 체류자격을 가진 외국인등록 체류자 중 매년 3만 명 이상이 미등록 체류자가 되었습니다.

외국인력 제도인 고용허가제만 보더라도 비숙련취업(E-9)과 E-10(선원취업)에서 1만 명 이상이 미등록 체류자로 발생하고 있습니다. 이는 매년 신규 도입 규모의 35퍼센트를 차지하고 있습니다. 매년 신규 발생하는 미등록 체류자에 대한 근본적인 방지 대책은 마련되지 않고, 외국인력의 수요에 따른 공급에만 치중함으로 오히려 미등록 체류자를 양산하고 있다는 비판을 면하기가 어렵습니다.

또한, 유학생(D-2)과 어학연수(D-4)도 급격히 증가하면서 미등록 체류자가 6천 명에 이르고 있습니다. 정부가 고급인력을 유치한다는 명목으로 유학생(D-2)과 어학연수(D-4)를 받았지만, 이와는 무색하게 실제로 대학의 재원 마련을 위한 방안으로 활용되고, 관리체계의 미흡으로 이탈률이 높아 사회적 지탄의 대상이 되고 있습니다. 지방대학의 경우에는 유학생들이 아르바이트 시장을 잠식하고 있습니다. 이 밖에도 G-1(인도적)

에서 5천 명 이상, H-2(재외동포방문취업) 1천5백 명 이상이 발생하고 있습니다.

이처럼 취업 자격을 가진 등록외국인 중에 상당수가 미등록 체류자로 전환되면서 노동시장에 유입되고 있음을 볼 수 있습니다. 따라서 외국인력의 공급과 수요에만 치중하는 정책이 아니라, 이에 따른 원활한 선순환 체계와 관리·감독시스템 구축이 절실합니다.

체류자격에 따른 신규 미등록 현황 (출입국·외국인정책본부)

	2016년	2017년	2018년	2019년	2020년	2021년	2022년
총계	23,010	26,178	28,108	27,583	33,181	34,682	31,926
D-2 (유학생)	419	520	940	2,063	3,001	3,103	3,809
D-4 (어학연수)	1,630	3,426	7,012	8,759	6,263	3,490	2,906
E-9 (비숙련취업)	10,786	9,455	9,494	8,025	7,875	9,295	9,804
E-10 (선원취업)	1,239	1,355	1,280	1,127	1,019	1,630	2,068
F-6 (결혼이민)	1,433	1,334	1,161	923	1,336	1,204	1.136
G-1 (인도적)	2,277	4,608	3,449	2,700	3,657	5,297	3,079
H-2 (동포방문취업)	1,341	1,267	1,189	1,005	2,188	1,833	1,546

※ 위 표의 "F-6"는 F-6-1~F-6-3 및 F-2-1을 모두 포함한 숫자이며, G-1(기타)은 비전문취업(E-9), 방문취업(H-2), 단기(B-1, B-2, C-3) 등의 자격에서 난민신청, 체불임금 중재, 산재보상 등의 목적으로 변경한 자격임.

오랜 용접 일로 시력을 잃고 있어요

- 한 공장에서 만나 가정을 이룬 이주노동자
- 10년 후에 갖기로 한 소중한 딸을 얻음

저는 대만에서 3년 동안 이주노동(백화점에서 포장하는 일)을 한 경험이 있습니다. 아내는 필리핀에서 일을 찾지 못하던 중에 TV에서 고용허가제 광고를 보고 한국에 가는 것을 결정했습니다.

저는 2005년, 아내는 2006년에 고용허가제(E-9)로 입국하였습니다. 처음에 저와 아내는 수원의 사출 공장에서 일했습니다. 한국말을 잘하지 못하고 일도 익숙하지 않은 상황에서 사장님은 화를 내고, 불량이 나오면 월급에서 공제하여 100만 원도 안 되는 월급을 주었습니다. 작업은 주야간 막 교대로 12시간 일했습니다. 부당한 노동조건(월급, 노동시간 등)과 모욕적인 인격 대우로 인해 결국에는 6개월만 일하고 저와 아내는 함께 공장에서 나왔습니다(공장에서 일하던 6명 모두 공장을 나왔다고 합니다). 공장을 나온 후 필리핀 다른 분에게 소개받아 부천, 천안, 인천 등지로 다니며 일했습니다. 부천에 있었을 때는 출입국 직원이 기숙사 문을 부수며 단속을 시도했는데 함께 도망쳤습니다. 단속 이후 두려워서 기숙사로 돌아갈 수 없었고, 아무것도 가지고 나올 수 없었습니다.

이후, 인터넷으로 알고 지내던 필리핀 친구가 소개해주어 마석가구공단에 왔고, 이제 14년이나 되었습니다. 저는 13년 동안 용접하는 일을 하고 있습니다. 오래 하다 보니 지금은 눈이 매우 아픕니다. 시력도 안 좋아져서 안경을 쓰고 있습니다(안경만 교체하는 것이 아니라 안과에 가서 검사받을 것을 권유했습니다). 월급은 처음에 110만 원에서 현재는 245만 원을 받고 있습니다. 아내는 신발공장에서 7개월 일했고, 이후 액자를 만드는 공장에서 일한 지 10년 되었습니다. 아내는 현재 200만 원 월급을 받습니다. 하지만 2021년 9월까지 주 5일 일했고, 지금은 토요일도 일하는데 수당은 주지 않고 있습니다. 현재 기숙사는 40만 원(월세 19만 원, 전기 및 수도, LPG 포함) 정도 소요되고 있습니다.

저와 아내는 첫 공장에서 함께 나온 후 동거했고, 10년 지나서 아이를 갖기로 약속했습니다. 그래서 딸(7세)을 늦게 출산하게 되었습니다. 마석가구공단에 계속 있게 된 가장 중요한 요인은 딸을 돌봐줄 남양주시외국인복지센터의 무지개보육실 도움이 컸습니다. 저는 술과 담배도 하지 않고 가정적이라서 딸을 돌봐주고, 가정일(요리, 빨래 등)도 적극적으로 돕고 있습니다. 또한, 가정의 경제(월급)는 모두 아내에게 맡기고 관리하고 있습니다.

저는 한국의 도덕의식을 높이 평가합니다. 한번은 음식점에 핸드폰을 두고 왔다가 한참 후에 갔는데도 찾을 수 있었습니다(필리핀에서는 상상할 수 없는 일이라고 합니다!).

딸은 한국 음식도 잘 먹고, 의사 표현도 잘합니다. 자신의 장래 희망이 '의사'라고 당당하게 말합니다. 어린 딸은 저와 아내가 살아가는 희망입니다. 저와 아내의 소원은 딸이 한국에서 더 자랄 수 있기를 바라고, 비자가 생기면 가족이 필리핀을 방문하는 것입니다. 저와 아내의 부모님에게 딸을 보여드리고 싶습니다. 가족이 함께 필리핀으로 여행 가는 날을 손꼽아 기대해봅니다.

제시와 버지 (필리핀) ▸▸▸

이주노동으로 이산가족의 삶을 살다

- 공장의 주변 환경(화학 염료 등)으로 알레르기와 감기를 달고 살아감
- "나는 남자예요." 씩씩하고 당찬 여성 이주노동자

저는 1979년생으로 남편(1977년생)과 대학교에서 만나 2000년에 결혼했습니다. 결혼 후에 아들을 2명(2001년, 2002년) 출산했습니다. 2004년~2007년까지 중국에 있는 음식점(빠)에서 남편은 바텐더로 일하고, 저는 서빙 일을 했습니다. 월급은 600달러를 받았고, 팁도 받을 수 있었습니다. 3년 동안 합법적으로 일하고 필리핀으로 돌아왔고, 2008년에 한국에 있던 남편의 친척이 마석가구공단을 소개해서 오게 되었습니다. 중국에서는 깨끗한 곳에서 일했는데, 마석가구공단의 공장은 먼지도 많았고, 힘도 많이 들었습니다. 공장에서 일하면서 처음에 90만 원을 받았습니다.

저와 남편은 4개월 전부터 한 가구 판매장에서 일하고 있는데 남편은 가구 배달을 하면서 200~240만 원을 받고, 저는 매장의 창고정리 등을 하면서 180만 원을 받습니다. 매장 사장님이 저에게 가구 판매도 해보라고 제안해서 센터에서 제공하는 한국어 수업에 참여하려고 매주 일요일 나와 공부하고 있습니다. 또한, 매장 사장님의 배려로 사장님이 살고 있던 아파트에서 무상으로 생활하고 있습니다. 하지만 주말이 되면 공단에 있는 일가친척과 지인이 있는 기숙사에 옵니다. 함께 어울려 음식과 대화를 나누고 파티도 할 수 있기 때문입니다. 저는 영화를 좋아해서 호평동에 있는

시네마에 가고, 넷플릭스에서 영어 자막이 나오는 한국 드라마(펜트하우스 등)를 즐겨 봅니다. 한국 배우 중에는 텔런트 이민우, 현빈 등을 좋아하고, 딸은 방탄소년단(BTS)을 좋아합니다.

딸(2010년생)은 한국에서 태어났습니다. 어렸을 때 주변 환경(컨테이너 기숙사)이 좋지 않아 알레르기 및 감기를 달고 살았습니다. 지금도 치킨을 좋아하지만, 알레르기 때문에 조금 먹고 있습니다. 딸은 짜장면, 갈비탕, 해장국, 감자탕 등 필리핀 음식보다 한국 음식을 더 좋아합니다. 저도 이제는 해장국, 짬뽕, 삼겹살에 소주를 좋아합니다(웃음!). 딸의 장래 희망은 패션 디자이너입니다(딸은 센터에서 운영하는 무지개보육실에서 성장하여 지금은 중학교 1학년입니다). 필리핀 시어머니에게 맡겨 두었던 아들 2명은 2016년 한국에서 한 달간 머물면서 온 가족이 잠시나마 함께 모였습니다. 두 아들과 함께 시간을 보냈던 것이 가장 행복했습니다. 처음 만난 남매들이었지만 어색함 없이 잘 지냈습니다. 지금도 가끔 딸은 오빠들이 또 언제 오냐고 묻기도 합니다. 한국을 방문했을 때 큰아들이 한국에서 일하고 싶다고 했지만, 공부에 전념하라고 했고 지금도 아들들의 학비와 생계비를 매달 100만 원씩 송금하고 있습니다.

남편은 10명의 형제 중 둘째입니다. 저는 2녀 중 장녀이며, 어머니는 2년 전에 돌아가셨고, 관광 숙소를 운영하는 아버지는 코로나 때문에 어려움을 겪고 계십니다(인터뷰하고 불과 며칠 후 아버지가 돌아가셨다는 소식이 전해졌습니다).

필리핀으로 돌아가게 된다면 가구 판매장이나 필리핀 식당을 운영하고 싶습니다. 남편도 당뇨, 혈압이 있어 많이 힘들어하고, 딸도 사춘기라 요즘 민감합니다(엄마 말 잘 안 들어요. 웃음!). 한국에서 일하면서 우여곡절이 많았지만, 그래도 아직은 한국에서 계속 있기를 희망합니다.

딸이 태어난 후 7개월 때 구두공장에서 일했습니다. 그런데 같이 일하던 한국 아줌마와 필리핀 친구가 다투었는데, 한국 아줌마가 출입국에 신고해서 일하던 저를 포함해 10명이 단속되었습니다. 딸이 있어 일시보호해제를 통해 나왔지만, 그 이후에도 일하던 공장에 출입국 단속이 나왔었고, 그때는 공장 창문을 통해 도망했습니다.

또한, 4년 전에는 12명이 거주하던 기숙사(패널 형식으로 복도를 중심으로 양쪽으로 6~7평 규모의 기숙사)에서 전기 누전으로 발생한 화재로 살림도구가 모두 전소되고 말았습니다. 그러나 잿더미 속에서도 희망을 잃지 않고 오뚝이처럼 일어서서 씩씩하게 살아가고 있습니다. 저와 함께 일했던 모든 사람이 "파티나가 제일 일을 잘한다"라고 말합니다(파티나는 "나는 남자예요."라고 말했습니다. 다 함께 웃음!). 내일이면 또 다른 해가 떠오른다는 희망을 품고….

딸은 법무부에서 실시한 '외국인 아동 교육권 보장을 위한 체류자격 부여'에 따라 체류자격을 부여받았습니다. 학교에서 늘 항상 그림자처럼 살아야 했는데 이제는 예쁜 교복을 입고 학교에 다니게 되었습니다. 태어나서 한 번도 엄마, 아빠의 나라를 가 보지 못했는데, 이번에 갈 기회가 생겼습니다. 필리핀에 있는 오빠들도 만날 수 있어 좋아합니다. 올해 딸이 방학하게 되면 필리핀에 가려고 합니다. 아버지의 묘소에도 가고 싶습니다. 그리고 가족이 함께 보라카이로 여행을 떠나고 싶습니다. 그날을 꿈꾸고 있습니다(인터뷰가 끝나고 "다음에 궁금한 게 있으면 다시 이야기해 주세요"라고 부탁하니, "다음에는 비싸요!"라고 하여 함께 웃음!).

파티나 (필리핀) ▸▸▸

물리적 수단인 강제 추방만이 해법인가!

1991년~2023년(현재)까지 법무부 출입국외국인정책본부(현재)는 50여 회가 넘게 미등록 체류자에 대한 단속을 예고하였습니다. 2003년에는 외국인력 제도인 고용허가제 시행을 앞두고 연 2회 합동단속이 진행되었고, 2004년에도 연 5회 걸쳐 이루어지기도 했습니다. 단속 대상은 영세업체 밀집 지역, 유흥업소 주변, 밀입국자 등의 미등록이주노동자였습니다. 또한, 사업주와 미등록이주노동자에 대한 범칙금이 부과되기도 했습니다.

자진신고와 자진 출국에 대해서도 40여 회에 걸쳐 실시하였습니다. 특히, 자진신고 미등록 체류자에 대한 체류 연장과 사업주의 처벌을 면제해준 적이 2회 있었습니다. 첫 번째는 1992년 6월부터 1994년 5월까지 4차례에 걸쳐 진행되었습니다. 이를 시행한 배경에는 중소기업협동조합중앙회를 통한 산업연수생제도 도입을 앞두고, 미등록이주노동자를 대체하고자 하는 계산이 있었습니다.

1992년에 1차: 6월 10일부터 7월 31일, 2차: 12월 31일까지, 3차: 1993년 6월 30일까지, 4차: 1994년 5월 31일까지 연장하였습니다. 이에 신고한 고용주는 10,796명이었고, 미등록이주노동자는 61,126명입니다. 그러나 산업연수생제도 역시 미등록이주노동자를 축소하기보다는 산업연수생의 편법적인 활용으로 산업연수생의 50퍼센트 이상이 사업장을 이탈함으로써 '현대판 노예제'라는 오명을 받게 되었습니다.

이후, 2003년 외국인근로자 고용에 관한 법률이 국회에서 통과되고, 2004년 고용허가제 시행을 앞두고 다시 한번 미등록이주노동자에 대한 한시적 체류를 주게 되었습니다. 2003년 3월 31일을 기준으로 4년 미만 미등록 체류한 22만 7천여 명에 대해 국내 취업 자격을 부여하였고, 4년 이상 미등록 체류한 8만 6천여 명에 대해서는 귀국을 유도하는 정책을 시행한 것이 한 예입니다.

두 차례의 체류 연장은 산업연수생제도와 고용허가제 제도 시행을 앞두고 제도적 안착을 위한 임시 방편적인 조치라고 할 수 있습니다. 단속과 함께 자진 출국을 유도하기 위해 고용주의 형사처벌과 행정제재의 면제, 미등록 체류자의 범칙금 면제, 재입국 허용 등 계속 시행하였지만, 이 역시 미등록이주노동자를 감소하는 한시적 효과에 그쳤습니다.

이러한 조치와 더불어 물리적인 강압 수단에 의한 단속과 추방은 끊임없이 계속되어 미등록이주노동자의 인권 침해 등이 발생하면서 사회적 물의를 가져왔습니다. 대표적인 사례가 2007년 2월 11일 있었던 '여수 외국인보호소' 화재로 10명의 미등록이주노동자가 화마에 목숨을 잃었던 참사입니다. 외국인을 보호해야 할 국가기관 내에서 쇠창살에 갇혀 무고하게 목숨을 잃었습니다. 그곳에 구금된 미등록이주노동자들은 임금체불 등 부당한 노동행위가 해소되지 않아 장기 구금 상태에 놓여 있던 분들이었습니다.

그뿐만 아니라, 모로코 국적의 한 이주자는 난민 신청을 위해 2017년에 입국하였으나, 체류 기간 연장을 놓쳐 지난 2021년 4월에 화성 외국인보호소에 구금되어 4개월 기간의 1/3 이상을 징벌적 독방 생활을 하면서 발목 수갑, 케이블타이, 박스테이프 등 불법적인 장비로 가혹행위에 시달렸고, 장기간 손발이 등 뒤로 묶이는 일명 '새우꺾기'라는 고문을 받기도 했습니다.

물리적 수단인 단속과 강제 추방으로는 미등록이주노동자 문제의 해법을 찾을 수 없습니다. 지난 30여 년이 넘는 시간 속에서 과도한 공권력에 의한 강제 추방정책은 깊은 수렁으로 빠지면서 국가 이미지도

징벌적 독방 생활을 하면서 가혹행위에 시달린 모습

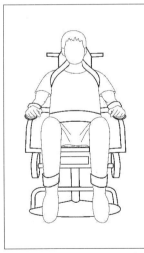

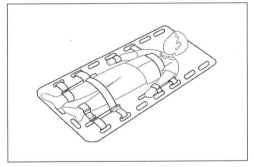

2022.5.25. 외국인보호규칙의 입법개정령 추진 중 논란으로 철회
△수갑 3종(양손, 일회용, 한 손) △포승 2종(벨트형, 조끼형) △머리보호장비 △발목보호장비 2종(양 발목, 한 발목) △보호대 2종(금속, 벨트) △보호의자 △보호복 △보호침대 등 13가지 장비가 추가될 예정)

손상되었고, 인권침해로 많은 미등록이주노동자는 부상과 사망에 이르기도 했습니다. 이제 강제·추방정책은 중단되어야 합니다.

또한, 단속한 외국인을 보호하는 외국인보호소는 형벌이 아닌 보호에 목적이 있습니다. 하지만 외국인보호소의 시설 자체는 범죄자를 수용하는 교도소(감옥)와 다르지 않습니다. 따라서 현행의 외국인보호소는 국제인권 기준에 준하는 '비구금화원칙'을 준수하고, 외국인의 신체의 자유가 침해받지 않도록 구금을 최소화해야 합니다. '보호'에 걸맞게 밀폐형 구금시설이 아닌 개방형 생활시설로 전환해야 합니다.

지난 2023년 3월 23일에 헌법재판소는 외국인보호소의 무기한 장기 구금에 대해 "출입국관리법 제63조 제1항이 과잉금지원칙 및 적법절차원칙에 위배되어 피보호자의 신체의 자유를 침해하는 것으로, 헌법에 합치되지 아니한다"라고 결정(2020헌가1)을 내렸습니다.

1. 과잉금지원칙 위반 관련 판단

"보호기간의 상한을 두지 아니함으로써 강제퇴거 대상자를 무기한 보호하는 것을 가능하게 하는 것은 보호의 일시적·잠정적 강제조치로서의 한계를 벗어나는 것이라는 점, 보호기간의 상한을 법에 명시함으로써 보호기간의 비합리적인 장기화 내지 불확실성에서 야기되는 피해를 방지할 수 있어야 하는데, 단지 강제퇴거명령의 효율적 집행이라는 행정 목적 때문에 기간의 제한이 없는 보호를 가능하게 하는 것은 행정의 편의성과 획일성만을 강조한 것으로 피보호자의 신체의 자유를 과도하게 제한하는 것인 점, 강제퇴거명령을 받은 사람을 보호함에 있어 그 기간의 상한을 두고 있는 국제적 기준이나 외국의 입법례에 비추어 볼 때 보호기간의 상한을 정하는 것이 불가능하다고 볼 수 없는 점"

2. 적법절차 위반 관련 판단

"행정절차상 강제처부에 의해 신체의 자유가 제한되는 강제처분의 집행기관으로부터 독립된 중립적인 기관이 이를 통제하도록 하는 것은 적법절차원칙의 중요한 내용에 해당한다. 심판대상조항에 의한 보호는 신체의 자유를 제한하는 정도가 박탈에 이르러 형사절차상 '체포 또는 구속'에 준하는 것으로 볼 수 있는 점을 고려하면, 보호의 개시 또는 연장 단계에서 그 집행기관인 출입국관리공무원으로부터 독립되고 중립적인 지위에 있는 기관이 보호의 타당성을 심사하여 이를 통제할 수 있어야 한다. 그러나 현재 출입국관리법상 보호의 개시 또는 연장 단계에서 집행기관으로부터 독립된 중립적 기관에 의한 통제절차가 마련되어 있지 아니하다."

마석은 제2의 고향입니다

- 딸 다시마가 생의 보람
- 한국인 식당 아주머니에게 곗돈을 사기당함

1994년도에 마석가구공단에 왔는데, IMF 때 어려움이 많아서 방글라데시로 돌아갔습니다. IMF 때 저 말고도 많은 이주노동자가 본국으로 돌아갔습니다. 일이 없다 보니 생활비도, 기숙사비도 낼 돈이 없었습니다. 잠시 공장 사장님이 소개해주셔서 호평동에 있는 밭에서 아르바이트했습니다. 지금은 E마트와 아파트가 있지만, 그때는 거름과 비닐하우스만 있던 그냥 밭이었습니다. 하지만 그 일만으로는 버틸 수가 없었습니다.

IMF로 돈을 벌 수 없어 방글라데시로 다시 돌아갔지만, 1999년에 브로커를 통해 4,000달러 주고 다시 한국으로 돌아왔습니다. 아버지는 30년 동안 공무원 생활을 하고 퇴직하셨습니다. 공직에 종사하고 퇴직하셔서 마땅한 돈벌이가 없었습니다. 형제는 형 2명, 누나 1명, 남동생 1명, 여동생 2명이 있습니다. 가족의 생계를 위해 다시 이주노동을 할 수밖에 없었습니다.

2003년에 한시적 합법화 조치(외국인 고용 등에 관한 법률 통과로 고용허가제 시행을 앞두고 5년 미만자에 대한 한시적 합법화)를 통해 다시 1개월 동안 방글라데시로 갔다가, 결혼을 하고 1년 비자를 받고 다시 한국으로 들어왔습니다. 그때는 조금 행운이 있었습니다. 그때 아니었으면 결혼도 하지 못했습니다.

2008년에는 경찰이 브로커를 통해 들어온 결혼한 이주여성들을 여권 위조 혐의로 단속하는 일이 벌어졌습니다(남편이 출근한 시간에 기숙사의 창틀을 뜯고 들어가 이주여성을 단속). 아내도 그때 단속되어 방글라데시로 돌아갔다가, 2009년에 다시 브로커를 통해 1,000만 원 넘게 주고 한국으로 돌아와서 2010년에 딸(다시마)을 출산했습니다. 그 후 다시 아내는 2016년에 임신해서 딸과 함께 방글라데시로 들어갔습니다.

1994년도에는 마석가구공단에 방글라데시 이주노동자가 10명 정도밖에 없었습니다. 다시 1999년에 왔을 때는 마석가구공단에는 이주노동자들이 엄청 많았습니다. 필리핀 이주노동자가 많이 있었는데, 방글라데시 이주노동자들도 점점 많아졌습니다. 공장에도 활기가 넘쳤고, 일할 공장들이 많이 있었습니다. 야근하는 공장도 많아 밤에 불이 켜져 있는 공장들이 많이 있었습니다. 쉬는 날이 없을 정도였습니다. 그때만 해도 공단에는 모두가 미등록이주노동자였습니다.

그러다가 2003년 등록과 미등록으로 나누어지면서 혼란이 생겼습니다. 마석가구공단에 단속이 여러 차례 이루어지면서 공장에서 일하지 못하는 날이 많아졌습니다. 급기야 공단에서 방글라데시에서 온 친구 자카리아가 아픈데도 병원에 가지 못하고, 단속이 두려워 기숙사에서 심장마비로 숨지는 일이 벌어졌습니다. 전에 맹장 수술을 받은 적이 있었는데, 라마단 기간에 금식을 지키지 못했던 날을 채우려고, 금식하던 중에 벌어진 일입니다. 항상 웃으면서 모든 사람에게 친절했던 친구였습니다. 방글라데시 행사 때마다 마이크를 잡고 재미있는 유머로 사람들을 즐겁게 해주었는데, 친구를 잃어 가장 슬픈 날이었습니다.

그리고, 그때는 다 사람이 좋았습니다. 청량리 갔다가 버스 타고 오면서 서로 인사하고 한번 집에 놀러 오라고 하면 집으로 오고 가면서 함께 그렇게 지냈습니다. 그런데 지금은 서로 인사도 하지 않습니다. 그때는 함께 모여 음식도 만들어서 서로 나누어 먹기도 하고, 기숙사에 모여 이야기도 했는데 지금은 그런 모습이 다 사라졌습니다.

　코로나로 인해 IMF 때처럼 방글라데시 사람들은 많이 갔습니다. 그런데 필리핀은 많이 안 가는 것 같습니다. 저도 이제 27년 만에 방글라데시로 갑니다. 나이도 많고 열심히 일해 방글라데시에 2층 건물도 있습니다. 이제는 안정되게 살고 싶습니다. 마석가구공단이 저에게는 제2의 고향입니다.

다시마 아빠 (방글라데시) ▶▶▶

---

*　비부 씨가 센터에 최근 상담한 적이 있습니다. 공장에서 거래하는 식당에서 점심을 먹는데, 식당 아주머니가 친절하게 대해주셨다고 합니다. 그러던 어느 날 식당 아주머니가 계를 들면 나중에 목돈이 될 수 있다고 말하면서 함께하자고 하셨습니다. 아주머니를 믿고 곗돈을 3년 동안 1,500만 원 정도 드렸다고 합니다. 그런데 얼마 전부터 아주머니는 식당에서 보이지 않고 연락도 되지 않는다고 합니다. 방글라데시에 돌아가서 작은 가게라도 하려고 했는데. 그런 희망마저 한국에 놓고 2023년 1월 26일에 비부 씨는 방글라데시로 떠났습니다.

흐릿한 조명 아래 기계 소리와 밤을 샌 날들

- 한국에 필리핀 산업연수생으로 첫발을 디딤
- 1991년부터 30여 년 여성 이주노동자로 살다가 2023년 1월 16일 오후 10시 50분 필리핀으로 돌아감

저는 1991년 12월 15일 오후 5시 40분에 필리핀에서 처음으로 선발된 6명과 함께 산업연수생으로 김포공항에 첫발을 디뎠습니다. 필리핀에서 교육학과를 졸업하고 친구의 소개로 송출업체에서 아르바이트로 일하던 중 한국의 산업연수생으로 오게 되었습니다. 월급은 35만 원이었습니다. 처음 3개월을 2회 일하고 6개월 연장하는 형태로 일하고, 원하지 않으면 필리핀으로 다시 올 수 있다는 조건이었습니다.

한국에서 처음 일한 곳은 방직공장이었습니다. 주야간 교대로 일했는데, 너무 힘들어서 매일 울었습니다. 1개월 일하고 사장님에게 필리핀으로 돌아가겠다고 했습니다. 그랬더니 사장님이 그러면 집에서 아이들을 돌보며 영어를 가르치라고 했습니다. 밖에 나가지도 못하고 사장님의 집안일을 하면서 아이들의 영어를 가르쳤습니다. 3개월 후 결국은 필리핀으로 돌아가려고 항공권을 준비해서 공항으로 가서 출국하려고 했습니다. 떠나기 전 친구와 통화를 했는데, 가기 전에 자신을 꼭 만나고 가라고 했습니다. 어렵게 한국에 왔는데 그냥 가지 말고, 자신이 좋은 사업장을 소개하겠다고 설득했습니다. 한참을 통화하는데 공항 안내 방송에서 저의 이름과 탑승을 하라는 소리를 들었습니다.

순간 많은 갈등 속에 친구를 서울역에서 만났습니다. 친구의 사촌을 통해 혜화동에 있는 전자부품 공장을 소개받고 다시 일하게 되었습니다. 짧은 순간의 결정으로 이제 30년이 넘게 되었습니다. 그 공장에는 필리핀 여자만 있어 안심되었습니다. 그런데 6개월 정도 일할 때 송출업체에서 알게 되어, 다시 친구가 경기도 포천시 일동에 있는 돼지농장을 소개해주어 일했습니다. 사육하는 돼지가 많아 매일 같이 출산하는 새끼 돼지들을 돌보는 일을 했습니다. 보통 10~12마리씩 새끼를 낳는데 출산 시간을 확인하여 출산하면 탯줄을 정리해주고, 새끼의 꼬리와 송곳니를 자르는 일 등을 했습니다. 아픈 새끼돼지는 인큐베이터에 넣어 돌보기도 했습니다. 일하는 시간은 정해져 있지 않았고, 한 달에 이틀만 쉬면서 50만 원을 받았습니다.

2년 동안 돼지농장에서 일했고, 이후 친구의 소개로 하남에 있는 종이컵 공장, 구리시의 가방공장에서 1년 정도 일했습니다. IMF로 인해 가방공장이 문을 닫게 되었고, 그다음으로 마석으로 와서 17년이 되었습니다. 마석에서도 처음에는 유치원에서 영어를 가르치는 일을 했습니다. 유치원에서도 2년 정도 일하다가 유치원보다는 가구공장에서 일하는 것이 월급이 더 많다고 해서 일하게 되었습니다. 남자들보다 특별한 기술이 없어 가구공장에서, 사출 공장에서 야간에 혼자 일하는 일도 했습니다. 코로나로 인해 1년 동안 일하지 못했습니다. 최근에는 전에 일하던 신발공장 사장님에게 부탁을 드려 일하게 되었습니다. 오전 8시부터 오후 7시까지 일하고 월급은 145만 원 받았습니다. 혈압이 있어 7~8년 전부터 약을 먹고 있으며, 오늘 무료 진료받았는데 당뇨도 있다고 해서 처방받았습니다.

나는 혼자 아들을 키우기 위해 조금 늦은 나이인 30세에 한국으로 오게 되었습니다. IMF 때는 젊기도 해서 견딜 만했지만, 코로나 때는 감염에 대한 두려움도 있었고 이미 나이도 많아 일을 찾기가 쉽지 않았습니다. 간혹 식당에서 한 달에서 석 달 정도 두 군데에서 오전 11시부터 오후 5시까지 설거지, 배달 등 아르바이트를 하면서 1시간에 만 원을 받았습니다. 그러나 이것만으로는 생계를 유지하기가 어려웠습니다.

로즈 (필리핀) ▸▸▸

고단하고 서러워도 말하지 못합니다

2023년 1월 7일(토) 로즈 씨로부터 다급한 목소리로 울면서 전화가 왔습니다. 보일러가 터져서 기숙사 바닥에 물이 고여 있다는 것입니다. 밤새 물을 퍼냈지만, 소용이 없다고 했습니다. 서둘러 기숙사에 가서 필요한 옷가지를 챙겨서 센터 쉼터로 데려왔습니다. 그 후, 알게 된 이야기는 7년 동안 기숙사 생활을 했는데, 3년 전부터 보일러가 고장이 나서 집주인에게 알렸지만, 집주인은 차일피일 미루기만 했다고 합니다. 너무 화가 나서 왜 다른 기숙사로 옮기지 않았느냐며 오히려 로즈 씨에게 언성을 높였습니다. 당장 집주인에게 쫓아가서 분노에 찬 항의를 하고 싶은 마음이었습니다. 하지만 로즈 씨는 이제 몸도 마음도 지쳐서 필리핀에 돌아가려고 한다고 말합니다.

로즈 씨를 만난 것은 2013년 흐릿한 조명 아래 소음 소리가 나는 작은 기계 앞에서였습니다. 그녀는 야간에 혼자서 작업을 하고 있었습니다. 그날의 애처로운 모습이 아직도 눈에 선합니다. 로즈 씨 역시 그날 제가 방문했던 것을 기억하고 있었습니다. 2023년 1월 16일 오후 10시 50분에 로즈 씨는 필리핀으로 떠났습니다. 필리핀에서 한국으로 올 때 언니와 오빠가 있었지만, 두 분 모두 돌아가셔서 필리핀에는 이제 아무런 연고가 없다고 합니다. 필리핀 한적한 고향 마을 바닷가로 돌아가서 잠시나마 쉬고 싶다고 합니다. 고향 바다를 바라보며 해변을 거닐며 지나온 시간을 회상하고 싶어 합니다. 그녀가 여성 이주노동자의 고단함을 내려놓기를 진심으로 염원합니다.

가장 견디기 힘든 것은 한국인의 욕설입니다

- 손해 보고 빚도 지고
- 자전거를 탈 때가 제일 좋아요

저는 1979년생으로 2008년에 결혼하여 딸 2명(8세, 6세)을 두고 있습니다. 2016년에 관광비자로 브로커에게 1,700만 원을 주고 한국에 왔습니다. 브로커 비용을 빌려서 왔지만, 지금은 다 갚았습니다. 방글라데시에 있을 때는 중국으로부터 들여온 원단 판매사업을 했습니다. 그러던 중 2014년에 중국에서 원단이 오지 않고 시멘트가 와서 사기를 당했습니다. 몇 명이 돈을 모아 중국과 계약을 맺고 한 사업이었는데, 사기를 당해 3~4억 원의 손해를 입었습니다. 저 역시 8천만 원의 손해를 보았습니다. 은행에도 빚이 있었습니다. 방글라데시 대사관에 신고하여 중국에서 사기범을 잡아 사기범은 12년 형을 받았지만, 결국 돈은 한 푼도 받지 못했습니다. 방글라데시는 중국으로부터 핸드폰을 많이 수입해오는데 몇 번은 잘 들어오다가, 그쪽에서 돈을 많이 요구해서 그걸 다 보내주면 사라지는 수법으로 사기를 당합니다. 수입으로 사업을 하는 사람 중 많은 사람이 손해를 입었습니다.

사업의 실패와 빚으로 한국으로 오게 되었습니다. 은행 빚과 브로커 비용을 갚는 데 4년이 걸렸습니다. 아내도 가지고 있던 금(결혼할 때 받은 패물)을 내놓아 은행 빚을 갚는 데 도움을 주었습니다. 저 역시 정말 먹지도 못하고, 입는 것 없이 악착같이 노력해서 겨우 갚을 수 있었습니다.

처음 안양에 있다가 인천에서 1주일을 지낸 후 친구의 소개로 마석가구공단에 오게 되었습니다. 아르바이트로 일하면서 처음 250만 원을 받았습니다. 200만 원 정도 송금하고, 두 명이 방 2개로 30만 원 월세를 내고, 나머지 20만 원 정도로 최소한의 적은 돈으로 생활했습니다. 2017~2018년 동안에는 조금 돈을 모을 수 있었는데, 예기치 않게 2019년에 다리가 부러져 다쳤습니다. 가구를 옮기다가 발 위로 물건이 떨어지면서 다쳤습니다. 그러는 바람에 4개월 정도 일하지 못했습니다. 지금도 통증이 있고 무거운 물건을 들 수가 없습니다. 당시 사장님이 병원비와 방세, 생활비에 도움을 주셨습니다. 2022년 8월 말에 또 불행하게도 발목 부위가 골절되어 수술을 받았습니다. 의료보험이 없어 병원비로 500만 원이 들었습니다. 사람들에게 병원비를 빌렸습니다. 2023년 1월부터 일을 다시 시작했습니다. 아직 회복되지 않았고, 통증이 있었지만, 사람들에게 빌린 돈도 있어 일할 수밖에 없습니다. 다리를 다쳐 6개월 동안 방글라데시에 송금도 하지 못했습니다.

가구공장에서는 샌딩기, 도색 등을 했습니다. 점심은 대부분 한국 식당에서 먹는데 처음부터 김치도 쉽게 먹었고, 한국 음식은 잘 먹었습니다. 방글라데시에서 다른 나라에 가기 쉽지 않지만, 사업을 하다 보니 말레이시아, 인도, 네팔, 태국, 중국 등을 다녀본 경험이 있어 음식에 대한 거부감은 없었습니다. 한국에 오기 전에도 친구들에게 한국이 아시아에서 가장 빠르게 발전한 국가로 소개받아 좋은 이미지를 가지고 있었습니다. 한국에 온 것을 후회하지는 않지만, 사업이 잘되다가 사기를 당해 모든 것을 잃었다는 생각이 순간순간 떠오르면 매일매일 힘듭니다. 방글라데시에서 주인(owner) 역할을 하다가 지금은 한국에서 3D업종에서 일하고 있으니 꿈을 꾸고 있는 듯합니다. 하지만 지난날에 대한 잘못을 잊고 열심히 살아가려고 노력합니다. 어려운 시간이었지만 잘 견디어 왔습니다. 하지만 한국에서 무거운 물건을 옮기고 힘든 일하는 것보다 함께 일하는 한국 사람들이 욕할 때가 가장 참기 힘듭니다. 그래도 가족을 생각하면서 참습니다. 인터뷰가 끝나고 오늘 오후 6시부터 10시 30분까지 야근 일을 해야 합니다. 그리고 다시 내일 아침에도 8시 30분까지 일하러 나가야 합니다.

지금 편도염을 앓기도 하고, 감기로 많이 고생했지만 빚을 갚아야 한다는 마음에 참고 일하며 견디고 있습니다. 일이 힘들다고 돌아갈 생각은 할 수가 없었습니다. 코로나로 인해 한 달에 50만 원 정도 보냈지만, 지금은 그것마저 보내지 못하는 상황입니다. 빚은 갚았지만, 코로나 때문에 일도 없고 돈을 모을 수 없어 생활은 더 힘들고 지쳤지만, 방글라데시에 있는 가족들을 생각하며 견디고 있습니다. 자녀들과 영상 통화할 때가 가장 행복합니다. 방글라데시에 가게 된다면 전기, 원단 제품 사업을 다시 하고 싶습니다.

휴일에는 5명 정도의 친구들과 함께 자전거를 탑니다. 춘천, 양평까지 5시간 거리를 갑니다. 자전거 길로 서울까지도 갔다 온 적이 있습니다. 자전거를 타면서 모든 것을 날려버리고, 시원한 바람을 온몸으로 맞는 것이 유일한 위안입니다. 자전거를 타고 마음껏 가고 싶은 곳으로 달려가고 싶습니다.

알롬 (방글라데시) ▶▶▶

내 월급만은 돌려주세요

이주노동자의 임금체불은 2019년 1,216억 원으로 1,000억 원을 넘어섰습니다. 이주노동자의 증가로 인한 측면도 있지만, 임금체불은 이주노동자가 일하고 있는 곳이 상대적으로 3D업종의 영세사업체임을 고려한다면 충분히 이해할 수 있습니다. 하지만 만성적으로 임금체불이 발생하고 있는 점에 있어서는 경각심이 필요합니다. 특히 미등록이주노동자에 있어서는 사업장에서의 원활치 않은 자금 융통과 신분상의 제약으로 인해 임금체불이 빈번하게 발생하고 있습니다. 미등록이주노동자의 신분상의 취약성으로 고의적인 임금체불이 발생하기도 하고, 사업장에서 판매 대금이 회전되지 않아 발생하기도 합니다.

미등록이주노동자는 과다한 송출 비용으로 인해 단기간에 해소해야 하는 의욕이 있고, 송금을 통해 가족의 생계를 책임져야 하는 책무가 부여되어 있습니다. 임금체불은 미등록이주노동자에게 있어 치명적이라고 할 수 있습니다.

미등록이주노동자의 경우 임금체불을 경험하지 않은 적이 없다고 해도 과언이 아닙니다. 각종 연장 노동에 따른 수당 미지급, 부정확한 근로 시간, 부당한 비용공제, 정기 불원칙 임금 지급 등에 모든 편법이 적용되고 있습니다. 그뿐만 아니라 퇴직금은 산정조차 해놓지 않는 것이 일상화되어 있습니다.

근로계약서조차 작성하지 않고 일하다 보니 임금체불이 발생해도 이를 입증할 방법이 없습니다. 고용노동부에 임금체불 진정 신고서 제출했을 때도 사업주와 미등록이주노동자 간에 견해 차이로 미등록이주노동자는 불리한 경우가 다반사입니다. 다른 건 몰라도 땀 흘린 노동의 대가는 정당하게 주어야 하지 않을까요! 하지만 아직도 한국 사회에는 스탑크랙다운(다국적 밴드)의 '월급날'의 노래가 메아리치고 있습니다.

오늘은 나의 월급날 가슴이 두근두근합니다.

한참동안 받지 못했던 월급을 돌려준데요

나의 소중한 가족들 사랑하는 부모님

이제는 나의 손으로 행복하게 해줄게요.

오 사장님 안녕하세요. 오 사모님 내 월급을 주세요.

나의 꿈과 희망이 담긴 조그맣고 소중한 내 월급 (이하 생략)

연도	신고건수 (근로자수)	금액 (백만)	지도해결		사법처리		처리중	
			건수 (근로자수)	금액	건수 (근로자수)	금액	건수 (근로자수)	금액
2016년	11,759	68,685	6,805	29,547	4,459	35,140	495	3,997
2016년	21,482		10,661		9,687		1,134	3,997
2017년	14,656	78,370	9,469	39,387	4,610	35,044	577	3,939
2017년	23,885		13,790		9,031		1,064	3,939
2018년	16,951	97,227	10,569	45,830	5,780	45,548	602	5,849
2018년	28,021		15,253		11,327		1,441	5,849
2019년	18,988	121,682	11,821	58,932	6,718	58,612	449	4,138
2019년	31,904		17,131		13,810		963	4,138
2020년	18,721	128,771	11,979	67,816	6,335	57,562	407	3,393
2020년	31,998		18,300		12,864		834	3,393
2021년	17,214	118,351	11,539	67,838	5,404	47,056	271	3,457
2021년	29,376		18,126		10,655		595	3,457
2022년	16,075	122,324	11,734	76,700	4,140	42,936	201	2,688
2022년	28,030		18,662		8,808		560	2,688

고용노동부

힘들고 어려운 생활이지만 한국도 좋아요

- 방글라데시로 돌아가면 사업을 하고 싶다
- 한국 드라마를 즐겨 본다

제 이름은 알리입니다. 1985년생(현재 37살)으로 2000년(입국 당시 16세)에 여행비자로 브로커에게 600만 원을 주고 한국에 왔습니다. 아버지는 선생 님이셨지만 10만 원 정도의 월급으로 6명의 가족을 부양하기에는 힘이 드 셨습니다. 저도 부모님의 기대만큼 공부를 잘하지는 못했습니다. 누나가 도움을 주어 한국에 오게 되었습니다. 매형 동생이 한국에 있었습니다. 처 음에는 매형 동생 집에서 3개월 정도 있다가 마석가구공단에 온 지는 5년 되었습니다.

처음 화성시 정남면 병점에서 택시로 1만 원에 갈 수 있는 거리에 있 는 핸드폰 부품공장에서만 10년 일했습니다. 처음에는 외국 사람 3명, 한 국 사람 7명이 일했는데, 나중에는 3명만 남았습니다(핸드폰 부품공장들이 베트남, 중국으로 빠져나가 일이 많이 없어졌습니다). 일할 사람이 없어서 공장 일을 저 혼자 다 했습니다. 오후 7시에서 시작해서 오전 9시까지 혼자 야 간에만 일했습니다. 혼자 도맡아서 일을 다 해야 하고, 너무 많이 힘들고 일상생활이 너무 힘들었습니다. 그래서 10년 동안 참고 참다가 그만두게 되었습니다. 10년을 일했는데, 사장님이 퇴직금을 주지 않아, 안산에 있는 친구 소개로 노무사를 통해 노동부에 진정하여 2,000만 원 넘게 받아야 하는데, 결국은 사장님과의 오랜 인연과 퇴직금을 줄 의사가 없어 보여서 사장님과 대화로 800만 원 받고 종결했습니다. 노무사에게는 수수료 명목으로 100만 원 넘게 주었습니다. 그 후 수원과 오산에 있는 플라스틱공장(3년), 비누공장(3년)에서 일했습니다.

오산, 수원여자대학 앞에서 일하다가 친구의 소개로 마석가구공단으로 온 지는 5년이 되었습니다. 기숙사는 상봉역 부근에서 2년 동안 다녔고, 현재는 남양주시 읍사무소 옆에 300만 원에 30만 원 원룸에서 생활하고 있습니다. 수원에서 있을 때 너무 힘들게 생활해서 나만의 생활공간에서 생활하고 싶어서 원룸에서 생활하고 있습니다.

마석가구공단에서는 인테리어 일을 합니다. 이제는 기성 가구를 만드는 일은 많이 줄었습니다. 중국, 베트남, 인도네시아에서 가구들이 들어와서 타산에 맞지 않는다고 합니다. 그러다 보니 인테리어 쪽으로 더 수익성이 높은 곳으로 가고 있습니다. 이주노동자도 이를 선호하고 있습니다. 공장에서는 밖으로 나가지 않고 공장에서 도장 일을 하고 있습니다. 월 급여는 처음 270만 원에서 290만 원을 받고 있습니다. 한국어에 익숙해져서 금방 일을 배울 수 있었습니다. 마석가구공단에 와서 가구 일은 처음이었지만, 한국어를 잘하다 보니 일도 금방 배울 수 있었습니다. 공장장님도 제가 몇 년은 넘어야 배울 수 있는 일을 빨리 배웠다고 말해주었습니다. 한국말도 빨리 배울 수 있었던 것은 10년 동안 일했던 곳이 전부 한국 사람이었고, 저만 외국 사람이었습니다. 안 배우려고 해도 한국말을 안 배울 수가 없었습니다. 드라마를 좋아해서 한국 드라마를 엄청 많이 보면서 한국말을 배웠습니다. 지금 본 드라마 중에 〈천국의 계단〉 드라마를 가장 좋아합니다(지금 드라마와는 완전히 다릅니다! 함께 웃음!).

처음에 어린 나이에 와서 엄마가 보고 싶어 많이 울었습니다. 그런데 8년이 지나고 누나들도 결혼하고 살 만하다 보니, 지금은 방글라데시로 가고 싶지는 않습니다. 부모님이 오라고 해도 지금은 생각이 없습니다. 10, 20, 30대를 한국에서 보냈고 이곳이 좋습니다. 공장에서 혼자 일하면서 너무 힘들고 외로웠지만 재밌게 살려고 했습니다. 10대 젊은 나이에 왔기에 홍대, 강남, 이태원 클럽에도 간혹 친구들과 가기도 했고, 혼자서도 갔다가 새벽에 오기도 했습니다. 술 먹고 춤추는 것보다는 클럽의 분위기가 좋았고, 스트레스를 풀 수 있었습니다. 젊은 만큼 젊은이들과 함께 어울리는 것이 좋았습니다. 체류 비자(신분증)가 없어서 친구가 들어가고 다시 받아 클럽에 들어갔습니다. 비자만 있으면 한국에서 살고 싶은 마음입니다. 여자 친구를 몇 명 만난 적도 있었고, 좋은 형들도 많이 만났습니다. 코로나 이후에는 클럽에는 갈 수도 없고 나이도 있어 갈 수가 없습니다. 지금은 공단의 형들과 함께 자전거를 타고 있습니다. 헬스를 한 지도 벌써 5년이 되었습니다. 헬스는 10개월에 38만 원입니다. 활동하는 것을 좋아해서 여행도 좋아하는데, 제주도에도 가 보고 싶습니다.

그런데 전에 핸드폰 없던 때는 친구들끼리 많이 모여 놀기도 하고, 밥도 같이 먹고 했는데, 지금은 핸드폰 보느라고 보지 못합니다. 오래된 친구들도 방글라데시로 많이 돌아갔습니다. 새로운 친구를 사귀기가 쉽지 않습니다. 새로 들어온 친구들은 집 안에 있으려고만 합니다. 새로운 친구들의 생각과 의식도 많이 달라 친해지기가 쉽지 않습니다. 저도 페이스북에서 일자리 찾기 그룹에 있고, 젊은 친구들은 인스타그램을 하고 있습니다. 페이스북으로 가족들과 화상통화도 하고, 옛날 학교 친구들과도 연락이 되고 있습니다. 2000년대 방글라데시에는 핸드폰도 없었고, 부모님과 연락하려면 동네 시장에 국제전화가 가능한 상점이 있어 하루 전에 약속을 미리 해놓아야 전화 통화가 가능했습니다. 그리고 이후에는 국제전화 카드를 사용하여 1~1만 5천 원으로 200분 정도 통화했었습니다.

내년에 가려고 생각하고 있습니다. 얼마 전(1달 전)에 부모님의 소개로 화상결혼식(부인은 98년생)을 했습니다. 얼마 되지 않아 낯설지만, 점점 적응하고 있습니다("마음에 드냐?"라고 물으니, "이제 조금씩 적응하고 있다"라고 해서 함께 웃음!). 아직 여성을 사귀어본 적이 없어 좀 서툰 면이 있습니다. 매일 전화로 화상 통화하면서 서로를 알아가고 있습니다("방글라데시에 있을 때 아는 여성이었는지?" 물음에 "아니다. 아마도 제가 한국에 왔을 때 태어난 것 같다." 함께 웃음!). 제가 방글라데시로 올 생각을 하지 않으니, 어머니와 형제들이 화상결혼식이라도 해서 빨리 오도록 한 것입니다.

코로나로 인해 제가 알고 있던 한국이 많이 변한 것 같습니다. 일이 없어서 베트남 3명, 한국 사람 7명이 있었는데 지금은 다 나가고 저 혼자 남았습니다. 코로나도 문제지만 주 52시간 근무제(법정 근로 40시간+연장근로 12시간)가 시행된다고 다 보내고, 일이 있을 때만 아르바이트로 한국 사람이 일하고 있습니다.

처음 일했던 공장에서 단속될 뻔한 적이 있습니다. 야간 일은 저녁 7시에 시작합니다. 먼저, 기계 50대의 작동 여부 상태와 불량품을 검사하는 데 보통 2시간이 소요됩니다. 그런데 그날은 이상하게 1시간도 안 걸렸습니다. 또한, 생전 처음으로 일한 지 1시간 만에 배고파서 공장에 있는 식당에 들어갔습니다. 막 밥을 먹으려고 하는데, 회사에 있는 개가 짖었습니다. 그래서 느낌이 이상해서 문을 열고 보니, 회사 문 앞에 이상한 버스가 있었고 "잡았다" 하는 소리가 들렸습니다. 친구 한 명이 단속되었습니다. 그래서 식당 문을 닫고 불을 끄고 식당의 테이블 밑에 숨었습니다. 출입국 직원 한 사람이 식당으로 문을 열고 들어와서 전등불을 켜려고 했는데 불을 켜지 못했습니다. 스위치는 고장이 나 있었고 우리만 알고 있는 곳에 스위치가 있었습니다. 결국 어두워서 발견하지 못하고 출입국 직원이 그냥 갔습니다. 10분 늦었어도 단속되었습니다.

2009년에도 친구를 만나기 위해 천안역에서 20분 정도 기다리고 있었는데, 계단 쪽에서 출입국이 올라온다는 소리가 났고, 중국 교포들이 도망하고 있었습니다. 저도 소리를 듣고 뛰었습니다. 아마 계단에 계속 앉아 있었으면 단속되었습니다. 화성시 병점에서도 일하고 있었는데, 1, 2층은 이미 출입국 직원에 의해 단속이 되고 있었고, 저는 3층에서 일하고 있었는데, 한국 직원이 빨리 기계에 숨으로라고 해서 자동차 부품 기계 안에 숨어 단속을 피할 수 있었습니다.

저는 6형제(형 1명, 누나 3명, 여동생 1명) 중에 다섯 번째입니다. 지금은 한국에서 일하면서 7,000만 원 정도를 모았습니다. 이제 방글라데시로 돌아가야 하지만, 한국으로 다시 돌아올 수 없다는 것이 마음이 아프고, 아쉬움이 너무 큽니다. 방글라데시로 돌아가면 매형이 하는 의류 사업을 같이 하려고 합니다.

알리(방글라데시) ▸▸▸

28년간 한국에서 일했습니다

- 2003년 한국에서 결혼하고 대학생 자녀 길러내
- 즐겁고 긍정적인 에너지로 건강하게 생활

저는 1963년(60세)생입니다. 필리핀에서는 종이 제조회사에서 일했습니다. 사장은 대만 사람이었고 회사에서는 관리직이었습니다. 월급은 많지 않았고 한국 돈으로 20만 원 정도였습니다. 한국에는 1996년에 산업연수생 신분으로 처음 도착한 곳은 경상북도 구미의 실 공장에서 일했습니다. 월급은 34만 원에 연금을 공제하면 30만 원 정도의 적은 금액을 받았습니다. 그래서 5개월 만에 공장에서 나오게 되었습니다.

여동생도 먼저 1995년에 산업연수생 비자로 부산에 왔다가 1년 후에 마석가구공단에 있어 이곳으로 오게 되었습니다. 여동생과 같이 기숙사에 있다가 IMF 때 동생은 필리핀으로 돌아가게 되었고, 저는 계속 남아 있었습니다. IMF 때에 일주일에 1일~2일 정도밖에 일하지 못했고, 1일 1만 5천 원 받으면서 생활했습니다. 달걀과 라면 정도 먹으면서 겨우겨우 지냈습니다. 정말 힘들었지만, 필리핀에 있는 가족과 자식을 위해 참고 견뎠습니다. IMF 이후 30만 원씩 필리핀으로 송금했습니다. 아들과 딸은 방문비자로 한국에 와서 현재 아들은 한국에서 일하고 딸은 2015년에 필리핀으로 돌아갔습니다.

2003년까지 한국에서 8년 동안 미등록 체류의 신분으로 지내야 했습니다. 마석가구공단 침대공장에서 일할 때 필리핀 나이 드신 분과 같이 생활했는데, 혹시 "한국 사람과 결혼할 생각이 있느냐?"고 묻길래 그냥 농담으로 "그럼 좋지요"라고 했습니다. 이후 나이 드신 필리핀 분이 제 사진을 사장님에게 건네주었고, 사장님이 아시는 분을 소개해주셨습니다. 당시 소개받은 분은 영어를 할 줄 몰라 인사말 정도였습니다. 저도 한국 사람과 같이 일하면서 조금 배웠고 읽기, 듣기는 드라마로 배웠지만 익숙한 정도는 아니었습니다.

그러던 어느 토요일에 소개받은 지금의 남편이 빨리 일을 끝내고 나오라고 해서 일을 마치고 나오니 자동차를 준비해서 어디를 가야 한다고 했습니다. 어디로 가는지 궁금했지만, 남편은 설명해주지 않았습니다. 그렇게 고속도로를 타고 3~4시간쯤 걸려 갔는데 신랑의 고향인 대구에 도착했습니다. 그곳에서 갑작스럽게 신랑의 가족들과 인사를 나누게 되었습니다. 그리고 인사를 나눈 후 큰형님이 2003년 당시 정부의 합동단속이 심해서 미등록으로 체류는 위험하니, 먼저 필리핀으로 들어가면 남편이 필리핀으로 들어가서 합법 절차를 통해 비자를 받고 오라고 말씀해주셨습니다. 그렇게 해서 2003년에 저 먼저 필리핀으로 갔고, 이후 남편이 들어와서 결혼식을 하고 한 달 후 비자가 나와 한국에 다시 합법적으로 들어오게 되었습니다.

그 당시에 국제결혼은 이주민의 한국어 능력과 상관없이 일정 정도 소득만 확인했습니다. 2010년부터는 결혼 자격에 한국어 능력 1급 및 면접 등 조건이 있었는데, 그 전에 들어와 다행이라 생각하고 있습니다. 그런데 국적을 따기 전에는 남편이 일하면서 6개월씩 이민 비자를 발급받아야 해서 스트레스가 많았습니다. 이후 2006년에 서류를 준비해서 5월 6일에 국적을 받았습니다.

집은 인천시 부평구 갈산동에 집이 있었고, 아들은 2004년에 태어났습니다. 저는 일을 계속해왔는데 집에만 있는 것이 불편한 스타일이었습니다. 그래서 공단에서 일하기로 마음먹었습니다. 2005년 3월에 마석가구공단으로 돌아와서 일했습니다. 아들은 기숙사 근처 근로자 여성센터에 맡기고 1년간 일했습니다. 남편은 인천에서 마석까지 1주일에 한 번씩 오가며 지냈습니다. 남편을 설득하기가 쉽지 않았지만, 건설에서 일하는 남편의 급여가 일정하게 들어오는 편이 아니었기 때문에 생계에 도움이 되고자 일했습니다.

마석가구공단에서는 처음에 신발공장에서 일했습니다. 월급이 잘 안 나왔고, 실 공장 등 다른 공장으로 일터를 옮기며 2013년까지 일했습니다. 신발공장에서는 60만 원을 받았고, 2012년 즈음해서는 다른 가구공장에서 85만 원을 받았습니다. 가장 많이 받았을 때는 야근까지 포함해서 150만 원을 받았습니다.

이후에는 다른 지역에서 비닐 공장, 마스크 공장, 청소 등 다양한 일을 했습니다. 주로 인력 사무소에서 일을 소개받아서 일했습니다. 아르바이트도 계속했습니다. 아침에 핸드폰을 준비하고 있으면 인력 사무소에서 일이 있으면 연락이 옵니다. 사다리차를 타고 올라가 빌라 벽 청소하기까지 했습니다. 코로나 시기에는 하남 마스크 공장에서 일했습니다. 하루에 9시부터 6시까지 일하며 일당 8만 원 정도를 받았습니다. 호평동에 같이 공장에서 일하는 아주머니의 차량을 하루에 5,000원씩 내고 카풀로 함께 다녔습니다.

한국에서 힘들었던 일은 가구공장에서 일할 때였습니다. 공장에 먼지가 너무 많았고, 점심 먹을 때 쉬는 시간도 안 주고, '빨리빨리' 일하라 했을 때 힘들었습니다. 여름에는 일을 시작하기도 전에 몸에 땀이 가득했으며, 겨울에는 너무 추워서 힘들었습니다. 야간근무가 있으면 11~12시까지 일했는데 눈이 많이 오는 날은 무서웠습니다. 이제는 60살이 넘어가면서 공장에서 일을 구하기 힘들어졌습니다. 공장 사장님한테 아직 힘이 있고 나이를 생각하지 말라고 어필(appeal)해 봐도 사장님이 나이가 많다고 해서 일을 못 하는 경우가 많았습니다.

지난 2022년 10월부터는 필리핀을 한 달에 한 번 정도 오가며 물건을 가져 와 장사하고 있습니다. 남동생의 아내와 같이 일하고 있습니다. 큰 박스(box)는 배로 옮기고, 60kg의 짐은 항공으로 직접 옮깁니다. 아직은 수입이 조금입니다.

이번(2023년) 5월에는 가정부로 미국에 가서 일하는 것도 계획 중입니다. 한국 여권으로 인터뷰를 신청했고, 미국에 필리핀 친구가 있어서 그 집에 머물면서 가정부 일을 구할 계획입니다. 2025년까지 3개월씩 두 번 갈 계획입니다. 아들의 대학교 학비 및 생활비가 많이 들어가서 아직 수입이 필요한 상황입니다.

마석가구공단에서는 2021년까지 살았고 2022년에는 근처 천마산 묵현리로 이사했습니다. 남편은 아직도 인천에 집이 있고, 아들은 올해 대학을 갔고 남양주 집에서 통학하고 있습니다. 아들과 같이 살고 있습니다. 7월에 한 달 정도 필리핀을 가려고 하는데 아들이 요리, 청소, 아르바이트도 잘해서 걱정이 없습니다. 특별히 아픈 데는 없습니다. 비타민을 먹으며 건강을 챙기고 있습니다. 반면에 남편은 나이가 들고 몸이 아파서 쉬는 날이면 병원에 자주 다닙니다. 지금까지는 항상 즐겁고 행복하게 지내고 있으며, 몸도 마음도 건강하다고 생각합니다.

로시 (필리핀) ▸▸▸

아내는 미등록 신분, 딸은 베트남으로

- 2014년 입국해 9년간 성실하게 한 공장에서 용접공으로 일함
- 숙련기능인력 비자를 준비하고 주말도 아르바이트를 하며 생활

저는 2014년 한국에 왔습니다. 1992년생으로 23살에 한국에 들어와 어느덧 32살이 되었습니다. E-9 비자로 들어왔고 지금도 E-9 비자인데 코로나로 인해 비자가 1년 연장된 상태입니다. 처음 4년 10개월이 끝난 뒤 성실근로(4년 10개월 동안 사업장 이동이 없이 한 공장에서 일한 이주노동자에게 부여하는 제도)의 자격으로 다시 한국에 재취업 비자를 받고 왔습니다.

한국에 오기 전 베트남에서 기계 프레스, 전기, 용접 등 다양한 일을 했습니다. 베트남에서는 월급이 많지 않았고, 어머니께 받은 월급을 다 드렸습니다. 한국 돈으로는 25만 원 안 되었습니다.

친구의 소개로 한국의 고용허가제 제도(EPS)를 알게 되었습니다. 한국에 가면 돈 많이 벌 수 있다고 해서 EPS에 등록해서 한국어 공부했습니다. 그리고 큰아버지의 아들도 2006년에 한국에 와서 일하고 있었습니다. 한국에 와서는 휴대전화가 없어서 사촌과 자주 연락을 못 했고, 사촌은 일이 끝나고 다시 베트남으로 돌아갔습니다.

2살 어린 아내와 딸이 있습니다. 아직 결혼식은 하지 못했습니다. 2016년에 아버지가 아프셔서 베트남에 갔고, 그때 동네에서 알고 지내던 여자 친구와 약혼했습니다. 아내는 2017년에 한국에 유학생 비자로 들

어왔습니다. 아내는 처음 2년간 유학생 비자로 있었고, 현재는 미등록 상태로 수동 공장에서 일하고 있습니다. 한국에는 가족과 친척이 없기에 아직 결혼식을 하지 못했습니다.

딸아이는 2019년에 한국에서 태어났고, 1년 후, 2020년에 딸을 베트남으로 보낼 수밖에 없었습니다. 아내가 딸을 출산할 때 수술했는데 300만 원 정도 나온 적이 있었습니다. 그때 월급을 받고 남은 돈이 50만 원이었습니다. 딸은 지금 베트남에서 건강하게 지내고 있습니다. 코로나 시기에 자진 출국 기간에 여행사를 통해 200만 원 비용(항공료와 동반)을 들여 딸을 베트남으로 보냈습니다. 현재, 한국에는 아내와 둘만 있습니다. 딸은 현재 4살입니다. 저는 베트남에 갔다 왔지만, 아내는 미등록 신분이라 갈 수가 없습니다. 아내는 돈을 벌기 위해 한국에 있기로 선택했습니다.

베트남에 계신 부모님 두 분이 암으로 병환 중에 있어 그동안 치료비를 보내야 해서 돈을 모으지 못했습니다. 2015년에 어머니가, 2017년에 아버지가 결국은 암으로 돌아가셨습니다. 그 이후 부모님이 은행에서 빌린 돈을 갚아 왔고, 딸을 맡아서 키워주는 장모님 댁에 50만 원씩 보내고 있습니다. 2021년까지 5천만 원 정도를 모아 베트남 다낭지역에 땅을 사 두었습니다. 아직 집은 못 지었고 집을 마련하려면 7천만 원의 돈이 더 들어갈 것으로 생각하고 있습니다.

일하는 공장은 남양주시 화도읍 가곡리에 있습니다. 2014년부터 한 공장에서 계속 일했습니다. 책상과 의자를 만드는 공장에서 9년 동안 용접공으로 일하고 있습니다. 일하면서 가끔 눈이 아프지만 참고 일하고 있습니다. 이 공장은 한국 사람 7명, 외국 사람은 4명이 일하고 있습니다. 3명은 캄보디아 사람입니다. 공장을 오래 다닌 캄보디아 이주노동자 한 명은 숙련기능인력(E-7-4) 비자를 준비해서 4월에 결과를 기다리고 있습니다.

아내는 다른 공장에서 일하고 있습니다. 제가 일하는 공장은 용접, 도장 등 힘든 일이 많아서 아내가 일하기 힘들고 대신 꽃을 포장할 때 쓰는 끈을 만드는 공장에 다니고 있습니다. 공장 기숙사가 아닌 다가구주택에서 생활하고 있습니다. 보증금 200만 원에 월세는 33만 원입니다. 그리고 가스(LPG)요금까지 더해 37만 원 정도 나옵니다.

지난 코로나 기간에도 공장의 일은 쉬지 않고 계속했습니다. 2014년에 처음 월급은 기본급 109만 원 정도였습니다. 지금도 최저임금을 받고 있으며 200여만 원을 받고 있습니다. 여기에 숙식비 30만 원을 더 받습니다. 월급은 밀리지 않고 잘 받고 있습니다. 공장에서 점심을 제공해줍니다. 한국 음식은 김치가 많이 나오는데 김치찌개도 잘 먹습니다.

현재 비자는 1년 정도 남았습니다. 따라서 숙련기능인력(E-7-4) 비자로 바꾸기 위해 일요일마다 복지센터에서 법무부의 사회통합프로그램(한국어)을 하고 있습니다. 그동안 돈을 벌어야 한다는 생각에 시간적 여유가 없어서 비자를 바꾸지 못했습니다. 또한, 평일에 공장 일하고 토요일과 일요일에 아르바이트 일을 했습니다. 지금 사는 집 근처에서 집주인이 농장을 하고 있었는데 그곳에서 상추와 고추 심는 아르바이트를 했습니다. 일당은 9만 원입니다. 일이 바쁘면 일찍 나가고 그렇지 않으면 10시쯤 나갔습니다. 명절 때에도 집주인이 농장 일을 할 수 있냐고 하면 명절에도 쉬지 않고 일했습니다. 아내는 토요일도 출근해야 해서 농장 아르바이트 일했습니다. 아내에게 미안한 마음도 있고 조금이라도 빨리 돈을 벌어야 베트남으로 돌아갈 수 있다고 생각했습니다. 최근에는 숙련기능인력(E-7-4) 비자를 취득하기 위해 토요일만 농장에서 일하고 센터에서 한국어 공부하고 있습니다. 쉬는 날이 없어 힘이 들지만, 가족의 행복한 앞날을 생각하며 열심히 노력하고 있습니다.

형제는 3명이 있습니다. 형이 있고 여동생이 있는데 모두 결혼했습니다. 여동생은 결혼해서 아이가 3명인데, 2019년에 남편이 교통사고로 사망했습니다. 여동생은 시어머니와 함께 자녀를 키우고 있고 식당일, 사무실 잡일 등 여러 가지 일하며 생계를 유지하고 있습니다. 여동생의 자녀들을 위해 학비와 생활비로 1년에 세 번 30만 원씩 보내고 있습니다.

가족의 경제권은 아내에게 있습니다. 돈은 아내가 관리하고 용돈을 받습니다(베트남에서는 주로 아내에게 경제권이 있다고 합니다). 술과 담배는 하지는 않습니다. E-7-4 비자를 받게 되면 아내의 거취가 문제가 될 수 있습니다. 그래서 자진 출국 기간 때 아내가 베트남으로 돌아갈 계획을 생각하고 있습니다.

아내가 유학생 비자 신분일 때는 남산과 남이섬 등 여행한 적이 있습니다. 하지만 지금은 여행을 다니기보다는 휴가나 명절 기간에도 일만 했습니다. 또한, 아내가 미등록 체류 신분으로 바뀌면서 성격상 내성적이기도 해서 여행 가는 것을 불안해하고 무서워합니다. 빨리 체류 허가받아 자유롭게 베트남과 한국에 오가면서 가족과 함께 여행하고 싶습니다.

타미 (베트남) ▶▶▶

고용노동부의 고용허가제 개편에 대한 문제점

아래는 2004년 이후 현재 진행되고 있는 외국인력 제도 고용허가제의 변화입니다. 비숙련·단기·순환이 원칙이었으나, 시행 2004년 3년에서 만료 시점인 2005년에 3년+3년으로, 2009년에는 3년+1년 10개월, 2012년에는 3년+1년 10개월을 재고용할 수 있도록 하면서 9년 8개월로 확대되었습니다. 하지만 고용허가제 처음 설계와는 다르게 비숙련·단기·

순환 원칙이 무색하게 붕괴하였습니다.

'04.8월	'05.5월	'09.12월	'12.7월~
3년	3년+3년 [중간에 1개월 출국]	4년 10개월 [3년+1년 10개월]	4년 10개월 +요건 충족 시 4년 10개월 추가 [중간에 3개월 출국] * 요건: 사업장변경 없이 농축산업, 어업, 50인 이하 제조업

고용허가제가 20년이 되어가면서 제도에 대한 우려의 목소리가 각계각층에서 커졌고, 최근 고용노동부에서도 이에 '고용허가제 개편방안'(2022. 12.28.)을 내놓게 되었습니다. 골자는 장기근속 이주노동자(E-9)와 송출국에서 준숙련인력 요건을 갖춘 이를 우대하여 최대 10년+α 보장하여 준숙련인력으로 활용하겠다는 계획입니다.

준숙련인력 활용 운영방안

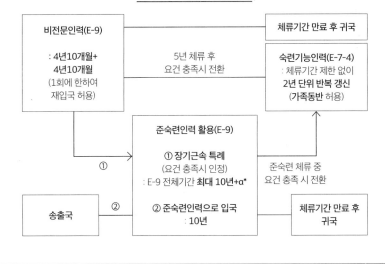

고용허가제 개편방안에서는 비숙련에서 준숙련 활용과 이에 따른 체류 기간을 확대하여 외국인력을 고용하고 있는 사업장에 노동의 연속성과 이주노동자에게 체류를 장기간 보장해 준다는 측면에서 긍정적으로 볼 수도 있습니다.

하지만 10년+α라는 부분에 대해서는 몇 가지 의문이 듭니다. 'α'의 의미는 무엇인가? 체류 기간이 10년을 넘어서도 준숙련인력으로 남아 있어야 하는가? 국적법(제5조)에 따르면 5년 이상 체류 시에 일반귀화 요건이 되는데, 왜 여전히 준숙련인력으로 남아야 하는가? 고용허가제 이주노동자(E-9)는 10년+α이지만, 송출국에서 온 이주노동자는 10년으로 체류 기간이 만료된 시점에서는 본국으로 귀국해야 한다고 전제하는 것으로 보아, 결국은 영주를 허용하지 않고 노동력만 활용하겠다는 취지로밖에 볼 수 없습니다. 국제사회에서도 현행의 고용허가제가 이주노동자 가족의 결합권을 허용하지 않는 것에 대해 강하게 비판하고 있는데, 개선방안이 장기간 외국인력을 활용하면서 가족의 결합권을 간과하는 것은 더욱 퇴행하는 방안이라고 할 수 있습니다.

법무부의 숙련기능인력(E-7-4)의 경우 4년 체류 후 자격요건을 갖추면 고용노동부가 제안하는 준숙련 인력보다 더 좋은 노동환경과 업종에서 일할 수 있습니다. 그럴 뿐만 아니라 가족 동반도 허용이 됩니다. 지름길인 숙련기능인력(E-7-4)을 두고 왜 고용노동부는 굳이 준숙련인력을 설정했을까? 오히려 현행의 고용허가제(E-9)의 4년 10개월 이후 숙련기능인력(E-7-4) 까다로운 요건(점수제)을 대폭 완화하여 연계하는 방안이 더 타당합니다.

다른 하나의 의문은 고용허가제 4년 10개월 취업 활동 이후 만료된 이주노동자가 적용 요건을 충족할 시 출국 후 1개월 후에 재입국 취업특례제도로 재입국하여 다시 일할 수 있고, 마찬가지로 자진 출국한 이주노동자가 재입국 취업제한 기간(6개월) 후 특별한국어시험제도로 재입국하여 취업 활동을 할 수 있습니다. 이처럼 재취업 활동을 할 수 있는 취업특례제도와 특별한국어시험제도가 중첩되어 있는데, 여기에 또다시 준숙련인력 제도까지 더해지면 외국인력이 유입되는 경로가 다양하고 개방의 폭이 넓어졌다고는 하겠지만 혼재된 외국인력 제도가 제대로 운용이 될 수 있을지 하는 의문이 듭니다.

오히려 영주권을 부여한다는 조건도 없이 고용허가제 개편의 10+α와 같이 준숙련인력을 활용하는 목적으로 체류 기간만 확대한다면 미등록이주노동자의 체류 기간이 더 장기화할 여지가 크게 작용할 것입니다.

한 가지 확인할 수 있는 중요한 사실은 재고용 제도인 취업특례제도, 특별한국어시험제도, 준숙련인력제도 등 '용어' 자체만 변용되었을 뿐 모두 외국인력을 비숙련 '기간제 비정규직'에 근거하여 체류 기간만 확대하였다는 점입니다. 그러다 보니 외국인력 정책이 외국인력 활용을 위해 체류 기간 확대에만 치중하여 '덧씌우기'정책으로 '누더기'가 되어버렸습니다. 지금의 외국인력 제도는 밑 빠진 독에 물을 붓는 격입니다. 이제 새 술은 새 부대에 담아야 합니다.

외국인력 정책이 비숙련제도의 틀에서 한치도 벗어나지 못하고 이를 탈피하지 않는다면 결국 외국인력 정책은 산업현장에서 부적합 판정을 받고 표류할 수밖에 없습니다.

나쁜 말 하지 마세요, 아이나 마음 아파요

- 산업연수생으로 들어옴
- 돌아가면 한국 식당을 열고 싶다

저는 1972년생으로 2002년에 한국에 산업연수생으로 왔습니다. 필리핀에서 함께 온 3명과 태국의 미등록 10명이 인천광역시에 있는 재활용 분리수거 공장에서 3년 동안 함께 일했습니다. 그때 60만 원 받았습니다. 3년 후에는 함께 일한 한국분의 소개로 미등록으로 재활용 분리수거 공장이 있는 울산에서 3년, 김포에서 2년 일을 했습니다. 김포는 4층 규모에 건물에서 500명 정도가 새벽부터 일했습니다. 저는 8시 30분부터 10시 넘어까지 일했습니다. 연장근로 적용 없이 월급으로 240만 원 받았습니다. 작업은 컨베이어 벨트의 플라스틱, 캔, 병 등을 색깔별로, 제조회사별로 따로 분류했습니다. 분류하는 작업 중에 철 재료 와이어(wire)와 깨진 캔, 병을 다루다가 다치기도 했습니다.

그 후 2년 동안은 안산에 빌라를 구한 후 일은 군포에 있는 컴퓨터 외관에 도색하는 일을 했습니다. 2008년에 친구 소개로 마석가구공단에 왔는데, 6개월 일하다가 군포에 사장님이 다시 와서 일해달라고 하면서 기숙사도 제공해주셨습니다. 그렇게 군포에서 일했지만, 주말마다 마석가구공단에는 왔습니다. 여기에 오면 필리핀 친구들을 만나 즐겁게 지낼 수 있었습니다. 군포공장에는 필리핀 친구가 없을뿐더러, 저는 성적 정체성이

다릅니다. 하지만 마석가구공단에 오면 저와 같은 친구들이 있어 더 친근감을 느끼게 합니다. 군포에서는 물건을 사거나, 대중교통을 이용할 경우, 한국 사람들이 좀 이상한 눈빛으로 저는 보면서 말을 걸어와 부담되기도 했습니다. 그래서 군포와 마석이 거리상으로 멀어도 주말에는 마석가구공단에 와서 지냈습니다.

그러던 중 단속에 대한 두려움으로 2011년에 마석가구공단으로 와서 지금까지 한 공장에서 일한 지 12년이 되었습니다. 하지만 가구공장 일을 처음 하면서는 많이 힘들었습니다. 언어와 작업이 수월하지 않았고, 같이 일하는 공장장이 맨날 하는 욕설에 스트레스를 많이 받았습니다. 잠도 잘 자지 못했고, 살도 빠졌습니다. 공장을 옮기고 싶었지만, 사장님이 믿고 일할 사람이 저라면서 월급을 올려줄 테니 조금만 참으라고 했습니다. 5년 전에 욕설하던 한국 사람이 공장을 그만두고 나가면서 저도 적응이 되었습니다. 사장님도 가끔 나쁜 말 할 때 지금은 사장님에게 "나쁜 말 하지 마세요. 그러면 아이나 마음이 아파요" 하고 말합니다. 지금은 공장과 가구 판매장을 하는 사장님이 잠시 없을 때 저를 믿고, 가구 판매장을 맡기기도 합니다. 손님이 오면 가구 설명도 해드리고, 필요한 가구를 안내해드립니다. 손님들도 저의 설명을 들으시고 사장님이 올 때까지 기다려 주십니다.

사장님과 함께 일하지만, 가구공장 일도 저 혼자 가구 제작을 다 하고 있습니다. 장롱, 옷장, 서랍장 등 다 만들고 있습니다. 가구는 편백 나무로만 만들어 가격도 비쌉니다. 이제는 저도 기술자입니다. 월급은 2011년에는 160만 원, 지금은 280만 원 받고 있습니다.

필리핀에서는 할아버지가 하시는 쌀과 담배 농사를 함께 했었습니다. 어깨에 물통을 지고 새벽부터 물을 주었습니다. 그때가 힘들었지만, 가족들이 함께 있어서 행복했습니다. 이제는 할아버지도 돌아가셔서 매우 그립습니다. 형제는 8형제 중에 넷째였습니다. 필리핀에 조그만 땅을 사두었고, 돌아가면 삼겹살이나 닭볶음탕을 하는 한국 식당을 하고 싶습니다.

아이나(필리핀) ▸▸▸

이주노동자의 생계 보존을 위한 퇴직금만큼은 손대지 마라

영세사업장에서 일하는 고용허가제 이주노동자의 임금과 퇴직금을 효과적으로 보호하기 위해 출국만기보험과 임금체불 보증보험을 두고 있습니다. 여기에 만료 후에 출국을 대비하기 위한 귀국비용보험이 있고 사망과 질병에 따른 상해보험이 있습니다. 이 4대 보험을 외국인 전용 보험이라고 합니다.

이 중 퇴직금 대비 출국만기보험은 그동안 외고법에서 퇴직금 지급 시기와 관련하여 근로기준법 제36조에 의해 통상적으로 근로자의 퇴직금 지급 시기와 같이 이주노동자도 '퇴직 후 14일 이내' 받게 되어 있었습니다. 그런데 미등록 체류를 방지한다는 차원에서 지난 2014년 1월 28일 외고법 개정을 통해 '출국 이후 14일 이내'로 규정을 바꾸었습니다.

개정된 해당 외고법 조항은 근로자퇴직급여보장법(제9조) 및 근로기준법 규정에 정면으로 위배 됩니다. 이는 국가가 강제 저금 또는 퇴직금을 압류하는 위법적인 조치이며, 퇴직 노동자 및 그 가족의 생계 보전이라는 목적과 기능을 가진 퇴직금의 본질적인 규정을 침해하는 행위입니다.

당시 국회 환경노동위원회의 전문위원은 검토보고서에서 "개정

안대로라면 국내 체류 중 퇴직한 이주노동자는 출국만기보험금 등을 지급받을 수 없어 근로기준법 등에 비추어 수급권(수급시기)을 제한받는다"라는 점을 지적하면서 "동수단이 불법체류 의사를 가진 외국인근로자의 불법체류 감소에 어느 정도 기여할 수 있는지에 대한 의문이 있는바, 이에 대한 논의도 필요해 보인다"라고 언급하였습니다.

헌법재판소에서도 '퇴직금을 퇴직일로부터 14일 이내에 지급하도록 하는 근로기준법 제36조에 의거 합헌 결정하면서 "근로기준법 제36조 본문 중 퇴직금을 퇴직일로부터 14일 이내에 지급하도록 하는 부분은 사용자와 근로자 사이의 근로관계가 종료된 후에도 퇴직금이 신속하게 지급되지 않는다면 퇴직 근로자 및 그 가족의 생활이 곤란하게 될 수 있고 시간의 경과에 따라 퇴직금의 지급에 불편과 위험이 따를 우려가 있어 이를 방지하기 위한 것"(헌법재판소 2005. 9. 29. 선고 2002헌바11 결정)이라고 설시하고 있습니다.

그뿐 아니라, 퇴직금 '출국 이후 14일 이내'로 인해 이주노동자는 또 다른 피해를 감내해야 합니다. 출국만기보험 납부 금액이 통상 임금의 8.3퍼센트이기 때문에 평균임금으로 산정되는 퇴직금에 차액이 발생합니다. 따라서 출국만기보험으로 70~80퍼센트가량을 받지만, 차액에 대해서는 사용자에게 별도로 요청해야 합니다. 그런데 이미 출국한 이후라면 사용자에게 청구해 받는다는 것은 사실 불가능한 일입니다.

이주노동자 역시 동일하게 근로기준법과 근로자퇴직급여보장법의 적용받는 노동자입니다. 근로기준법은 국적에 따른 차별을 금지하고 있으며, 국적을 불문하고 모든 노동자에게 적용됨을 원칙으로 하고 있습니다. 따라서 이주노동자의 퇴직금을 보존하기 위한 목적으로 마련된 출국만기보험 역시 그 본래의 취지에 맞게 '퇴사한 날로부터 14일 이내'의 원칙을 준수해야 합니다.

마지막으로 한국에서 일하고 떠나는 이주노동자들의 심정을 헤아릴 수 있을까요? 한국에서 땀 흘려 일하며 귀국하는 이주노동자에게 끝까지 차별의 끈을 놓지 않는 한국. 이주노동자의 재산권과 평등권마저 끝까지 볼모로 삼는 한국. 이들이 한국을 떠나면서도 마음 편하게 떠나지 못하는 이주노동자들은 과연 한국이라는 나라를 어떻게 생각하고 떠날까요! 이주노동자들이 떠나면서 그나마 환하게 웃으며 떠날 수 있게 할 수는 없을까요!

코로나 때문에 아무 데도 못 가고 일만 했어요

- 단기 초청 비자로 한국에 옴
- 브로커 비용이 커져 웬만한 사람은 한국에 들어오기 쉽지 않음

저는 1984년생입니다. 한국에 오기 위해서 혼자 또는 가족과 함께 4~5일 정도 싱가포르, 태국, 말레이시아, 인도네시아, 네팔, 중국, 인도를 거쳐 다녔습니다. 그렇게 한 후에 방글라데시 한국대사관에 가서 비자를 신청했습니다. 하지만 거부당했습니다. 그러던 중 큰 형이 아는 브로커를 소개해 주었습니다. 브로커는 비자 받기 전에 한국에서 미등록 체류하지 않는다는 믿음을 주기 위해서는 저 혼자 몇 나라를 더 다녀와야 한다고 해서 다른 나라를 다녀왔고, 여행 경비로 1,300만 원이 들었습니다. 이후, 브로커에게 2,000만 원을 주고 한국대사관에 브로커가 준비한 초청에 필요한 자료를 제출하니, 단기 초청(C-3) 비자가 나와 2019년에 한국에 오게 되었습니다.

저 혼자서는 되지 않던 비자 발급이 브로커를 통해서 되었습니다. 브로커가 방글라데시에만 있는 것이 아니라 한국에서 초청하는 브로커가 있고, 방글라데시에는 한국대사관과 연계된 브로커가 있어서 비자를 받을 수 있었습니다. 그렇게 해서 일단 비자를 받고 한국에 오면 초청한 사람이 미등록 체류하는 사실을 출입국에서 연락이 올 때까지 기다리거나, 아니면 한국에 있는 초청 브로커가 초청자를 사전에 먼저 미등록 체류자로 신

고하고 책임을 모면합니다.

혼자 다닐 때의 여행 경비는 방글라데시에서 사업을 하고 있어서 충당되었지만, 브로커 비용으로 많은 돈이 들어서 사람들에게 빚도 졌습니다. 지금도 한국에 오려고 하는 사람들이 있지만 브로커 비용이 너무 크기 때문에 옛날처럼 많지 않습니다. 한국에 오는 비자 발급이 까다롭게 되면서 브로커 비용이 커져 웬만한 사람은 한국에 들어오기가 쉽지 않습니다.

한국에 처음 오기 전에 방글라데시에서 연락하며 알고 지내던 친구를 통해 마석가구공단에 왔습니다. 2주 동안 있다가 친구가 동두천시에 있는 소요산 근교에 있는 원단공장을 소개해서 일하게 되었습니다. 원단공장은 12시간 막 교대로 낮에는 11시간, 밤에는 13시간 교대로 일을 했습니다. 일주일에 하루 쉬면서 천의 염색과 세탁 등의 일을 했습니다. 일하는 사람은 한국 사람 20여 명과 이주노동자 10명이었습니다. 월급은 180만 원이었습니다. 한국 사람은 관리직 또는 이주노동자가 하는 일을 감독하면서 300만 원 이상을 받았습니다. 원단공장은 주야간으로 근무하다 보니 한국 사람들이 오래 일하지 않는 곳입니다. 한국 사람들은 대부분 생산직에서 일하는 것도 아니고, 관리직으로 하면서도 오래 있지 않습니다. 아마도 주야간 근무와 기계 소음, 염료 냄새 등으로 더 일하려고 하지 않는 것 같습니다.

원단공장 기숙사에서 4명이 생활하면서 기숙사비로 30만 원을 내고 전기 및 가스비는 별도로 냈습니다. 그리고 2년 동안 빠짐없이 열심히 일해서 월급에서 매달 100만 원을 송금해서 빚부터 먼저 다 갚고, 여행 경비도 다 해결했습니다. 주야간 일도 너무 힘들고 빌린 돈을 갚느라 너무 힘들었습니다. 그래서 2년이 지나서 주간에만 일하고 싶어서 마석가구공단으로 오게 되었습니다. 가구 일도 처음이라 일자리를 구하기 위해 친구들이 일하는 공장에 가서 일을 배웠습니다. 밤에도 친구에게 부탁해서 가구

제작하는 기술을 배웠습니다. 지금은 아르바이트하면서 하루에 12만 원을 받고 일합니다. 코로나 때 와서 코로나 전과 후에 대한 변화를 느끼지 못하고 있습니다. 코로나로 아무 곳도 가지 못하고 정말 정신없이 일만 했습니다.

최근에는 공단이 개발된다고 해서 기숙사를 옮겼습니다. 같이 생활하던 친구들과 공장 트럭을 빌려서 이사를 했습니다. 현재 2명이 기숙사에서 생활하고 있습니다. 방글라데시에는 아내와 9살 큰아들, 5살 작은아들이 있습니다. 앞으로 한국에서 5년만 일하다가 방글라데시로 돌아가고 싶습니다.

솔라이드 (방글라데시) ▸▸▸

숙련 장기체류 미등록이주노동자의 활용 방안

1990년대 초는 이주노동자의 유입 초기 단계로 장기체류 이주노동자가 발생하지 않았지만, 2000년대부터 10년 이상이 고착되면서 2020년대에는 20년 이상의 장기체류 미등록자가 발생하여 이주노동자 역시 본격적인 장기체류에 진입하게 되었습니다. 장기체류 미등록이주노동자는 입국 초기 과다한 송출 비용(브로커)으로 채무변제를 하는 기간이 상당히 소요된 원인이 있으며, 이후 재화 획득을 위한 기간과 사회·문화적 적응, 기술력의 확보로 임금의 상승 등을 요인으로 장기체류하게 되었다고 볼 수 있습니다.

또한, 외국인력 제도인 고용허가제의 경우 비숙련·단기 순환을 원칙으로 설계되어 있지만, 현실적으로 산업현장의 욕구에 충족하지 못했다는 점입니다. 사업장에서는 의사소통 및 기술 인력으로 활용할 가치가 배양되면 출국(3년+1년 10개월)해야 하고, 새로운 신규 이주노동자의 신속한 공급도 원활하지 않아, 언어능력과 기술력이 있는 미등록이주노동자를 선호할 수밖에 없습니다.

출입국외국인정책본부의 장기 미등록 체류자 추이 통계를 보면 5~10년의 미등록 체류자는 2010년을 기점으로 3만 명대와 10년 초과 미등록 체류자는 2015년대부터 3만 명대에 이르게 되었습니다. 2005년부터 2021년까지 전체 미등록 체류 체류자 중에 장기 미등록 체류자는 평균 27.1퍼센트를 차지하고 있습니다. 또한, 고용허가제의 비숙련 이주노동자가 30만 명에도 채 미치지 못하지만, 숙련된 장기체류 미등록이주노동자는 6만 명대로 1/5을 차지하고 있습니다.

따라서 이미 숙련된 기술을 갖추고 있고, 한국 사회에 적응해 있는 장기체류 미등록이주노동자의 활용 방안에 대해 고민해볼 필요가 있습니다. 활용 방안으로 제도권에 수용하는 양성화 조치와 외국인력 제도의 보완(비숙련에서 숙련으로, 단기순환에서 정주화 이민으로 확대하는 방안)으로 숙련기능인력을 재배치하여 인력 손실을 최소화하고, 노동생산성도 높여 한국의 기업발전을 도모해야 합니다.

미등록 체류자 추이

	5~10년(A)	10년 초과(B)	(A+B)/전체 미등록 체류자 수
2005	49,106	8,969	28.5
2006	37,083	14,849	24.7
2007	26,967	20,692	21.5
2008	25,467	20,787	23.1
2009	28,860	24,307	29.9
2010	**34,367**	26,526	36.1
2011	**36,333**	22,686	35.2
2012	**39,174**	22,068	34.4
2013	**39,488**	23,812	34.6
2014	**35,937**	27,938	30.6
2015	**30,575**	**31,935**	29.2
2016	**26,508**	**27,560**	25.9
2017	**31,762**	**28,717**	24.1
2018	**33,822**	**29,784**	17.9
2019	**44,368**	**30,362**	19.1
2020	**50,296**	**31,557**	20.9
2021	**60,512**	**34,579**	24.5

(단위:명, 퍼센트) 법무부 출입국외국인정책본부

늦둥이 딸이 너무나 그립습니다

- 고용허가제로 한국에 옴
- 딸과 남편이 본국으로 돌아간 후 홀로 일하는 중

저는 1979년생으로 2008년에 고용허가제(E-9)로 왔습니다. 한국에 오기 전에 필리핀에서 자동차 베어링 부품공장에서 9년 9개월 일한 경험이 있습니다. 마석가구공단에 있는 보세 의류를 분류하는 사업장으로 왔습니다. 그곳에는 필리핀 7명, 몽골 4명, 한국 사람 13명이 일했습니다. 월급은 70만 원을 받았습니다. 보세 의류가 들어오면 남·녀, 계절별로 분류하여 자루에 담아 옮겨야 하는 일이었습니다. 여자들은 분류하는 작업을 한후 30킬로그램이 넘는 자루를 들어서 일정한 장소로 가져다 두었습니다. 그렇게 하면 남자들은 기계를 이용해서 물건을 옮기는 일을 했습니다. 육체적으로 여성들이 더 힘든 일을 했습니다. 온몸이 너무 아파서 더는 일할 수 없어, 결국 7개월 일하고 차산리에 있는 장신구(악세사리) 공장으로 옮겼습니다. 그러던 중 처음 보세 의류공장 사장님이 쉬운 작업을 할 수 있게 해주겠다고 하셔서 다시 갔지만, 약속과는 달랐습니다. 그래서 이번에는 담내리에 있는 식품 공장(국수 공장)으로 옮겨 포장하는 일을 했습니다. 그곳에서는 등록 비자가 있는 동안 일했습니다. 등록 체류 기간이 끝나자, 사장님이 필리핀으로 돌아가서 특별한국어시험을 보고 다시 재고용 절차를 밟아 오라고 했지만, 다시 돌아가면 한국에 다시 올 수 없다고 생각해 마석가구공단 가구공장에서 일을 시작하기로 했습니다. 마석가구공단에 온 지도 이제 10년이 넘었습니다. 2012년에 처음 150만 원의 임금을 받았고, 지금 공장은 3년 되었는데 210만 원 받고 있습니다.

저는 형제가 2남 4여 인데, 언니와 남동생도 고용허가제로 왔습니다. 언니는 2012년에 온 후 임신해서 3년 후 필리핀으로 돌아갔고, 남동생은 2020년에 와서 지금 충청남도 자동차부품 공장에서 일하고 있습니다.

2008년에 마석가구공단에 있는 필리핀 친구를 통해 지금의 남편을 만나게 되었고, 동거하면서, 2013년에 딸을 출산하게 되었습니다. 그런데 2016년에 남편이 번호판이 없는 친구의 오토바이를 빌려 타고 마석 시내에 나갔다가 경찰의 단속에 걸려 출입국에 인계되어 출국하였습니다. 결국 남편과 상의하여 딸도 남편과 함께 가기로 하고, 저는 한국에 남아서 계속 일하기로 했습니다. 남편과 딸을 함께 보내면서 많이 울었습니다. 딸에게도 엄마는 조금만 있다가 가겠다고 했습니다. 그런데 벌써 7년이 되었습니다. 메신저로 통화할 때마다 딸은 울면서 "엄마! 빨리 와요!"라고 말할 때 가장 마음이 아픕니다. 남편은 현재 필리핀에서 택시(지프니) 기사로 일하면서 누나와 딸과 함께 생활하고 있습니다. 생활비로 한 달에 30만 원 정도 보내고 있습니다. 현재 기숙사는 혼자 생활하면서 22만 원에 수도·전기세로 8만 원 정도입니다. 또한, 생활비를 제외하고는 딸을 위해 적금으로 모으고 있습니다.

한국에서 일하는 이주노동자의 가정에서 여자와 자녀가 본국으로 가게 되는데, 저는 혼자 남아서 일하고 있습니다. 같은 나라 필리핀뿐만 아니라 다른 나라 사람들도 여자 혼자서 일하는 경우는 드문 일입니다. 내색은 하지 않지만, 행사가 있어 가족들이 모여 있는 모습과 딸아이 나이 또래의 아이들이 뛰어노는 모습을 보면 마음이 아픕니다. 친구들과 어울릴 때는 모르지만, 그런 자리에는 저도 모르게 피하게 됩니다. 늦은 나이에 딸을 낳아 품에 두고 키우지 못해 밤마다 저 혼자 눈물을 흘리는 때가 많았습니다. 일이 힘들었던 날은 더 슬퍼서 지쳐 스러져 잠이 들기도 했습니다. 하지만 아침이 되면 다시 공장으로 향해 걸어갔습니다. 이번 달에는 딸의 생일이 있습니다. 딸에게 예쁜 옷을 선물로 보내주고 싶습니다. 애교가 많은 예쁜 딸이 옷을 입고 환한 미소를 짓는 모습을 보고 싶습니다.

마리 베델(필리핀) ▶▶▶

드럼을 칠 때 가장 행복합니다

- 유리공장에서 20년간 일하는 중
- 딸 결혼식에서 손을 잡아주지 못한 것이 가장 마음 아픔

저는(1977년생)는 한국에 오기 전 필리핀에서는 가족들과 함께 미네럴 워터(생수)와 양식장을 하고 있었습니다. 그런데 생수 판매하는 사람도 점점 많아졌고, 양식장도 태풍으로 인해 큰 손해를 입어 한국에 오게 된 계기가 되었습니다.

1999년에 E-6(예술흥행) 비자로 한국에 왔습니다. 이후 2003년 한시적 합법화 조치의 대상이 되어 필리핀에 한 달간 다녀온 후 2년 일했고, 2005년에 필리핀으로 갔다가 2006년 다시 고용허가제로 와서 등록 이주노동자로 2012년까지 일했습니다. 이후에는 지금까지 미등록으로 일하고 있습니다.

처음 오산·송탄에서 E-6 비자로 밴드에서 드럼을 담당했고, 40만 원 받고 일했습니다. 하지만 6개월 후 밴드 활동을 한 형들은 필리핀을 돌아 갔지만, 저는 한국에 남기로 했습니다. 형들은 아직도 필리핀에서 밴드 활동을 하고 있습니다. 저는 이후 고향인 필리핀 안티폴로 지역에서 온 친구들이 마석에 있다는 소문을 듣고, 마석가구공단으로 오게 되었습니다. 처음에는 실 공장에서 12시간 주야간 막 교대 일했는데. 2개월 동안 일하고 75만 원밖에 받지 못했습니다.

이후, 유리공장에서 유리 재단, 배달 등 일을 했습니다. 유리공장에서

20년 동안 일하고 있습니다. 처음 유리공장에서 10년 일했는데, 어느 날 사장님이 비자가 없으니 더는 일할 수 없다고 했습니다. 그 대신에 공장에서 일하던 과장님이 새로 유리공장을 만들고, 그곳에서 같이 일하자고 해서 일한 지도 10년이 되었습니다. 유리공장에서는 처음 110만 원 받았습니다. 지금은 265만 원 받습니다. 퇴직금을 포함해서 주고 있습니다. 사장님과 사모님과 같이 혼자 일하고 있습니다.

유리 작업은 조심스럽기도 하고, 위험하기도 하지만, 무거워서 힘듭니다. 백화점이나 신축아파트에 제작한 유리를 설치하는 작업을 하러 가면, 밤 9시부터 시작해서 아침이 되어야 일이 끝납니다. 일하다 보면 허리가 제일 아픕니다. 밤에도 새벽 2, 3시에 통증이 있습니다. 사장님도 아프다고 하셔서 사장님과 같이 한의원에 가서 침을 맞으러 자주 갑니다.

코로나로 인해 6개월 정도 돈을 보내지 못했지만, 그렇지 않은 때에는 필리핀에 150만 원을 보내고 있습니다. 모은 돈은 지금까지 대충 1,300만 원 정도 모았습니다. 기숙사 비용으로는 25만 원이고, 겨울에는 난방비 포함 30만 원 정도입니다.

한국에 오기 전에 1994년 4월에 결혼했고, 아들 1명과 딸 1명을 입양했습니다. 현재 아들은 23살이고, 딸은 25살로 고등학교 과학 선생님으로 있습니다. 2022년 10월(아들), 12월(딸)에 결혼했습니다. 한국과 똑같이 딸이 결혼할 때 아버지가 손을 잡고 입장하는데, 저 대신에 저의 아버지(할아버지)의 손을 잡고 입장했습니다. 저는 핸드폰으로 영상으로만 보았습니다. 못내 딸의 손을 잡고 결혼식에 함께 하지 못해 많이 울었습니다. 지금은 딸이 딸을 낳아서 저는 할아버지가 되었습니다. 손녀도 많이 보고 싶고 안아주고 싶습니다.

2년 전에는 사촌 부부가 마석가구공단으로 오게 되어 조금은 위안이 되고 있습니다. 사촌 부부는 한국에 오기 위해 일본, 홍콩을 거쳐 왔다고

합니다. 하지만 저도 그동안 가족을 만나고 싶은 마음에 사장님을 통해서
가족 초청을 신청했는데, 비자 신청이 6번이나 거부당했습니다. 마지막으
로 3년 전에 비자 신청했지만 받지 못했습니다. 가족이 오면 남이섬과 롯
데월드를 구경시켜주고 싶었습니다. 아내와 아들, 딸이 오면 한국에 와서
한번 같이 여행하는 것이 꿈이었습니다. 한 달만 함께 있다가 필리핀으로
갈 수 있으면 좋겠습니다(끝내 가족이 보고 싶은 마음에 눈물을 흘리고 말았습
니다). 필리핀에 가게 되면, 형들과 함께 다시 좋아하는 음악 활동도 하고
싶습니다. 한국에서 드럼을 칠 기회가 많지 않았지만, 드럼을 칠 때가 가장
행복했던 것 같습니다.

마놀드 (필리핀) ▶▶▶

한국어능력시험 합격이 '코리안 드림'은 아니다

현재 비숙련 이주노동자(고용허가제)로 올 수 있는 국가는 16개 국가(필리
핀, 몽골, 스리랑카, 베트남, 태국, 우즈베키스탄, 파키스탄, 인도네시아, 캄보디아,
중국, 방글라데시, 키르키즈스탄, 네팔, 미얀마, 동티모르, 라오스)입니다. 이들
국가의 비숙련 이주노동자(고용허가제)가 한국에 오기 위해서는 한국어능
력시험에 합격해야 합니다. 한국에서의 일상적인 생활의 기초적인 의사
소통과 산업현장에서 필요한 구사 능력, 한국 기업문화에 대한 이해를 평
가하여 제조업의 경우는 200점 만점에 110점, 소수 업종(건설업, 농축산업,
어업)은 80점, 어업 특례는 60점으로 최저 하한 점수 이상 합격이고 성적
순으로 결정합니다.

한국에 이주노동을 하기 위해서 이주노동자들은 자국에서 (사설)한 국어 학원에 다니는데, 국가별로 편차가 있지만, 고액의 수강료(3개월 수 강료로 평균 30만 원)를 내고 있습니다. 또한, 송출국에서는 한국어 학원 이 난립하여 경쟁도 과열되어 있습니다. 마치 한국의 사교육 현장과 다 르지 않습니다. 아래 도표에서 볼 수 있듯이 2017년~2022년(6년) 동안 한국어능력시험에 응시한 인원은 1,205,409명이고, 그중에서 합격자는 346,337명으로 불과 28.7퍼센트밖에 되지 않습니다. 합격한 후에도 한국 에 입국하여 일하는 사업장의 선택은 이주노동자에게 주어지는 것이 아 니라 사업주에게 있습니다. 입국 초기부터 이주노동자의 사업장 선택권 은 존재하지 않습니다.

한국어시험 응시자와 합격인원 통계

연도	응시인원	합격인원
계	1,205,409	346,337
2022	228,279	88,497
2021	41,013	17,200
2020	51,977	20,493
2019	277,870	64,025
2018	323,367	88,350
2017	282,903	67,772

고용노동부

외국인 고용을 신청한 사업주는 3배수의 한국어능력시험 합격자 를 정부로부터 알선받고, 선택한 외국인의 고용허가서 발급 이후 행정 절차를 거쳐 2~3개월 안에 이주노동자를 고용할 수 있습니다. 하지만 그렇게 되기까지 한국어능력시험에 합격한 이주노동자는 적게는 3개월에서 많게는 10개월 이상을 선택받기만을 무작정 기다려야 합니다. 사업주의 선택을 받은 이주노동자는 그나마 다행이지만, 그렇지 않은 이주노동자는 한국어능력시험 유효기간인 2년 동안 기다려야 하고, 유효기간 내에 선택받지 못한 이주노동자는 자격이 자동 상실됩니다(한국어능력시험 합격자와 업종별 고용허가제 도입현황을 비교해 보면 20017년~2022년 6년 동안 85,079(24.5퍼센트)명이 한국어능력시험에 합격했지만, 고용 허가를 받지 못했습니다). 이주노동자의 '코리안 드림'은 한순간에 물거품이 되고 말아버립니다. 업종에도 이주노동자는 제조업을 선호하다 보니, 입국이 지체되어 상대적으로 열악한 농축산·어업 업종을 직행(빨리)으로 선택 아닌 선택을 하기도 합니다. 이주노동은 이처럼 망망대해에 나침판 없이 나선 것처럼 험난한 난관을 넘어서야만 합니다.

업종별 고용허가제 도입현황

업종별	2016	2017	2018	2019	2020	2021	2022
합계	59,822	50,837	53,855	51,365	6,688	10,501	88,012
제조업	47,425	39,415	43,695	40,208	4,806	7,455	68,350
건설업	2,593	1,846	1,405	1,651	207	595	1,657
농축산업	7,018	6,855	5,820	5,887	1,388	1,841	11,664
서비스업	68	100	90	99	1	18	125
어업	2,718	2,621	2,845	3,520	286	592	6,216

고용노동부

가족을 위해 조금 더 일하고 싶어요

- 난민 신청을 했지만 난민 비자는 받지 못함
- 한국인들의 거친 말투에 상처를 많이 받음

저(1978년생)는 일본 지바현에서 1998년에서 2002년까지 4년 동안 플라스틱 사출 공장에서 미등록이주노동자로 있다가 단속되어 방글라데시로 돌아왔습니다. 방글라데시에서 있던 14년 동안은 자동차 부품 판매업을 했습니다.

그러던 중 일본에도 있었고, 중국, 말레이시아 등 다닌 적이 있어서 2016년에 C-3 비자로 한국에 왔습니다. 한국에 와서 난민 신청을 하고 G-1 비자를 받았습니다. 방글라데시에 있는 동안 나름 비민주적인 정부에 비판적이었고, 정당 활동도 했습니다. 방글라데시는 오랫동안 정권을 가지고 있는 정부로 인해 사회적으로 부패와 부조리가 만연하고, 정치적으로도 분열되어 있습니다. 이에 대해 정치적 활동을 했지만, 한국에서도 방글라데시의 상황을 잘 알고 있지는 못했습니다. 결국, 난민 비자를 받지는 못했습니다.

한국에 처음 와서는 친구의 소개로 전라남도 목포에 있는 고철 표면 작업하는 공장에서 아르바이트로 하루 8만 원에 4개월 일했는데, 4개월 치 임금을 받지 못했습니다. 일본에서는 4년 있는 동안 임금체불이라는 것이 없었습니다. 한국에서의 첫 임금체불의 경험이 충격적이었고, 새로운 경험이기도 했습니다. 이후 마석가구공단으로 오게 되었습니다. 가구공장에서 3개월 일하고 140만 원 월급을 받았습니다. 그다음 공장에서는 도색작업을 하기 전에 표면작업(샌딩기)을 하는 하도 작업을 1년 정도 일하고 200만 원 받았습니다. 이후부터는 아르바이트로 9~10만 원을 받고 일했습니다.

코로나 때에는 일을 찾기 쉽지 않아, 아는 조카의 소개로 충청북도 청주로 일하러 갔습니다. 유리를 재단하고 배달하는 일을 18개월 동안 했습니다. 유리공장에서는 등록 이주노동자들만 고용하고 있었고, 저의 G-1 비자 연장 기간도 끝나, 2020년 9월에 다시 마석가구공단으로 오게 되었습니다.

결혼했고 자녀는 큰딸 13살, 작은딸 7살입니다. 막내딸은 2016년 5월 2일에 태어나서 태어나자마자 보고 한국에 올 수 있었습니다. G-1 비자가 있을 때는 방글라데시에 가서 가족과 아이들을 만날 수 있었습니다. 하지만 지금은 그럴 수가 없어 가족과 아이들이 보고 싶어도 볼 수 없는 것이 제일 힘듭니다. 그래도 지금은 모바일 웹이 있어 실시간으로 동영상으로 볼 수가 있지만, 일본에 있을 때는 편지를 써서 1달이 지나야 소식을 들을 수 있었습니다. 또한, 주변에 같은 나라 사람들도 없어서 외롭고 힘들게 지냈습니다. 가족과의 연락도 쉽지 않아, 가족이 보고 싶을 때 부모님과 가족 사진만 매일 보았습니다.

한국에 있으면서 힘든 것은 처음에는 한국말을 몰라 답답했지만, 지나면서 한국말을 알아듣게 되면서 한국 사람들이 욕을 하고 반말로 말하는 것을 듣게 되었습니다. 이름이 있어도 "야! 야!"라고 하고 욕을 합니다. 그럴 것 같으면 한국말을 배우지 않는 것이 나을 뻔했습니다. 저도 이제 어느 정도 나이가 있는데, 저보다 나이가 어린 사람들이 반말하면 마음이 아픕니다.

최근에는 공단도 개발이 된다고 해서 이사를 했습니다. 공장들도 점점 빈 공장들이 많아지고 있습니다. 그러다 보니, 친구들도 다른 곳으로 일하는 공장을 옮기든가 아니면 방글라데시로 가는 친구들이 많아졌습니다. 며칠 전에는 함께 기숙사 생활을 했던 친구도 마석 시내에 나갔다가 출입국에 단속되었습니다. 늘 항상 말이 많고 재미있던 친구였습니다. 저는 요리를 잘하지 못하는데, 방글라데시 음식도 잘 만들어주었습니다. 이제는 기숙사에 혼자 남게 되었습니다. 친구가 떠나고 나니 저도 이제 방글라데시로 돌아가고 싶은 마음 더 생겼습니다. 하지만 공장에서 일하고 돌아와 저녁에 가족들과 영상통화를 하다 보면 가족들을 위해 좀 더 일해야 한다는 생각이 밀려옵니다. 바닷물처럼 밀렸다가 밀려오는 생각으로 잠이 듭니다.

바부 (방글라데시) ▶▶▶

남편의 요리가 힘이 되어줍니다

- 처음에는 부산 필리핀 바에서 밴드 활동을 함
- 늦둥이 딸이 삶의 희망

저는(1969년생) 2007년에 E-6 비자로 한국에 왔습니다. 한국에 오기 전에도 일본에서 6개월(3번), 말레이시아 1년 6개월, 홍콩 2년 2개월 동안 밴드 활동을 했습니다. 처음 부산역 근처에서 필리핀 바(남편이 한국 사람, 부인이 필리핀 사람)에서 50만 원 받고 일했습니다. 그 당시 남편(1964년생)은 등록 이주노동자로 조선업에서 일하고 있었습니다. 바에 손님으로 온 남편을 만나 2008년 2월에 임신하게 되어 5월까지 일하고, 2008년에 남편과 함께 마석가구공단으로 왔습니다.

마석가구공단에 온 것은 남편의 여동생이 한국 남자와 결혼해서 이곳에 있었습니다. 남편은 여동생의 초청으로 1999년에 마석가구공단에서 미등록 이주노동자로 일했던 적이 있습니다. 그러던 중 2003년 미등록 한시적 합법화 조치로 1년 체류 허가를 받고 일하다가, 필리핀으로 돌아간 후 2005년 고용허가제(E-9)로 한국에 오게 되었습니다.

마석가구공단으로 와서는 출산과 양육을 위해 2년 동안은 일하지 않고, 남편만 공장에서 일했습니다. 그 이후 남양주시외국인복지센터에 딸을 맡기고 일을 시작했습니다. 필리핀에서부터 밴드 활동을 하면서 피아노만 치다가 공장에서 일하려고 하니 너무 힘이 들었습니다. 신발 만드는 공장에서 일을 시작했는데, 이제는 한 공장에서 13년이 되었습니다. 신발 공장에서 제가 제일 오래 일하고 있습니다. 전에는 한국 사람 15명, 외국 사람 15명이 일했는데, 지금은 필리핀 3명, 한국 사람 3명만 일합니다. 신발공장들이 많이 없어져서 일감도 많이 줄었습니다. 그렇다고 작업이 줄어들지는 않습니다. 신발을 만드는 공정을 생략할 수는 없으므로 오히려 일은 더 많아져서 더 힘이 듭니다. 그리고 출입국에 의해 6명이 단속되는 일도 있었습니다. 그 일로 인해 공장에 잠근 장치도 만들고 야간에 일하는 때도 많았습니다.

처음에는 85만 원 받았고, 저는 13년 일했는데 지금 월급은 145만 원입니다. 최저임금도 안 되는 월급을 받고 있습니다. 월급이 너무 적다고 생각하지만, 가구를 만드는 일을 해본 적이 없어 쉽게 다른 일로 바꾸지 못하고 계속 남아 있습니다. 한국 남자는 5년 일했는데 195만 원 받고 있습니다. 남편은 가구공장에서 240만 원 받고 있습니다.

저는 2남 2녀 중 첫째입니다. 여러 나라를 다니며 활동했지만, 동생들의 학비와 가족의 생활비를 책임져야 해서 돈을 모을 수가 없었습니다. 사촌 동생의 아들을 1997년에 입양해서 키워 왔습니다. 당시 9개월 된 아들을 입양했는데, 지금은 27살이고 결혼도 했습니다. 아버지는 2008년 11월에 돌아가셔서 아들이 어머니와 함께 살고 있습니다.

저는 결혼한 적이 없지만, 남편은 한국에 오기 전에 결혼했고 자녀가 7명이나 있었습니다. 남편의 자녀들은 이미 다 성장을 해서 결혼도 했습니다. 그리고 2022년에 남편의 부인도 돌아가셨습니다. 남편과는 서류상으로 혼인 관계가 되어 있지 않아, 딸을 위해서도 내년(2024년)에 혼인 서류를 만들려고 합니다. 동생과 입양한 아들을 위해 돈을 보내주었고, 남편 역시도 필리핀에 있는 자녀들을 양육하기 위해 돈을 보내주느라고 돈을 모을 수가 없었습니다. 집을 짓기 위해 조금 보낸 돈과 빌린 돈을 갚다 보니 모은 돈은 없습니다. 그동안 남편과 저는 월급을 서로 각자 관리해 왔습니다. 하지만 생활비와 집세 등은 남편이 책임을 졌습니다. 남편은 집에서 음식을 잘 요리합니다. 저는 요리를 잘하지 못합니다. 지금도 인터뷰가 끝나고 나면 남편이 요리한 음식을 먹으려고 합니다. 남편이 요리하지 않으면 밥을 못 먹습니다(함께 웃음!).

39살에 늦게 임신해서 제왕절개 수술로 한국에서 태어난 딸은 지금 중학교 2학년입니다. 사춘기라 그런지 많이 예민합니다. 학교에서 친구들과 사소한 다툼이 있으면 학교에 가지 않아 걱정되기도 합니다. 장래 희망이 비행기 승무원인데, 요즘은 요리에 관심을 두고 있습니다.

엘린(필리핀) ▶▶▶

사회통합기구 '이민청'은 누가 할 것인가!

이민자의 사회통합 기능인 '이민청'의 설립에 대한 논의는 오래전부터 있었습니다. 그러던 중 윤석열 정부에서 한동훈 법무부 장관이 '이민청' 설립에 대해 취임사(2022.05.17.)에서 이를 공론화시켰습니다. 이후 국회(2022.10)에서도 정부조직법 개편안에 이민청의 신설을 내놓았습니다. 그럼 먼저 '이민청'의 필요성과 방향에 대해 살펴보고자 합니다.

외국인과 관련한 특별법은 외국인근로자의 고용 등에 관한 법률(2003.8.16.), 외국인 처우 기본법(2007.5.17.), 다문화가족지원법(2008.3.21.) 등이 있습니다. 법률에 따라 이민자 지원 사업이 진행되면서 부처별 이주민 지원체계의 파편화 및 사업의 중복성, 이에 따른 예산 낭비(내국인 역차별 논란) 및 칸막이 행정으로 사회통합의 부작용 등이 초래된다는 비판을 그동안 받아 왔습니다. 또한 지방 지자체를 배제한 중앙부처의 이주민지원정책의 일방적이고 획일적인 운영으로 파급효과의 분절 현상까지 대두되었습니다.

외국인	다문화가족	외국인노동자	외국인(주민)
법무부	여성가족부	고용노동부	행정안전부
⇩ 위임	⇩ 위임	⇩ 위탁	
출입국관리사무소	지자체	산업인력공단	지자체
⇩ 위탁	⇩ 직접/위탁	⇩ 위탁	⇩ 직접/위탁
이민통합 프로그램 일반운영기관 (293개)	다문화가족지원센터 (211개)	외국인력지원센터 (9개)/36개(소지역)	외국인복지센터, 글로벌센터 등
일반예산	복권기금	고용보험기금	지자체 자체 예산

이러한 문제로 인해 이주민의 종합적인 통합기구가 마련되어야 한다는 문제 인식에는 공감대가 형성되어 있습니다. 이민청의 설립으로 각 부처 간 이주민 사업의 조율과 균형 및 견제로 사회통합의 극대화 효과를 가져올 수 있다는 긍정적인 신호를 주고 있습니다. 또한, 이주민 지원체계의 원스톱 구축으로 총체적 서비스가 제공됨으로 이주민의 삶의 질의 향상과 사회적 구성원으로도 자리매김하여 사회적 통합 도모에도 이바지할 것이라 기대하고 있습니다.

이민청에 근본적인 취지에 동의하면서 그럼 누가 그 역할을 할 것인가에 귀결됩니다. 내심 법무부 출입국외국인정책본부가 승격하여 이민청으로 가려는 생각을 품고 있습니다. 현재 출입국외국인정책본부의 주요 업무는 출입국 관리, 출입국외국인 정책, 외국인 보호, 외국인 지원 등으로 국한되어 있습니다. 조직도를 보면 알 수 있듯이, 본부장 이하 출입국정책단장(출입국 기획과, 심사과, 관리과, 이민조사과, 정보빅데이터과)과 국적·통합정책단장(외국인정책과, 국적과, 이민통합과, 난민정책과, 난민심의과)로 되어 있습니다. 소관 기관으로 6개 지방출입국·외국인청, 14개의 지방출입국사무소, 23개 지방출장소, 2개의 보호소가 있습니다. 소관 기관까지 포함하여 2022년 기준 총 2,701명(본청 118명)이 근무하고 있습니다.

이를 확대하여 '이민청' 계획(안)으로 청장, 차장 중심으로 1관 4개국(기획조정관, 이민정책국, 출입국심사국, 체류관리국, 인재유치국)을 두는 계획(안)이 나오기도 했습니다. 아마도 조직이 확대되면 이에 따르는 예산과 인력도 보강되리라 예상됩니다.

하지만 우려하는 지점이 있습니다. 법무부의 출입국외국인정책본부는 출입국관리법을 근간으로 하고 있습니다. 이에 따라 오히려 체류 비자에 따른 '통제와 관리'가 더 강화된다는 측면이 있습니다. 한동훈 법무부 장관이 국정감사(2022.10.06)에도 밝혔듯이 "기본적으로 우수외국인을 유치하고, 들어온 외국인에게 예측 가능성을 주되 중요한 건 불법체류자를 엄격히 단속하는 등 기본적인 걸 해하지 않는 방향"이라고 언급하고 있습니다. 따라서 체류자격에 따른 계층화와 서열화를 강화하고, 이에 배제된 이주민은 강압적인 정책으로 선회한다는 뜻을 내포하고 있습니다. 이는 오히려 사회통합을 저해하는 요인이 됩니다. 국제사회에서는 취약한 이주민의 인권의 가치가 더욱 중시되는 시점에서 한국 사회는 이를 역행하는 처사입니다.

아울러, 출입국외국인정책본부의 주요 업무는 출입국 관리업무입니다. 체류 외국인의 실질적인 체류 지원 사업에 대한 경험이 없습니다(사회통합사업 역시 민간 위탁사업). 이주민의 실생활과 민원 업무(대행기관에 위탁) 등에 밀접한 도움을 주는 업무가 없습니다. 체류 이주민이 지역사회에 안착하기 위해서 무엇보다 중요한 업무를 수행할 수 있는 것은 지자체입니다. 이주민에게는 지역사회에서 맞부딪치는 애로사항이나 실생활(주거, 교육, 의료, 교통 등)에서 겪는 문제의 해소에 있어서 지자체의 행정적 도움이 더 절실하게 필요하고, 이를 전달하기에도 지자체가 적합합니다. 지자체가 지닌 복지시스템(기관)과 민원 행정 등이 연계되어 효율적으로 이주민을 지원할 수 있습니다. 이런 면에서 '이민청'은 출입국외국인정책본부보다는 지방자치단체를 중심으로 한 행정안전부가 맡는 것이 바람직합니다.

고국에 있었다면 크리켓 선수가 되었을 겁니다

- 16살에 한국에 와 청춘을 바침
- 비둘기를 키우며 자유롭게 돌아갈 날을 꿈꾸다

저는 1980년생입니다. 2007년에 C-3 비자로 왔습니다. 큰형이 한국과 장사를 했습니다. 그래서 큰형이랑 같이 왔습니다. 삼 형제인데 친형 한 명도 미등록으로 있다가 2008년에 대대적인 단속이 있었을 때 단속되어 갔습니다. 한국에 온 지 얼마 안 된 때 일어난 일이라 많이 놀랐습니다. 일자리를 찾던 중이라 기숙사에 있었고, 비자 체류 기간이 남아 있기도 했습니다. 방글라데시에서도 정치적인 불안으로 시위가 많아 경찰들이 시위대를 폭력적으로 다루는 것을 보았지만, 한국에 와서도 이런 상황을 겪으면서 미등록 체류자의 단속에 대한 공포를 실감할 수 있었습니다.

그동안 공장 다섯 군데 옮기며 일했지만, 마석가구공단을 떠나지 않고 이곳에서만 일했습니다. 현재 공장은 2년 정도 되었습니다. 가구공장에서 도장 작업을 합니다. 월급으로 410만 원을 받습니다. 공장에서 혼자 도장 작업 일을 하는데, 일감이 많이 들어오면 아르바이트로 다른 외국인들을 불러 일합니다. 한국 사람 목수로 5명이 있습니다. 사장님은 돈을 많이 벌려고 하는 욕심이 없는 편입니다. 사장님이 오랫동안 거래해 왔던 백화점 등에 인테리어 가구를 만드는 공장입니다. 주문서를 받아서 제품을 만들기 때문에 형태와 크기가 다 달라 기술이 필요합니다. 도장 작업을 할 때 역시 염료의 색깔이 다르고 혼합하는 비율이 중요하기에 기술이 있어야 합니다. 처음에 공장에서 일하면서 목수보다는 도장 작업이 임금이 높다는 것을 알고, 쉬는 날에는 형들과 작업 반장님 밑에서 배웠습니다. 도장 작업을 배우고 처음 180만 원 받았습니다. 그때 다른 작업을 하는 친구들보다 많은 임금을 받았습니다. 지금은 10년 넘게 도장 작업만 해서 공장에서 책임지고 일을 할 수 있습니다.

도장 일을 잘하다 보니 전에는 공장에서 낮에 일하고 밤에도 다른 공장에서 일했습니다. 도장 기술이 있다 보니 일이 많은 공장에서 야근에도 일이 있어 했습니다. 지금 공장에서 야근하면 야근수당을 더 받을 수 있지만, 다른 공장에서 야근 일을 하게 되면 수당이 적용되지 않고 그냥 시간당 아르바이트비를 받게 됩니다. 그래도 1년 정도 낮과 밤에 일하면서 7~8천만 원을 벌었습니다. 지금은 새벽 1~2시까지 하던 야근 일은 하지 않고 있습니다. 사실 너무 힘들었습니다. 몸에도 무리가 많이 왔고, 쉬는 날 없이 일하다 보니 마음에 여유도 없어 그만두었습니다.

한국에 올 때 실제 나이는 16살에 왔습니다. 방글라데시에 있을 때는 같은 나이보다 성장이 빨라 몸이 컸습니다. 브로커가 1980년생으로 여권을 만들어주었습니다. 지금은 전자여권이 있고, 방글라데시에도 신분증이 생겨 이제는 그렇게 할 수가 없습니다. 저도 지금 여권의 유효기간이 만료되었지만, 새로 발급받지 않고 있습니다. 실제 나이와 달라 방글라데시로 갈 때 한국에 있는 방글라데시 대사관에서 여행 증명서를 발급받아 가서 실제 나이로 다시 받으려고 합니다.

2016년에 난민 신청을 해서 G-1 비자 받고 방글라데시에 두 번(일주일, 한 달) 다녀왔습니다. 주변 친구들은 변호사를 통해 80만~90만 원을 주고 난민(G-1) 신청을 했지만, 저는 혼자 했습니다. 친구들에게 물어 난민(G-1) 신청하는 정보를 얻어 방글라데시에서 복잡한 자료는 받고, 한국에서 필요한 것은 돌아다니면서 알아보고 받았습니다. 미등록 체류 기간 8년에 대한 벌금으로 490만 원을 냈습니다. 지금은 법이 바뀌면서 ID카드 발급이 되지 않고 있습니다. 이제는 방글라데시 방문을 할 수가 없습니다.

1년 전에 영상전화로 결혼했습니다. 부모님의 소개로 아는 친척 20살 된 여자입니다. 아주 어렸을 때 본 적이 있지만, 지금은 알아볼 수 없었습니다. 영상전화로 결혼하면서 많은 친구를 초대하지 못했는데, 얼마 있으면 결혼 1주년이 되고, 부인도 빨리 오라고 재촉해서 이제는 방글라데시로 돌아가려고 합니다. 그래서 친구들과 송별회 겸 결혼 축하 잔치를 하려고 합니다. 한국에서의 생활을 친구들과 기쁘게 마무리하고 싶습니다. 마석가구공단이라는 한 공간에서 만나 방글라데시로 돌아가면 만나기 쉽지 않고, 가장 젊은 시절 기쁨과 아픔을 함께 나누었던 친구들이기에 우정의 마음을 함께 나누고 간직하고 싶기 때문입니다.

방글라데시에 돌아가면 집 짓는 것을 마무리하고 월세 받으며 지내려고 합니다. 방글라데시에 아버지가 유산으로 주신 땅이 공항 근처에 있습니다. 다카에서 벗어나 있는 로호정 지역 근처에 있는데 큰 도로도 생겨 땅값이 많이 올랐습니다. 이를 처분해서 장인어른이 하고 계시는 음식점을 함께 해보려고 합니다.

코로나 때도 별 어려움 없이 공장에 일이 있어 일했지만, 공장에서 매일 검사를 해서 좀 힘들었습니다. 감기 증세가 조금 있으면 쉬고 일하지 않았습니다. 오히려 사장님이 코로나에 걸려 1주일 쉬었습니다. 2009년 금융위기 때도 그렇게 영향을 받지 않고 일했습니다.

지금까지 나름대로 잘 지냈습니다. 공장에서 일하는 사람들과도 다툰 일도 없고, 욕먹을 만한 일도 하지 않고 지냈습니다. 마석가구공단에서 있다가 다른 지역으로 옮긴 사장님들이 돈을 더 준다고 오라고 했지만, 저는 이곳이 좋아서 가지 않았습니다. 가끔 사장님이 명절 전에 일이 많아 돈이 들어오면 명절 보너스로 50만 원, 30만 원을 주기도 했습니다. 이번 명절에도 주셔서 아내에게 줄 화장품 몇 개를 샀는데 40만 원 나갔습니다. 왜 이렇게 비싼지(함께 웃음!).

저는 크리켓을 좋아합니다. 주말에 쉬는 날에는 친구들과 함께 마석 초등학교 분교 운동장에서 크리켓을 합니다. 2022년에는 수도권지역에 있는 방글라데시 22팀이 모여 대회를 했는데 마석가구공단팀이 우승했고, 상금으로 100만 원을 받았고, 저는 MVP로 선정되어 메달을 받았습니다. 경기 때마다 40~50만 원씩 교통비, 식비 등이 들어 부담되지만, 크리켓 경기가 좋아서 하는 것이라 할 수 없었습니다(2022년 경기 때마다 비용이 발생해 예선에서 지라고 했는데, 결승에서 우승까지 함. 2023년에도 대회에 나갔는데, 결승에 가면 50만 원 지원해주기로 약속. 내심 예선 탈락하기를 바라고 있음). 지금까지 한국에서 크리켓 경기에서 받은 메달이 50개가 넘습니다. 우승 트로피는 방글라데시로 보냈습니다. 나중에 자식들이 태어나면 보여주고 자랑하고 싶습니다.

아마 한국에 오지 않았으면 크리켓 선수가 되었을 것입니다. 어려서 한국에 온 이유는 집안이 정부에 반대하는 견해가 있었습니다. 저도 우연히 학교에서 친구들과 어울리면서 정당 활동을 쫓아다녔습니다. 정치적 이념이 있어서가 아니라 어린 마음에 친구와 함께하면서 재미가 있었습니다. 하지만 아버지가 그런 모습을 보고 못내 좋아하지 않으셨습니다. 더 성장해서 정치활동에 깊이 빠지기 전에 막을 방법으로 한국과 장사를 하는 큰형과 상의해서 저를 한국에 보내기로 한 것입니다. 어린 나이에 한국에 가는 막내아들을 배웅하기 위해 공항에 가족과 친척 모두가 나오셨습니다. 어머니도 울고 저도 울고 모두가 울었습니다. 그때 아버지가 저에게 가기 싫으면 안 가도 좋다고 하셨습니다. 하지만 큰형이 지금은 슬프지만, 한국에 가면 괜찮을 것이라고 하면서 저의 손을 이끌고 한국행 비행기를 탔습니다. 그런 아버지나 큰형을 원망하지는 않습니다. 한국에 오자마자 잘 적응했습니다. 남들은 김치가 냄새난다고 먹지 못했지만, 저는 김치가 너무 맛있었습니다. 한국에서 제일 좋아하는 음식은 매운탕입니다.

취미생활로 비둘기장을 만들어서 키우고 있습니다. 알을 낳고 한때는 50마리가 넘기도 했습니다. 먹으려고 하는 것은 아니고, 어렸을 때 집에서 비둘기를 키운 적이 있어 어린 시절을 생각하면서 힘든 한국 생활을 위로 받고 있습니다. 비둘기처럼 자유롭게 날 수는 없지만, 마음만큼은 자유롭게 날고 싶습니다.

알롬길(방글라데시) ▶▶▶

필리핀 가수의 꿈

- 클럽 바에서 노래를 부르는 가수였다
- 남편과 함께 필리핀공동체의 리더로 활동 중

남편은 1996년에 입국했고, 저는 2007년에 입국했습니다. 남편은 관광비자로 브로커에게 당시 8만 페소(당시 100만 원 정도)를 주고 33세에 한국에 입국했습니다. 마닐라에서 버스로 8시간 거리의 가양발리에서 쌀농사를 했는데 가족의 생계를 지탱하기에는 힘들었습니다. 남편은 장남(남동생 1명, 여동생 2명)이었습니다.

저는 필리핀에서 18살 때부터 클럽 바에서 노래를 부르는 가수였습니다. 결혼했지만, 이혼하고 중국 브로커를 만나서 말레이시아 클럽에서 일했습니다. 필리핀에서 받는 급여와 비슷했지만, 이혼 후 외국에 가볼 기회가 생겨 말레이시아로 갔습니다. 말레이시아에서는 호텔 클럽에서 가수로 5년 동안 일했습니다. 이후 아부다비, 두바이, 바레인, 중국, 태국, 브루나이 등을 다니며 클럽에서 노래했습니다. 한국에도 브로커를 통해 예술흥행 비자(E-6)로 들어왔습니다. 미군 부대가 있는 동두천, 의정부 클럽에서 일했습니다. 그런데 한국에서는 무대에서 노래하는 것이 아니라 손님을 접대해야 했습니다. 술 1병을 만 원에 팔면 2,000원을 받았습니다. 술을 먹지 못해 돈을 벌지도 못 했지만, 노래를 부르는 가수가 아니라 손님을 접대한다는 것이 싫었습니다. 술을 먹은 손님들이 술에 취해 원하지 않는 요구를 하거나 신체적인 접촉을 강요하기도 했습니다. 결국 함께 온 필리핀 6명과 함께 모두 도망을 나왔습니다. 함께 나온 필리핀 여성 중에 한국에 있는 친구를 통해 가산동에 있는 실 공장에서 일을 시작했습니다. 그곳에서 한 달 일했는데, 일이 없다고 해서 다시 가족이 하는 양말공장에서 한 달에 90만 원 받고 4~5개월 일했습니다. 이후 남양주시 화도읍 가곡리에 있는 플라스틱 사출 공장, 도시락 만드는 공장 등에서도 일했습니다. 그렇게 일하다가 필리핀 친구 소개로 마석가구공단으로 오게 되었습니다. 일하던 중 2012년 12월 21일에 공장에 불이 났습니다. 안쪽에서 일하다 화재에 대한 알림을 뒤늦게야 알게 되는 바람에 대피가 늦어 얼굴에 3도 화상을 입었습니다. 그 당시만 해도 산업재해보험에 대한 이해가 부족해 진행하지 못했고, 사장님도 저의 부주의를 탓하며 병원 치료만 해주고 사라져버렸습니다. 아직도 얼굴에 상처가 남아 있습니다. 2차 치료로 성형수술을 받으려고 했지만, 수술비도 없었고 시간이 많이 지나 하지 못했습니다. 얼굴에 흉터가 남아 있어 앞머리로 가리고 있습니다.

남편은 1996년부터 마석가구공단에서 계속 일했습니다. 잠깐, 캐나다로 가려고 서울에서 아르바이트하면서 7개월을 준비했습니다. 그런데 캐나다로 가기 위해서는 그 당시 1,000달러가 있는 통장과 비행기표가 있어야 했는데 준비가 되지 않아 다시 마석가구공단에서 일하게 되었습니다. 그때 가지 못한 것을 못내 아쉬워합니다. 지금은 캐나다에 가려고 한 7개월을 빼고 침대 만드는 공장에서 27년째 계속 일하고 있습니다.

남편의 이야기입니다. 처음에 마석가구공단에 왔을 때는 숲도 있고, 나무들도 많았습니다. 미등록 신분이라 외부로 나가는 것도 쉽지 않아, 공단 옆에 있는 개울에 발을 담그고 친구들과 함께 음식을 나누어 먹기도 했습니다. 유일하게 쉴 수 있는 곳이었습니다. 더운 여름날 나무 그늘에서 친구들과 함께 이야기도 하고 노래하며 즐겁게 지냈습니다. 하지만 지금은 아파트단지가 들어섰고, 도로가 생기면서 옛 추억의 장소도 사라졌습니다. 마석가구공단 내에는 쉴 공간이 없고, 이제는 더 이상 잠시라도 앉아 있을 곳이 없습니다.

그때(1998년 이후~2000년대 초)는 이주노동자들이 많아 사장님들이 일할 외국인노동자를 찾아다니며 구애할 정도였습니다. 공단 내 좁은 골목에는 아침 출근길이 분주했습니다. 이주노동자들이 타고 다니는 오토바이와 자동차 소리가 요란하게 들렸고, 가구를 사려고 공단으로 오는 한국인들도 많았습니다. 점심시간에도 기숙사로 가는 이주노동자들의 발걸음이 있었고, 골목거리에는 생필품을 파는 자판과 간식시간에는 순대와 떡볶이를 차량으로 파는 분이 계셨습니다. 퇴근길에는 공단 초입에 포장마차가 있어서 국수 한 그릇을 먹을 수도 있었습니다. 그러나 지금은 모두 사라졌습니다.

저와 남편은 2010년 만나서 함께 살고 있습니다. 마석가구공단의 외곽에 있는 침대공장에서 일하며 남편은 210만 원, 저는 190만 원(수당 포함해서)을 받고 있습니다. 공장 옆에 기숙사에 있으면서 기숙사비, 전기, 수도세를 포함해서 50만 원을 내고 있습니다. 공장에는 등록 필리핀 이주노동자 3명, 베트남 2명과 미등록 필리핀 4명이 일하고 있습니다.

저는 전직이 가수라 남양주시 행사에 참석하여 대상을 받기도 했으며, 이주민 행사 때마다 단골손님으로 초대받고 있습니다. 저와 남편은 필리핀공동체 활동에도 적극적으로 참석하며 리더로서의 역할도 하고 있습니다. 필리핀독립기념행사, 필리핀농구대회 등 각종 행사의 준비 및 진행을 맡아 하고 있습니다. 또한, 센터와 함께하는 자원봉사활동에도 솔선수범하고 있습니다.

저는 이혼한 남편 사이에서 태어난 아들 세 명을 양육했습니다. 큰아들은 현재 한국에 고용허가제로 들어와 일하고 있고, 3년 후 끝나면 함께 필리핀으로 돌아갈 계획을 하고 있습니다. 다른 아들은 필리핀에서 상품을 배달하는 일들을 하고 있습니다. 둘째만 결혼해서 자녀가 두 명 있습니다.

남편은 그동안 필리핀의 아내가 4명의 딸을 양육하고 있어 양육비와 생활비를 매월 보내고 있었습니다. 지금은 딸 모두 결혼해서 손자가 7명이나 있습니다. 둘째 딸은 캐나다에 있고 지금도 연락하면서 지내고 있습니다. 저와 남편도 이제 나이 60세가 되어 공장에서 일이 다소 힘들기도 합니다. 하지만, 필리핀은 경제 발전이 안 되어 있고, 정치적으로 불안한 상태입니다. 딱히, 필리핀에서 무엇을 할지 고민도 쉽지 않습니다. 한국에서의 오랜 시간 동안 보낸 추억도 있고, 필리핀의 자녀들과 손자들을 위해 조금이나마 도움이 될 수 있다면 한국에서 더 일하다가 갔으면 합니다. 남편은 필리핀으로 돌아가면 생수 사업을 하고 싶어 합니다. 현재 딸이 필리핀에서 생수 사업을 하고 있습니다.

제이, 벤 (필리핀) ▶▶▶

후배들이여, 밤에만 하는 일은 하지 말아요

- 도장 기술을 배워서 일하고 있다
- 어서 고향으로 돌아가 전화결혼식을 올린 아내와 함께하고 싶다

처음에는 일본 가려고 두바이, 바레인을 300만 원을 주고 다녀왔습니다. 그런데 일본 비자가 나오지 않아 이탈리아와 한국 비자를 신청했고, 한국 C-3(단기) 비자가 먼저 나와 왔습니다. 한국에 온 지 1달 지나서 이탈리아 비자도 나왔다는 소식을 들었습니다. 하지만 이미 한국에 왔기 때문에 이탈리아 비자는 포기를 했습니다. 방글라데시에서는 해외로 나가기가 쉽지 않습니다. 다른 나라와 큰 사업을 하거나 부자들에게만 해외 비자를 발급해줍니다. 그래서 저와 같이 내세울 게 별로 없는 사람들은 브로커를 통해서만 가능합니다. 저도 브로커에게 1,200만 원을 주고 왔습니다. 한국에 올 때 여권은 1989년생으로 34살이었지만, 실제 나이는 23살이었습니다. 방글라데시에서 옷 가게를 하는 아버지 일을 도와드렸는데, 장사가 잘 안 됐습니다. 아버지가 남들에게 빌린 돈으로 비용을 마련했습니다.

또한 한국에 온 사촌 형이나 고향 사람들이 한국에 대해 좋은 이야기를 많이 해주었습니다. 공장에서 일하면 상대적으로 다른 나라보다 더 임금을 받을 수 있고, 방글라데시에서는 겨울에 볼 수 없는 눈 이야기도 해주었습니다.

한국에 처음 와서 사촌 형이 있는 화성시에서 자동차부품 공장에서

3개월간 일했습니다. 그 후, 마석가구공단으로 왔고 지금까지 10년 동안 일하면서 8곳 공장에서 일했습니다. 소파 공장에서 일했습니다. 소파조립을 하면서 소파에 씌우는 천을 팽팽하게 당겨 타카(못총) 작업을 했었는데, 너무 힘이 들었습니다. 제대로 당겨서 하지 않으면 불량품이 나오게 됩니다. 밤에는 손가락이 붓고 밥을 먹기도 힘들었습니다. 그렇게 힘들게 일했지만, 95만 원 월급을 받았습니다. 그 후 힘이 들더라도 월급을 더 받을 수 있다고 해서 도장 작업을 배웠습니다. 생각보다 도장 작업이 훨씬 수월했지만, 마스크를 써도 염료 냄새로 힘들기는 마찬가지였습니다. 여름에는 도장 작업을 하면서도 선풍기나 냉방 장치를 쓸 수가 없어서 땀으로 옷이 젖었습니다. 그나마 다행인 것은 겨울에는 난방이 되어야만 할 수 있는 작업입니다. 도장 기술을 배우고 난 후에는 360만 원 월급을 받고 있습니다. 다른 곳의 사장님이 더 임금을 주겠다고 했지만, 월급이 지연되거나 체불되지 않고 받을 수 있어서 다른 곳으로 옮기지 않았습니다. 가구 제작을 하는 한국 사람이 12명 있지만, 도장 작업은 저 혼자하고 있습니다. 코로나 때는 일이 없어서 다른 공장에서 일당 14만 원을 받고 아르바이트로 일했습니다. 코로나로 인해 한 달에 120만 원에서 150만 원 정도 아르바이트로 벌어 생활했습니다. 코로나가 지나고 나서 지금은 그래도 일이 좀 있는 편입니다.

공단이 개발된다고 해서 기숙사를 옮긴 지 한 달 정도 됩니다. 전에는 3명이 생활했는데, 지금은 혼자 생활하고 있습니다. 공단이 개발되어 사라지면 다른 곳 옮겨 가서 일하지 않고 방글라데시로 돌아가려고 합니다. 10년 넘게 생활한 곳이라 고향같이 생각하기 때문에 다른 곳으로 가지 않으려고 합니다. 한국에 새로 오는 친구들에게도 한국에 오게 되면 마석으로 오라고 했습니다. 그만큼 마석은 여러모로 좋은 측면이 많이 있습니다. 일자리를 서로 알려주고, 같은 나라 사람들이 상부상조(이주노동자들이 가장 많이 쓰는 사자성어 相扶相助)하는 모습도 있고, 어려운 일을 도와주는 센터도 있습니다. 그런데 이제는 개발이 된다고 하니 그 말을 할 수가 없습니다. 그리고 한국에 오면 처음부터 밤에만 일하는 일은 하지 말라고 말해줍니다. 밤에 일하게 되면 한국 생활에 익숙하지 않은 상태에서 생활의 리듬이 깨지고, 다른 사람들과 만남의 기회가 없어 고향과 가족 생각에 외로움으로 향수병에 쉽게 빠지게 된다고 말해줍니다.

휴일에는 다른 지역에 있는 친구들을 만나는데, 한국에 오기 전 방글라데시에서 받은 고향 사람들 연락처와 한국에 와서 알게 된 사람들을 만납니다. 만나면서 방글라데시 음식도 나누고 다른 지역에서 있었던 이야기를 들으면서 새로운 정보들을 얻기도 합니다. 가구 일만 하다 보니 다른 직종(기계 조립, 선반 작업, 가공식품업, 건설 등)에서 일하는 공정과 임금 등에 관한 이야기를 듣게 됩니다.

가족은 아버지와 어머니, 누나 2명과 여동생이 있는데, 3년 전에 누나는 돌아가셨고, 부모님과 여동생이 함께 있습니다. 방글라데시로 돌아가기 위해 두세 달 모은 돈을 120만 원~150만 원 보내고 있습니다. 보낸 돈으로 가게를 두 개 샀습니다. 그러던 중 2019년에 아버지의 소개로 전화결혼식을 했습니다. 현재 아내는 처가에 있고 방글라데시로 돌아가면 정식 결혼식을 하려고 합니다. 아내도 제가 한국에서 일하는 것을 이해하고 아내에게는 생활비를 보내주고 있습니다. 아내도 한국 비자를 받고 오고 싶어 하지만, 그러지 못해 아쉬움이 큽니다. 아내와는 매일 연락을 주고받고 있지만 그것도 한계가 있습니다. 떨어져 있는 만큼 또 시간이 많이 지나면 점차 마음도 식어갈 것 같습니다. 그래서 요즘은 방글라데시로 돌아가기 위해 더 열심히 일하고 있습니다.

'지역 특성화 비자'의 전제 조건과 그에 따른 모순

2021년 1월 27일 『제3기 인구정책 TF 주요 과제 및 추진계획』을 발표하면서 인구절벽 충격 완화를 위한 핵심과제로 외국인력 부족 문제 대응 등을 추진한다고 발표하였습니다. 이에 따라 법무부는 7월 7일 관계부처와 공동으로 인구감소 등으로 인한 인력 부족을 완화하고 국가 성장 동력을 제고 정책으로 외국인 정책반에서 27개의 주요 과제를 추진한다고 공개하였습니다. 법무부는 주요 과제 중에 '지역 특성화 비자'의 신설을 내놓았습니다.

첫째, 지역 인재 확보와 국가 균형발전을 도모하기 위해 인구감소지역('21년 행정안전부 지정 89개 인구감소지역)에 2022년 10월부터 1년간 '지역 특성화 비자'를 시범(2022.10.4.~2023.10.3.)으로 한다고 합니다. 아래는 시범사업 선정 지역입니다.

- 광역지자체: 충청남도(보령시, 예산군), 전라북도(정읍시, 남원시, 김제시), 전라남도(장흥군, 강진군, 해남군, 영암군), 경상북도(영주시, 의성군, 영천시, 고령군)
- 기초지자체: 경기도 연천군, 경상남도 고성군

둘째, 인구감소지역의 산업, 대학, 일자리 현황 등에 적합한 외국인의 지역 정착을 장려하고 지자체 생활인구 확대, 경제활동 촉진, 인구 유출 억제 등을 목적으로 지역특화 요건을 갖춘 외국인에게 해당 지역 일정 기간 의무 거주 및 취업을 조건으로 거주(F-2), 동포(F-4) 비자를 선 발급하고, 위반 시 비자를 취소하는 내용이 골자입니다.

〈기본요건〉

- **(한국어 능력)** 토픽(TOPIK) 3급 (사회통합프로그램 3단계 이상 이수)
- **(법질서 준수)** 범죄경력, 출입국관리법령 위반 이력 등 확인
- **(소득/학력)** ① 소득이 국민 1인당 GNI 70퍼센트 이상('21년 2,833만원)이거나 ② 학력이 학사 학위 이상(국내 전문학사 이상) 소지자 일 것
- **(취업)** 인구감소지역 내 일자리에 취업이 확정되었을 것 (1년 이상의 고용계약이 확정되었다는 증빙자료 제출)
- **(기간)** 해당 인구감소지역에 <u>**5년 이상**</u> 취업하며 거주하는 조건으로 비자를 발급하고, <u>**허가 당시 조건을 위반하는 경우 체류자**</u> <u>**격을 취소**</u>

※ 지역우수인재 자격변경이 제한되는 사람 : 기술연수(D-3), 일반연수(D-4), 호텔유흥(E-6-2), 계절근로(E-8), 비전문취업(E-9), 선원취업(E-10), 기타(G-1), 관광취업(H-1), 단기체류자격을 소지한 불법체류다발국가(21개 고시국가) 국민, 출국기간연장·출국기한유예 중인 사람

우선 정부의 외국인력 정책에 있어 단골 메뉴가 우수인력의 유치에 있었습니다. 단연 우수인력의 유치로 국가경쟁력을 강화한다는 취지를 담고 있습니다. 한때 우수외국인력 유치를 위해 항공료와 체류비용을 지원해 주기도 했습니다. 지역 특성화 비자도 우수 인재에 맞추어

져 있습니다.

하지만, '지역 특성화 비자'는 코로나 팬데믹을 겪으면서 인력난과 인구감소에 따른 불가항력적 대안이지만, 몇 가지 전제 조건이 갖추어져 있지 않으면 외국인력 정책에 혼선만 초래하게 됩니다.

첫째, 지자체의 욕구에 충족하는 우수 인재의 매칭 체계, 즉 적합한 우수 인재를 적절하게 선발하는 체계를 갖추고 있어야 합니다. 둘째, 우수 인재에게 제공될 수 있는 '양질의 일자리'가 지자체 내에 조성되어 있어야 합니다. 셋째, 시범사업이 시행되면서부터 지역 특성화 비자 대상에서 제외된 인력난이 부족한 제조업 및 농축산업, 어업 등을 포함해 줄 것을 강력하게 요구받고 있습니다. 이는 현행의 고용허가제와 지역 특성화 비자의 연계를 요구하는 것입니다. 이외에도 우수 인재의 정착하는 곳에 생활 만족도에 상응하는 생활 기반(의료, 교육, 문화시설 등)이 형성되어 있어야 합니다. 그렇지 않으면 일시적 신기루와 같은 '옥상옥(屋上屋)'의 유명무실한 제도로 전락할 우려가 큽니다.

그러나 이보다도 '지역 특성화 비자'의 더 큰 문제는 다른 곳에 있습니다. 우수 인재 조건에 부합하는 우수 인재가 과연 인구감소지역으로 간다는 보장이 있느냐 하는 것입니다. 우수 인재를 유치하기 위한 전제 조건을 갖추고 있는 지역은 수도권이나 중·소 대도시이지, 인구감소지역이 아니라는 말입니다. 인구감소지역은 산업과 생활환경 기반이 취약한 곳입니다. 이곳에 정작 필요한 인력은 1차산업(농축산업, 어업 등)에 필요한 사람들입니다. 인구감소를 해소하기 위한 '지역 특성화 비자'는 제도적 모순을 가지고 있고, 지역 간 균형발전보다는 지역 간 갈등과 불균형을 더욱 조장할 소지가 농후합니다.

태권도 덕분에 한국에 관심이 생겼어요

- 한국에서는 열심히 일하고 잘하면 더 일을 시킨다
- 자녀들이 대학을 졸업할 때까지 더 일하고 싶다

저는 1976년생(47세)입니다. 2009년부터 2014년까지 E-9(고용허가제) 비자를 받고 와서 일했습니다. 이후 네팔로 가서 특별한국어시험에 합격해서 2014년에 다시 한국에 E-9 비자를 받고 왔습니다. 2019년에 E-9 체류비자가 끝나고 지금은 미등록 체류 중입니다.

2009년 처음 왔을 때는 포천시 소흘읍 송우리에 있는 섬유공장에서 일했습니다. 주야간 교대로 일했지만, 저는 주간에만 일했습니다. 3개월 일했는데 너무 일이 힘이 들었습니다. 처음에는 한국말도 잘하지 못해 시키는 일을 가리지 않고 열심히 했습니다. 섬유공장에 큰 차가 들어오면 60킬로그램이 넘는 원단을 혼자서 내리고 올리는 작업을 했습니다. "빨리, 빨리"라는 말을 그때 들었습니다. 그러다 허리에 무리가 있어서 병원에 갔는데, 디스크에 문제가 생겼다고 했습니다. 더는 일할 수 없어서 포천시 내촌면 나사 제조공장에 갔습니다. 하지만 그곳에서도 월급을 제대로 정산해주지 않아, 5개월 정도 일하고 융단 재활용공장을 소개받아 갔는데 그곳에서는 반장이라고 하는 분이 엄청 욕만 하고 화장실에 가는 것도 야단을 쳤습니다. 재활용을 위해 융단에 있는 불순물을 제거하고 기계에 넣어 분쇄한 것을 다시 20킬로그램의 자루에 담아 옮기는 작업을 했데, 1분도 허리를 펴지 못하고 계속 작업을 해야 했습니다. 야외에서 눈이 오나 비가 오나 일했습니다. 6개월 일하고 허리 디스크에 다시 이상이 생겨 그만두었습니다. 공장을 그만두게 되면 새로운 사업장을 구할 때까지는 기숙사도 없고 의료보험도 되지 않습니다. 1달 반 동안 치료받느라 병원비와 잘 곳이 없어 찜질방에서 생활하면서 돈도 많이 들었습니다. 짧은 기간 동안 한국에서 여러 곳을 다니며 일했습니다. 그러면서 느낀 것은 네팔에서도 농사짓는 일을 했지만, 이렇게 심하게 일하지는 않았습니다. 한국에서는 열심히 일하고 잘할수록 더 일을 시켰습니다.

그곳을 나와서 2012년부터 가평에 있는 식품회사로 가게 되어 일했습니다. 한국 음식을 생산하는 공장이었습니다. 무말랭이 말린 것을 건지는데 다른 사람들이 1시간 30분 넘게 걸리면 저는 30분 만에 건졌습니다. 다른 사람보다 더 열심히 일하는 모습을 보고 회장님이 다른 사람 모르게 월급에서 10만 원을 더 주셨습니다. 체류 기간이 끝나고 네팔에 다시 갔다가 돌아와서도 그곳에서 일했습니다.

그런데, 다시 와서 일하면서 생긴 연장수당을 지급해주지 않았습니다. 사장님에게 이에 관해 물었더니, 출퇴근 시에 작업복으로 갈아입는 동안에는 연당 수당 시간으로 인정할 수 없다면서 여러 이유를 둘러대며 거부했습니다. 제가 연장 근로한 자료를 달라고 했는데 이것도 주지 않았습니다. 그리고는 일하는 작업장에 앞으로 저는 연장근로를 하지 말라고 공지 사항으로 적어 붙여 두었습니다.

그뿐만 아니었습니다. 회사에 온 후 저는 3층에서 기숙사 생활을 하고 있었는데, 2층에는 회장님 사무실이 있었습니다. 회장님이 출근하면 다리가 불편한 회장님을 등에 업고 차에서부터 2층까지 모셔다드렸습니다. 몸무게가 85~90킬로그램이 넘는 분이셨습니다. 새벽에도 밤에도 연락이 오면 해드렸습니다. 다른 분들과 완도로 여행을 가신 적도 있었는데, 산비

탈을 종일 업고 다녔습니다. 그런데 하루는 제가 배탈(설사 등)이 나서 도무지 일어설 수도 없었습니다. 간신히 병원에 다녀왔습니다. 시간이 조금 늦게 도착하자, 회장님은 제가 일하지 않는다고 일하는 사람들에게 험담했습니다. 저도 허리가 좋지 않았지만 2년 넘게 업고 다니며 모셔드렸고, 공장에서도 새벽 5시부터 일어나서 다른 사람들보다 먼저 작업하기 전에 미리 작업 준비를 했었는데 그런 말을 듣고 너무 슬펐습니다. 결국 저는 회사를 그만두기로 마음을 먹었고, 네팔에서 온 지 3개월 만에 사퇴서를 제출했습니다. 이를 알고 실장으로 있던 회장님 아들과 사무실 복도에서 마주쳤는데, 눈물을 흘리면서 미안하다고 말했습니다. 하지만 저는 더는 일하고 싶은 마음이 없었습니다. 회사를 나온 후 저는 네팔로 간 후 받지 못했던 출국만기보험의 차액분과 그동안 회사를 출퇴근할 때마다 출퇴근 기록기에 등록하면서 찍은 사진을 근거로 노동부에 연장근로 수당에 대해 진정해서 260만 원을 받았습니다.

그리고 인천에 있는 휴대전화 부품회사로 옮기게 되어 그곳에서 2019년 말에 체류 기간이 끝날 때까지 일했습니다. 그 이후 코로나로 인해 일자리를 찾을 수 없어 조금씩 아르바이트하면서 지냈습니다. 일을 할 수 없어 그동안 벌었던 돈도 거의 다 썼습니다. 그리고 지난 1년 전부터는 아는 분의 소개로 휴게소에 있는 가게에서 일주일에 6일 동안 12시간 일하면서 290만 원 받고 일하고 있습니다. 거리가 멀어서 아침 6시에 가서 저녁에 10시 되어야 집에 도착합니다. 일이 끝나고 집에 돌아오면 너무 지쳐서 씻고 쓰러져서 잠자기 바쁩니다.

저는 인도 군인이셨던 아버지와 네팔 어머니 사이에서 태어나 인도에서 10년 동안 살았습니다. 이후 네팔에서 생활하다 1995년에 19살의 나이로 카타르에 가서 건설업에서 4년 6개월 동안 일했습니다. 어린 나이에 가서 힘들어서 많이 울었습니다. 건설 현장에서 일도 하고 건축 감리사의 보조 역할을 하면서 일했습니다. 카타르를 다녀온 후 벨기에로 가려고 했는데 비자가 나오지 않아 가지는 못했습니다. 당시 서비스업종으로 네팔 사람들이 많이 가고 있었습니다. 제가 한국에 온 것은 어렸을 때 기억으로 태권도를 배워서 한국에 대해 알고 있었습니다. 태권도 도장의 사범님은 네팔분이셨는데, 태권도를 배워서 한국에 가라고 말씀해주셨습니다. 아마도 제가 한국에 온 이유가 태권도 사범님을 알게 된 계기가 되어서 그랬던 것이 아닌가 생각해 봅니다(그럼 태권도를 얼마 동안 배웠고 품새가 어떻게 되냐고 물으니, 1년 정도 배웠고, 빨간색이었다고 해서⋯. 함께 웃음!).

한국에서 일하면서 안 좋은 점은 과장님이 잘못했는데 반장님이 알면서도 말하지 않고 넘어갑니다. 안 좋은 일이나 잘못된 일은 바로 이야기해야 하는데 그렇게 하지 않습니다. 위 사람이 잘못했는데 아무도 말하지 않습니다. 점점 위 사람으로 올라갈수록 일이 더 커지게 됩니다. 위 사람이 잘못한 것을 아래 사람이 말하지 않는 것이 한국의 직장생활 문화인 것 같습니다.

제가 체류 기간이 끝나고 아직 네팔에 돌아가지 못하는 이유는 자녀인 딸은 공학 대학을 다니고, 최근 아들이 경제학 대학을 올해 입학했습니다. 자녀들의 학비를 위해 일해야 합니다. 자녀들이 졸업할 때까지 2년 정도 일하고 네팔로 가려고 합니다. 대학 졸업하는 자녀들의 모습은 보고 싶습니다.

수니(네팔) ▶▶▶

이주노동자가 내국인의 일자리를 빼앗는다! '오해와 편견'

섬유공장을 운영하는 사장님의 하소연을 들은 적이 있습니다. 직원을 채용하려고 광고를 내셨다고 합니다. 하지만 몇 개월이 지나도 지원자가 없어 파격적인 조건(월급에 3년 동안 분기별로 10만 원을 더 준다)으로 다시 광고를 내셨습니다. 그런데도 직원을 구하시지 못했다고 합니다. 생산직도 아닌 관리직임에도 불구하고 말입니다.

한국의 외국인력 제도 '고용허가제'는 내국인을 구하지 못하는 중소기업이 정부로부터 고용허가서를 발급받아 비전문 외국인력을 고용하는 제도임을 명시하고 있습니다. 이주노동자들이 일하는 사업장은 3D업종으로 국한되어 있습니다. 아무리 능력이 있고 기술이 있어도 말입니다. 제조업의 경우에는 300인 미만 또는 자본금 80억 원 이하의 사업장입니다. 하지만, 이주노동자들이 일하는 사업장은 30인 미만 사업장(70퍼센트)이 대부분입니다. 내국인 피보험자 1명만 있어도 이주노동자를 5명까지 고용할 수 있습니다. 소규모의 영세사업장에 집중이 될 수밖에 없습니다. 그뿐만 아니라, 내국인 노동시장을 침해하지 않도록 매년 노동시장을 분석하여 인력이 부족한 업종별로 도입 규모를 정하고 있습니다. 내국인 일자리의 부족분을 메우고 있는 것입니다. 이런 노동조건에서 이주노동자는 경력도 인정받지 못하고, 호봉도 적용받지 않고 최저임금의 급여를 받습니다. 내국인의 일자리를 빼앗는 것이 아니라, 오히려 이주노동자는 한국 산업의 주춧돌 역할을 하며 산업발전에 기여하고 있습니다.

지난 2016년(IOM이민정책연구원) '국내 이민자의 경제활동과 경제기여효과' 보고서에서는 한국 사회 생산과 소비활동을 하는 이주민의 생산유발효과와 부가가치유발효과를 합산한 경제적 효과가 2012년 53.7조

원, 2016년 74.17조 원으로 추정하고, 2026년에는 162.2조 원에 이를 것으로 예측합니다.

이주노동자는 한국에서 일한 돈을 송금만 하고 내국인의 일자리를 빼앗는 존재라는 것은 '편견과 오해'일 뿐입니다. 이주노동자도 소비를 통해 지역 경제에 도움을 주고 있습니다. 지역사회 소상공업 상권이 형성된 곳이나 재래시장에서 소비의 주체는 이주민입니다.

한국 사회는 이미 저출산·고령화가 심화하면서 생산가능인구가 줄고 있습니다. 최근 한국경제연구원의 '인구구조 변화가 GDP에 미치는 영향 추정 및 시사점'(2023년) 연구를 통해 생산가능인구 1퍼센트가 감소하면 GDP는 약 0.59퍼센트 줄어들고, 대신 피부양 인구가 1퍼센트 증가 시에는 GDP 약 0.17퍼센트가 줄어들어 한국경제에 악영향을 줄 수 있다고 밝히면서 2022년 대비 2050년에는 생산가능인구가 약 34.75퍼센트 감소하고, 피부양 인구는 44.67퍼센트 증가한다고 경고하고 있습니다. 이 충격을 완화하기 위한 다각적인 정책이 마련(이주민과 관련된 법과 인력 제도의 선진화 시스템 구축)되어야 하겠지만, 저출산·고령화로 인한 생산 인력은 이주노동자에 의존할 수밖에 없습니다. 이주노동자는 내국인의 일자리를 빼앗는 것이 아니라, 내국인이 일하지 않는 일자리에서 대신 일을 해주는 노동자이며 이웃입니다.

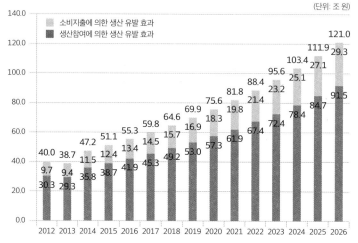

이민자에 대한 경제적 유발효과

(단위: 조 원)

- 소비지출에 의한 생산 유발 효과
- 생산참여에 의한 생산 유발 효과

연도	소비지출	생산참여	합계
2012	9.7	30.3	40.0
2013	9.4	29.3	38.7
2014	11.5	35.8	47.2
2015	12.4	38.7	51.1
2016	13.4	41.9	55.3
2017	14.5	45.3	59.8
2018	15.7	49.2	64.6
2019	16.9	53.0	69.9
2020	18.3	57.3	75.6
2021	19.8	61.9	81.8
2022	21.4	67.4	88.4
2023	23.2	72.4	95.6
2024	25.1	78.4	103.4
2025	27.1	84.7	111.9
2026	29.3	91.5	121.0

국내 이민자의 경제활동과 경제기여효과, IOM이민정책연구원, 2016

단속을 피하려고 12시간 일합니다

- 단속이 죽음보다 더 두렵다
- 스리랑카로 돌아가 가족과 함께할 날을 꿈꾼다

저는 (1975년생) 2007년~2011년, 2015년~2020년까지 E-9(고용허가제)로 남양주 화도읍에 있는 화장품 용기를 만드는 공장에서 일하고 있습니다. 2020년 체류 기간이 끝나고 미등록 상태에서 일하고 있습니다. 공장에는 한국 사람 7명 중 남자 1명만 생산직에 있고, 6명의 여성은 포장하는 일을 합니다. 스리랑카 5명 중 4명은 주간에 생산직 일하고, 저는 미등록이라 단속을 피하려고 야간에 저녁 7시부터 아침 7시까지 12시간 일하고 있습니다.

등록으로 있다가 미등록이 되면서 많은 것이 변했습니다. 야간에 일하는 것이 싫었지만, 이제는 어쩔 수 없는 상황입니다. 낮에 다른 일이 있거나 잠이 오지 않았을 때는 야간에 피로도가 크게 느껴져 낮에 일하는 것보다 몇 배나 힘이 드는 느낌이 듭니다. 미등록이 된 이후에는 또한 임금의 차이도 생겼습니다. 같이 일하는 등록된 친구들은 연장근로 수당을 포함해서 400만 원 정도 월급을 받는데, 저는 미등록이 된 이후 270만 원을 받고 토요일에도 일하면 10만 원을 받습니다. 그렇게 해야 310만 원을 받게 됩니다. 미등록이 되면서 월급도 적어졌습니다(미등록이 되면서 퇴직금으로 적립된 출국만기보험은 출국해야 받지만, 체류 기간이 만료된 시점에서 공장에서 차액에 대한 퇴직금을 800만 원 받았습니다).

　그뿐 아니라, 미등록이 된 이후에는 외출하지 않고 있습니다. 혹시나 외출했다가 단속될까 걱정되기 때문입니다. 등록으로 있었을 때는 주말에 시내로 나가서 친구들을 만나 음식을 먹기도 했는데 이제는 할 수가 없습니다. 조금 있으면 휴가라 전에는 친구들과 함께 강원도 바닷가에도 갔는데 이제는 갈 수가 없습니다. 스리랑카에도 몇 번 갔었는데 이제는 가족도 만날 수 없고, 친인척들의 결혼식이나 경조사가 있어도 갈 수가 없습니다. 스리랑카에 가지 못한 지 벌써 5년이 넘었습니다. 미등록으로 3년 동안 있으면서 모든 것을 잃어버렸습니다. 기숙사에서도 주말이면 음식을 해놓고 노래도 들으면서 휴식을 취했는데 지금은 기숙사에서 노랫소리를 들을 수 없고 큰소리로 대화도 하지 못합니다. 기숙사 옆쪽으로 나이 드신 분들이 살고 계셔 작은 소리가 들려도 시끄럽다고 하십니다. 혹시나 경찰에 신고할까 두려운 마음에 조용히 지내고 있습니다.

　얼마 전에는 저녁에 친구들과 함께 식사하기 위해 요리하다가 쓰러졌습니다. 친구들이 급하게 병원 응급실로 저를 데리고 갔습니다. 병원에서 엑스레이 검사만 받고 나왔는데 35만 원을 병원비로 냈습니다. 특별한 검사를 받은 것도 아닌데, 약을 처방받지도 않았는데 미등록이 되면서 의료보험이 되지 않아 큰 비용이 나왔습니다. 전부터 혈압이 있어 약을 먹고 있었습니다. 그런데 야간에 일을 시작하면서 병원에 가지 못해 약을 먹지 못하고 있었습니다. 의료보험이 없어 가지 못한 탓도 있습니다. 그동안 기숙사에 있는 혈압측정기로 체크만 하고 있었습니다.

　스리랑카에 있을 때는 작은 회사에서 영업사원으로 일했습니다. 영업사원만으로는 가족의 생계를 유지할 수 없었습니다. 아들이 19세로 이번에 대학에 입학했습니다. 딸은 12세입니다. 자녀들의 학비를 위해서라도 미등록이지만 일하고 있습니다. 아들이 대학교를 졸업할 때까지는 단속되면 안 됩니다. 저에게는 죽음보다 더 두려운 것은 단속입니다. 그렇게 되면 모든 계획이 끝나게 됩니다. 하지만 미등록이 되면서 좋아진 점도 있습니다. 밖에 나가지 않으니 돈 쓸 일이 없어졌습니다(함께 웃음!). 지금은 스리랑카로 230만 원을 보내고 있습니다. 스리랑카에는 결혼할 때 아내가 땅이 있어서 제가 보낸 돈으로 이층집을 지었습니다. 한국에서 일이 끝나고 나면 가족들과 함께 그 집에서 행복하게 지내고 싶습니다(인터뷰하는 중에 피곤한 기색이 역력하였습니다. 토요일에도 야근하고 인터뷰하는 일요일 아침에 센터에 오기 위해 한숨도 잠을 자지 못했기 때문입니다. 다음 주에 센터에서 무료 진료가 있다는 안내를 해주었더니, 진료 대상자 신청을 하고 서둘러 센터를 떠났습니다).

라시리(스리랑카) ▸▸▸

이해할 수 없는 일이 너무도 많아

- 미등록으로 일하고 싶지 않은데 사업장을 구하기가 힘들다
- 공장 내 형편없는 기숙사를 제공하고는 월급을 공제한다

저(1981년생)는 한국어 시험에 합격했지만, 코로나로 연장이 되어 늦은 나이에 2022년에 E-9(고용허가제)로 한국에 왔습니다. 처음 공장은 전라도 광주에 있는 숯을 만드는 공장이었습니다. 아침 8시부터 저녁 10시까지 일했습니다. 토요일에도 일했습니다. 몽골 사람 2명과 중국 교포 1명이 일했습니다. 중국 교포가 일을 시켰는데, 자신은 기계로 하는 일만 하고 우리 몽골 사람들은 힘을 써야 하는 힘든 일만 시켰습니다. 숯 만드는 작업은 먼지가 많아 숨쉬기도 힘들고 눈이 아팠습니다. 사장님이 중국 교포에게 몽골 사람들도 기계를 다루는 방법을 가르쳐주라고 했습니다. 일주일 후에 사장님이 저희에게 배웠는지 물으셨지만, 저희는 배우지 못했다고 했습니다. 사장님이 중국 교포에게 화를 내셨고, 중국 교포는 저희를 더 힘들게 했고, 갈등도 더 커졌습니다. 결국 한 달 만에 그만두었습니다. 그만두면서 월급 150만 원을 받았습니다. 최저임금과 연장 근로 수당 조차 주지 않았습니다. 그러고 난 후 들은 소식으로는 공장의 기계가 터지면서 불이 나서 공장은 힘들게 되었다고 합니다. 함께 일했던 몽골 사람도 다른 곳으로 가게 되었는데, 나오면서 월급 300만 원을 받았다고 합니다. 아마 제가 나올 때 사장님이 사업장 변경을 요구했던 저에게는 화가 나서 최저임금

도 아닌 월급을 주었던 것 같습니다.

그리고 일자리를 찾기 위해 알아보았지만, 광주에서는 쉽지 않았습니다. 서울에 동대문 몽골타운이 있다는 이야기를 듣고 서울에 와서 고용지원센터에 갔지만 그곳에서도 한 달 동안 문자를 받지 못하다가 일산에 있는 식품회사를 소개받고 들어갔습니다. 식품회사에서 한 24일 정도 일했는데, 사업주가 E-9 이주노동자를 처음 고용해보고 경험이 없어 미안하다며 저를 해고했습니다.

다시 일자리를 찾은 곳은 화성시에 있는 자동차 부품회사였습니다. 그곳은 이주노동자가 100여 명이 되고 일하는 사람의 70~80퍼센트가 이주노동자였습니다. 꽤 규모가 있는 공장이었습니다. 아침 6시부터 오후 2시까지, 오후 4시부터 12시까지 일주일에 2교대로 일했습니다. 기숙사가 공장에서 멀리 떨어져 있어서 2시간 전에 준비해서 회사의 버스를 타고 이동했습니다. 공장에는 미얀마 사람들이 많았습니다. 몽골은 저와 나이가 젊은 20대 사람 1명이 있었습니다. 제가 온 후 얼마 지나 3명이 더 왔습니다. 몽골 사람들은 공장에 온 지 얼마 되지 않아 작업하는 일이 조금 서툴렀습니다. 미얀마 사람들은 많았고, 젊은 사람들이 많아서 정말 빨리빨리 일을 잘했습니다. 미얀마 사람들과 일할 때 작업시간을 재면서 재미있게 웃기도 하고, 몽골 사람들을 놀리기도 했습니다. 같이 일하던 한국 사람들도 미얀마 사람들처럼 일하지 못하는 저희를 보고 소리치면서 빨리하라고 했습니다. 결국 3개월만 일하고 그만두게 되었습니다. 화성시에서도, 전에 알고 있던 일산에서도 알아보고 다니다가 일산 공원 벤치에서 놓여있던 의정부외국인노동자지원센터 연락처를 보고 도움을 받고자 의정부로 갔습니다. 하지만 한 달 넘게 일자리를 알아보고 다니느라 찜질방 등에서 자면서 가지고 있던 돈도 다 떨어졌습니다. 돈이 없어 건물의 빈 곳에서 잠을 자야 했습니다. 그러던 중 의정부외국인노동자지원센터의 소개로 남양주시외국인복지센터의 쉼터로 오게 되었습니다.

두 달이 넘는 동안 구직 사업장 문자를 4개 받았습니다. 사업주와 면접했는데 한군데는 이미 구했다고 했고, 다른 두 군데는 구직이 안 되었고, 한군데는 돈도 없어 차비가 없어 가지 못했습니다. 이제 사업장 변경 기간이 20일 남았습니다. 사업장이동제한 횟수도 마지막이라 선택의 여지도 없습니다. 언제 사업장을 구할지 기약도 없습니다. 미등록으로 일하고 싶지는 않은데 사업장을 구하기가 힘이 듭니다. 사업장 문자도 주지 않고, 그나마 주더라도 사업장에서 어떤 일을 해야 하는지 알지도 못하면서 무조건 찾아가서 일한다는 점이 이해되지 않습니다. 더 이해하기 어려운 점은 공장 한쪽에 만들어 둔 좋지 않은 기숙사를 제공하면서 최저임금의 월급에서 20만 원~25만 원을 공제하겠다는 것입니다.

가나(몽골) ▸▸▸

새로운 외국인력 제도의 모색에 대한 제언
_고용허가제에서 노동허가제로, 단기순환에서 정주화로

현행의 외국인력 제도인 고용허가제의 문제점과 개선 방향을 제시하고자 합니다. 또한, 새로운 외국인력 제도로써 노동허가제를 제안하고자 합니다. 이주노동 운동진영과 정부(고용노동부)와 이견이 있을 수 있으나, 나름(개인적인)의 제안인 만큼 양해를 구하며, 더 큰 논의와 진전이 있기를 바랍니다.

고용허가제의 문제점과 개선방향

문제점	개선방향
• 사업장이동제한: 협소한 사유제한으로 강제노동 요인제공 및 이주노동자 노동권 침해	• 헌법이 적용하는 '직장자유원칙'에 따른 사업장 변경이 원칙적으로 가능
• 최저임금에서 숙박비 공제: 최저임금법 및 임금지급4대원칙 위배	• 최저임금 내 숙박비 공제 원천 검토 및 공제 시 고용허가 취소·제한
• 정보제공(알선장) 없이 3월 구직활동: 동등한 근로계약 결정권 차단으로 이주노동자의 알 권리(부당한 노동조건 암묵적 방치)침해	• 사업장변경 시 알선장 제공으로 자유로운 근로계약의 보장과 고용보험 의무가입으로 구직활동 기간 중 실업급여 대상 포함
• 고용허가제 전용보험: 출국만기보험 지급 시점 '출국 이후 14일 이내' 근로기준법 위반 사항과 귀국비용보험의 불필요 문제	• 이주노동자 전용보험 중 출국만기보험 '출국 이후 14일 이내'지급은 근로기준법 위반 사항이고, 귀국비용보험은 강제 사항으로 개선. 출국만기보험의 차액 보존
• 농·축산업 이주노동자: 산재보험(5인 미만) 미적용 및 기숙사 문제 • 근로기준법 제63조 근로시간, 유급 주휴일, 휴게시간 등 적용 제외	• 산업재해보상보험법 시행령(제2조 6항) 개정 및 산업재해보험 가입 업체에만 외국인력 배치, 기숙사 기준(안) 감독 및 위반 시 고용허가 취소 • 근로기준법 제63조 적용 제외 개정
• 과도한 행정조치: 사업장 변경기간(외고법 제25 3항 변경신청 도과 시 출국 조치)	• 이주노동자의 귀책사유가 없는 경우 예외 규정 및 3개월 구직기간 이후 신고 시 과태료 부과로 구제(미등록 전락 요인)
• 근로계약 3년 자율계약: 불평등한 근로계약	• 근로계약 3년에서 1년으로 전환 (사업장이동 보장)
• 계절노동자: 4대 보험 제외 대상으로 노동권 침해	• 법무부 계절노동자를 고용허가제에 편입: 8개월 단위로 4년 8개월 보장 및 4대보험 의무
• 과도한 법무부 E-7 체류자격 요건	• 법무부 E-7 체류자격 변경요건의 완화로 숙련인력 확보

노동허가제(안)

	일반노동허가제	특별노동허가제	영주권
기간	현행 4년 10개월 노동허가(영주권을 최소화한다는 취지라면 굳이 3+2는 의미가 없음. 또한 재고용으로 인한 행정적 소모나 폐단도 소멸시킬 수 있음)	4년 10개월	특별노동허가제 이후 부여
업종	제한	제한	없음
사업장이동	신고제	신고제	
근로계약	자율(고용허가제처럼 종속관계의 근로계약이 아닌 상황에서 노동허가제에서 근료계약 기간은 무의미)	자율	
가족동반	불허	허용	허용

작업환경이 열악해서 건강 이슈가 끊이지 않아요

- 한국어능력시험에 합격하고도 선택받지 못하면 2년 넘어 자동 취소
- 스리랑카로 돌아가서 슈퍼마켓을 확대해 장사하고 싶다

저(1977년생)는 2011년에 E-9(고용허가제)로 와서 재고용 절차를 거쳐 2022년까지 등록 이주노동자로 일했습니다(코로나로 1년 연장도 받음). 이후에는 미등록으로 일하고 있습니다. 한국에 오기 전에는 스리랑카에서 자동차면허시험장에서 10년 동안 일했습니다. 급여가 적었고, 늦은 나이에 결혼도 해서 한국에서 일해야겠다고 마음먹게 되었습니다. 한국에 오려고 한국어 학원에 다녔습니다. 한 달에 8만 원을 내고 두 달 다녀서 한국어능력시험에 합격했습니다. 한국어능력시험에 합격은 했지만, 한국에 사업장을 제가 선택하는 것이 아니고, 사업주가 선택하는 것이라 10개월을 기다려야 했습니다. 스리랑카 고용부의 전산시스템에 합격자 명단이 올라가고 한국에서 외국인을 고용하려는 사업주가 3명을 추천받으면 그중 1명을 선택합니다. 그래도 저는 운이 좋게 올 수 있었지만, 2년 동안 기다리다 오지 못하는 사람도 있습니다. 한국어능력시험에 합격하고도 선택받지 못한 사람들은 2년이 넘으면 자동 취소가 됩니다.

한국에 올 때 비행기에는 한국으로 가는 스리랑카 이주노동자(E-9) 205명이 탑승해서 출발했습니다. 비행기 항공료는 본인 부담인데, 스리랑카 정부에 편도가 아닌 왕복 항공료의 비용을 냈습니다. 그리고 한국에

온 후에는 귀국을 대비한다는 명목으로 '귀국비용보험'으로 항공료 비용을 또 냈습니다. 왜 이렇게 중복해서 항공료의 비용을 내야 하는지 이해가 되지 않았습니다. 올 때는 단체로 오기 때문에 그렇다고 하더라도 갈 때는 개인이 알아서 귀국하게 됩니다. 스리랑카나 한국 정부가 이해되지 않았습니다. 스리랑카뿐만 아니라, 한해에도 수만 명이 한국에 오는데, 왜 이런 일이 있어야 하는지 의문입니다.

한국에 오기 전에 근로계약서를 작성하면서 마석가구공단에 있는 제조업 가구공장과 주소를 확인했습니다. 그러나 정확하게 가구공장에서 어떠한 일을 해야 하는지는 알 수 없었습니다. 구글 웹으로 주소의 사진만 볼 수 있었습니다. 한국에 와서 2박 3일 교육받고 처음 공장에 들어섰습니다. 공장에는 가구를 만들기 위한 기계와 공구들이 놓여 있었습니다. 생전 처음 보고, 한 번도 사용해 본 적이 없어서 조금은 두려운 마음이 들었습니다. 또한, 한국 음식도 입에 맞지 않아 밥과 물만 조금 먹었습니다. 다행스럽게도 공장에는 이미 스리랑카 2명이 있었습니다. 저를 포함해서 스리랑카 3명이 새로 일하면서 5명이 되었습니다. 그렇게 일하기 시작해서 저는 이제 10년이 넘었고, 사장님과 둘이 남아 일하고 있습니다. 그래서 제가 공장장이라는 소리도 듣습니다(함께 웃음!). 공장에서 일이 없을 때는 오후 4시에 끝날 때도 있지만, 사장님이 별도로 공제하지 않고 월급 250만 원을 주고 있습니다. 전에는 공장에서 마련해 준 공단 내 주택을 빌려 생활했는데, 공단이 개발된다고 하면서 공장 옆에 있는 기숙사로 옮겼습니다. 사장님이 TV와 에어컨도 직접 설치해주셨습니다. 사장님이 기숙사비와 공공요금(전기세 등)도 내주십니다. 그만큼 이제는 사장님과 친하고 신뢰하는 관계가 되었습니다.

미등록으로 일하면서 큰 어려움은 없지만, 5~6년 전에 담석이 발견되어, 시술을 받은 적이 있습니다. 당시는 등록 상태로 건강보험이 있어

50만 원이 들었는데, 최근 4개월 전에 다시 생겨 시술받았는데, 미등록이라 건강보험이 없어 200만 원이 들었습니다. 미등록이 되면서 건강보험에 가입할 수 없고, 이제는 아파도 마음 놓고 병원에도 가지 못하는 처지가 되었습니다. 제일 좋은 방법은 아프지 않고 건강해야 하는데 일하는 작업환경이 좋지 않아 어떻게 할 수가 없습니다.

한국에 오기 2년 전에 결혼해서 아들 한 명이 있습니다. 등록으로 있을 때는 스리랑카에 여섯 번 다녀왔습니다. 이제는 가면 돌아올 수도 없고, 가면 마지막이 됩니다. 그동안 공장에 대한 불만은 없지만, 야근 없이 거의 8시간만 일해서 많은 돈을 벌지는 못했습니다. 송금해서 보낸 돈으로 스리랑카에 집을 크게 짓는 바람에 돈이 많이 들었고, 슈퍼마켓을 사느라 그동안 벌었던 돈도 다 들었습니다. 그러다 보니 저를 위한 돈을 마련해 놓지 못했고, 자녀 학비를 위해서도 자금이 필요한 상황입니다. 어느 정도 자금이 마련되면 스리랑카로 돌아가서 슈퍼마켓을 확대해서 장사하고 싶습니다.

아나단(스리랑카) ▸▸▸

계절노동자

한국 사회는 산업발전에 힘입어 도시화(탈농촌) 현상으로 통계청에 따르면 지난 50년간 농가 수는 1970년 248만 3,000가구에서 2022년 102만 1,000가구로 급속하게 감소하였습니다. 농가인구 역시 1970년에 1,024만 명에서 2022년에 216만 6,000명으로 807만 4,000명이 감소했습니다. 그뿐 아니라, 2021년 농촌의 65세 고령인구 비율은 46.8퍼센트

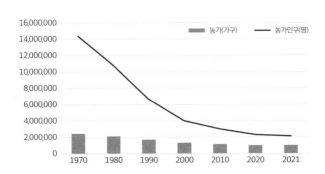

를 차지하여 1986년 관련 통계 작성 이후 최고치를 나타냈습니다. 전국 평균 고령인구 비율(18퍼센트)의 약 3배에 달합니다. 농가에 손길이 절실히 필요한 상황입니다.

농촌의 이런 현실에 외국인력 제도인 고용허가제 농촌 인력이 있지만, 턱없이 부족한 상황입니다. 또한 농촌의 경우에는 파종기와 수확기 등 계절성이 있어 단기간 집중적으로 일손이 공급되어야 합니다. 이를 반영하여 고용허가제에서 작물재배업 분야에 대해 '근무처 추가제도'(2009년 7월 1일)를 시행하여 원 사업장 계약을 유지한 상태로 2~4개월 추가 근무처를 두어 다른 농가의 일손을 돕도록 하였지만, 대부분의 작물재배업 농번기와 시기와 장소가 겹치고, 신청조건과 복잡한 절차 등으로 활용도가 낮아 작동되지 않았습니다. 이를 해소하기 위해 법무부에서는 지난 2015년부터 시범사업으로, 이후 2017년부터 본격적으로 계절노동자 제도를 시행하고 있습니다.

하지만 시행 초기 단계부터 말도 많고 탈도 많은 계절노동자 제도는 운용과 관리기능 등의 부실로 최악의 외국인력 제도였던 산업연수생제도 버금가는 문제점들이 노출되었습니다.

계절노동자의 특성상 체류 기간(계절노동자 2019년에 E-8을 신설 5개월, 2023년 8개월로 확대)이 짧아 상대적으로 사업장 이탈의 온상으로 작용하였습니다. 법무부 출입국외국인정책본부의 통계에 따르면 2021년 계절노동자 1,850명 중에 미등록 체류자는 316명으로 17.1퍼센트를 차지했고, 2022년에는 12,027명 중 1,151명으로 9.6퍼센트로 나타났습니다 (2017년 첫 시행과 코로나 영향도 있었지만, 2021년 이후 참여 인원이 많아지면서 이탈 인원의 수가 10퍼센트를 넘어섰고, 2022년에는 1,000명대를 넘어 우려가 됩니다. 2023년 상반기에도 전국 124개 지자체에 2만 6,788명이 배정될 예정입니다). 이처럼 가뜩이나 인력난에 시달리는 농업에서 이탈에 의한 인력 손실은 허탈감과 함께 경제적 손해를 입게 됩니다.

계절노동자 이탈자 현황

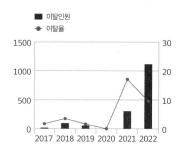

구분	참여인원	이탈인원	이탈률
2017	1085	18	1.7
2018	2824	100	3.5
2019	3497	57	1.6
2020	223	0	0
2021	1850	316	17.1
2022	12,027	1,151	9.6

법무부 출입국외국인정책본부

그럼, 왜 이런 상황이 되었는지 살펴볼 필요가 있습니다. 우선은 조속하게 계절노동자 제도를 시행하다 보니 문제들이 불거지게 되었습니다. 첫째는 법적 근거가 미약하다는 것입니다. 계절노동자는 출입국관리법 제10조에 근거한다고 하지만 제10조 4에 있는 '별표 1의2'에 자격만 부여되고 있을 뿐 제도 운영 주체, 취업 기간 및 형태, 기본적인 규정 등과 세부적 사항을 담아 두고 있지 않습니다. 둘째는 계절노동자의 필요한 인력을 배정받은 지자체는 운영의 관리·감독 및 행정 시스템과 함께 전문성도 미비하여 혼란을 겪고 있습니다. 셋째는 국내외 중개업자들이 개입하여 임금 착취, 과다한 수수료 등을 챙기는 횡포가 관행이 되어버렸습니다. 따라서 이에 대한 손실과 비용을 충당하기 위해서는 짧은 근로계약 기간에는 해소할 수 없어 계약이 종료되어도 귀국하지 않거나 이탈하게 됩니다. 또한 농업의 장시간 노동, 급여, 휴게·휴무, 노동(주거)환경, 미가입 건강보험 등의 이중적 고충이 더해지고 있습니다.

내적으로도 이런 문제가 있지만, 계절노동자를 송출하는 국가에서도 문제를 더 증폭시키고 있습니다. 이탈을 방지 목적으로 이탈보증금과 강제 적립, 연좌제와 같은 친인척 연대 책임과 같은 탈법들이 벌어지고 있습니다. 결과적으로 공공성(선발과 도입 과정, 체류 지원 등)과 체계적인 관리, 운영이 담보되지 않으면 어떠한 결과를 초래하는지 여실히 보여주고 있습니다.

이를 인식한 듯 법무부에서 '계절노동자 인권 보호 강화방안'(2022.11.16.)을 내놓았습니다. 방안으로는 언어소통 도우미 배치, 인권침해 여부 판단을 위한 식별지표 마련(비자 발급, 취업, 출국 전 3단계 진다), 귀국 보증금제도 폐지하고, 중개인 개입으로 인한 송출 비리 근절을 위해 2023년 상반기 중 공모 절차를 통해 계절노동자의 유치 전담 기관을 지정·운영한다는 것입니다. 2023년 하반기에 접어들었는데, 지금까지 계절노동자 전담 기관이 있다는 소식을 듣지 못했습니다. 법무부가 시행했지만, 지자체(전담 기관)에 떠넘겨 답보상태에 있습니다. 손길이 없는 농촌은 메말라가고 있습니다.

단속이 두려워 밖에 잘 안 나가요

- 가족의 생계를 위해 선택한 한국행
- 무거운 자재 나르기를 그만두어야 하지만 쉽지 않아

저(1994년생)는 스리랑카에 있을 때 19살에 군대에 자원입대하였습니다. 그러던 중 2016년에 있었던 한국 군인유도대회에 참석한 후 스리랑카로 돌아가지 않고 미등록이주노동자로 일하게 되었습니다. 저와 같이 온 2명도 돌아가지 않았습니다. 저는 15세 때부터 유도를 배웠습니다.

제가 한국에 간다는 소식을 친구에게 전했더니, 스리랑카로 가지 말고 공장에서 일하자는 권유를 받았습니다. 저의 집 형제가 8명(누나 2명, 형 1명, 남동생 2명, 여동생 2명)이 되다 보니 가족의 생계를 위해 선택하게 되었습니다. 마석가구공단에 있는 가구공장에서 일을 시작했는데, 2017년 4월에 출입국의 단속으로 같이 온 2명의 친구는 단속되어 스리랑카로 돌아갔습니다. 불과 한국에서 이주노동을 시작한 지 7개월 만에 단속이 되었습니다. 2명의 친구는 스리랑카로 돌아가서 3개월의 징역형을 받았다고 합니다. 군인의 신분이었고, 스리랑카 대표로 정부의 지원을 받았기 때문에 그렇습니다. 아마 저도 스리랑카에 가면 벌금 또는 징역형을 받을지 모릅니다. 하지만 저의 선택에 대해 후회하지는 않습니다. 저 혼자만이 아닌 가족의 생계가 저에게는 더 중요했습니다. 제가 받아야 할 벌이 있다면 받겠습니다. 가난이 가져다준 벌이라면 받겠습니다.

지금 일하는 공장은 친구들이 단속된 공장이지만 계속 일하면서 벌써 7년이 되었습니다. 공장에서 가구를 조립하는 일을 하고 있습니다. 공장에는 이주노동자 23명 있습니다. 등록(스리랑카 2명, 방글라데시 8명)과 미등록 이주노동자(스리랑카 2명, 태국 11명)가 함께 일하고 있습니다. 기숙사는 스리랑카 4명이 함께 쓰고 있습니다. 같이 있어 좋지만, 기숙사는 3층에 있고 화장실이 1층에 있어 사용이 불편합니다. 4년 전에는 저와 스리랑카 1명이 기숙사를 썼는데, 세네갈에서 온 미등록이주노동자와 1년 동안 한 기숙사에서 함께 기숙사를 쓴 적도 있습니다. 세네갈 친구들과 잘 안되는 한국어로 말을 했습니다. 한국어가 만국 공통어였습니다. 서로 문화는 달랐지만, 피부색이 같아서 그랬는지 어려움 없이 잘 지냈습니다(함께 웃음!).

쉬는 날에는 밖에 나가지 않고 기숙사에서 음식을 만들어서 먹거나 노래하며 지냅니다. 2017년에 온 지 얼마 되지 않아 친구들이 단속되어 간 모습을 보고 밖에 나가지 않는 편입니다. 또한 저의 또래들이 없어 친구들을 만나러 나갈 일도 없습니다. 같이 있는 형들과 놀러 오는 형들과 함께 시간을 보냅니다. 형들이 잘해 주고 좋은 형들입니다. 형들이 휴가 때 강원도로 가면 저도 함께 데리고 갑니다. 많이들 돌봐주십니다.

노래를 좋아해서 기숙사에서 노래도 많이 합니다. 요즘은 공장마다 노래방 시설을 해놓습니다. 때로 밤에 늦게까지 노래하면 민원 신고가 되기도 합니다. 저도 기숙사에 노래방 시설을 하고 싶지만, 기숙사가 좁기도 하고 민원으로 단속될지 몰라 하지 않고 있습니다.

공장에서 일하면서 월급으로 240만 원을 받고 있습니다. 야근을 하게 되면 300만 원 정도 받습니다. 7년 동안 일해 스리랑카에 집도 샀고, 조그만 오토바이 수리점도 샀습니다. 한국에 오기 전에 16살에 만나 14년 동안 사귀고 있는 여자 친구가 있습니다. 집을 짓는 동안 기다려 달라고 이야기하지만, 요즘에는 빨리 오라고 해서 고민 중입니다.

저도 1년 저부터는 병원에 다니고 있습니다. 허리가 아파서 병원에 갔는데 MRI 검사를 받았는데, 디스크에 이상이 생겼다고 했습니다. 스리랑카에서 군인으로 생활할 때도 아무 이상이 없었습니다. 공장에서 무거운 나무 자재들을 옮기면서 허리에 많은 무리가 가해졌습니다. 지금은 매주 토요일에 병원에 가서 10만 원씩 주고 주사를 맞습니다. 병원비가 많이 들어가고 있습니다. 병원에서는 무거운 물건을 들지 말고 쉬라고 합니다. 더 무리하게 되면 수술할지 모른다고 합니다. 하지만 공장에서 일하는 이주노동자인 저는 오늘도 무거운 나무 자재를 옮겨야 합니다. 저도 쉬고 싶습니다. 하지만 그러지 못하는 마음을 누가 헤아려 줄 수 있을까요!

코말라 (스리랑카) ▸▸▸

산업의 구조조정 없이는 국가경쟁력 강화가 되지 않는다

고용허가제는 내국인을 고용하지 못하는 사업장에 인력 해소를 목적으로 마련되었습니다. 하지만 고용허가제 초기부터 고용허가제의 업종별 사업장은 소규모 영세사업장 중심으로 단순·비숙련 위주로 외국인력이 수요·공급되고 있음을 볼 수 있습니다.

아래 고용허가제의 업종별 사업장 규모의 현황을 보면 2022년의 경우, 10인 미만 사업장이 33.0퍼센트이고, 11인 이상~30인 이하 사업장이 37.6퍼센트로 영세한 사업장이 70.6퍼센트를 차지하고 있습니다(이하 2019년~2021년을 비교해도 크게 다르지 않습니다). 이는 고용허가제가 영세

사업장에 의존하고 있음을 볼 수 있습니다.

　이는 결국 산업구조 조정을 지연시키면서 산업의 발전을 저해하고, 장기적으로도 국가경쟁력을 저하하는 요인으로 작용할 소지가 큽니다. 그뿐만 아니라 영세사업장에서 발생하는 임금체불, 산업재해, 노동권 침해 등으로 국제사회 내에서 국가 이미지 손상에도 영향을 주고 있습니다.

　한국 사회 다변화하는 노동시장과 산업구조에 대응하지 못한다면 국가경쟁력은 큰 손실을 입게 될 것입니다. 외국인력에 의존하는 산업구조는 또한 내국인의 일자리와 임금 상승에도 악영향을 가져다줍니다. 외국인력과 내국인이 경쟁하면서 임금 저하를 초래하는 결과를 가져오기 때문입니다. 이러한 상황이 개선되지 않고 지속된다면 내국인의 좋은 양질의 일자리는 보장되지 않고, 이주노동자 역시 취약한 노동환경과 저임금 구조에서 벗어나지를 못하게 됩니다. 한국 사회 산업도 국제사회의 경쟁력에서 도태되어 기형적인 구조를 갖게 될 것입니다. 이미 한국 사회 산업구조는 몸통이 없는 재벌기업과 하청(외주화)기업으로 양분화되어 있습니다.

　이제는 저임금 구조의 산업구조(산업환경)를 개선하여 국가경쟁력을 갖추어야 합니다. 따라서 저임금에 의존하고 있는 외국인력 제도에서 노동환경개선을 하는 사업장에 우선적으로 외국인력을 배정하는 제도적 장치를 마련하고, 외국인력에 의존하지 않도록 일몰제(외국인력을 고용할 수 있는 일정 기간을 설정)를 두어 구조조정을 할 수 있도록 독려해야 합니다. 이제는 저임금 구조를 고착시키는 산업구조에서 탈피해야 할 때입니다.

고용허가제의 업종별 사업장 규모의 현황

구분	10인 이하	11인 이상 ~30인 이하	31인 이상 ~50인 이하	51인 이상 ~100인 이하	101인 이상 ~300인 이하	합계
2022						
총계	66,970 (33.0퍼센트)	76,208 (37.6퍼센트)	29,471 (14.5퍼센트)	19,461 (9.6퍼센트)	10,566 (5.2)	202,676
제조업	40,421 (24.7퍼센트)	68,705 (42.0퍼센트)	26,971 (16.5퍼센트)	17,630 (10.7퍼센트)	9,973 (6.0퍼센트)	163,700
건설업	734	1,759	1,426	1,460	469	5,848
농축산업	17,143 (71.0퍼센트)	5,574 (23.1퍼센트)	966	335	120	24,138
서비스업	37	101	105	36	4	283
어업	8,635 (99.2퍼센트)	69 (0.8)	3	0	0	8,707
2021						
총계	52,975	59,731	21,958	15,237	9,119	
제조업	34,150	53,859	19,888	13,447	8,420	
건설업	630	1,571	1,285	1,494	590	
농축산업	12,518	4,171	717	265	107	
서비스업	34	95	68	31	2	
어업	5,643	35	0	0	0	
2020						
총계	61,223	65,613	25,027	17,053	11,668	
제조업	39,269	58,527	23,190	15,110	10,291	
건설업	600	1,887	980	1,634	1,281	
농축산업	14,519	5,046	755	277	92	
서비스업	41	97	102	32	4	
어업	6,794	56	0	0	0	
2019						
총계	76,470	78,778	30,586	21,932	14,588	
제조업	49,607	70,933	27,879	19,037	13,239	
건설업	698	2,002	1,674	2,522	1,235	
농축산업	17,513	5,647	900	341	104	
서비스업	57	126	133	32	10	
어업	8,595	70	0	0	0	

고용노동부

영화처럼 악몽이 시작되다

- 미등록이주노동을 원한 적이 결코 없지만…
- 악몽과 같은 일이 벌어질 줄 몰랐지만 자녀를 위해 멈출 수 없다

원래 저희 부부는 미등록자가 되고 싶지는 않았습니다. 그런데 짧은 시간에 영화처럼 그런 일이 생겼습니다. 한국에 온 계기는 결혼 10주년을 맞아해외여행을 준비하면서 한국에 대한 좋은 이미지가 있어 2022년 말에 관광비자(C-3, 90일)로 왔습니다. 한국에 와서 몽골과 다르게 살기 좋은 나라임을 보게 되었습니다. 한국에 살 수는 없겠지만, 자유롭게 오고 갈 수만있다면 그러고 싶었습니다. 그러던 중 친형이 4년 전에 한국에 와서 일하고 있었는데, 저희의 이야기를 듣고 어떤 분을 소개해주었습니다. 경상북도 구미시에 계신 분인데 여자분이셨고, 그분과 통화상으로만 이야기했습니다. 통화한 사람은 몽골 사람으로 한국에서 장사하는 사람이었습니다. 자신이 체류 허가를 바꿀 수 있게 도와주겠다고 하면서 출입국에도 아는분이 계셔서 할 수 있다고 했습니다. 우선은 필요한 서류들을 준비해서 달라고 했고, 변경하기 위해서 500만 원이 든다고 했습니다. 서류와 200만원을 먼저 보내달라고 해서 2023년 1월 말에 보냈습니다. 그 여자분 이름이 아닌 그 여자분이 알려준 다른 사람의 계좌로 돈을 보냈습니다.

그 이후 체류 변경을 해주겠다는 약속과는 다르게 계속 돈을 요구했습니다. 그래서 다시 돈을 반환해달라고 요구했더니, 그 여자분 말로는 출

입국관리소 직원을 아는 사람에게 200만 원을 주었는데, 체류 변경을 할 수 없게 되었다고 해서 돈 받은 사람에게 돌려달라고 했지만 계속 3일 뒤, 5일 뒤로 하고 있어 자기도 지금은 어떻게 할 수 없다고 했습니다. 결국 마지막 문자로 돈을 돌려주지 않으면 경찰에 신고하겠다고 했습니다. 저희 뿐만 아니라 아이들도 체류 기간이 만료되어 미등록자가 되고 싶지는 않았습니다. 하지만 그 여자는 경찰에 신고하지 말고 조금만 기다려달라고 계속 부탁했습니다. 이 사실을 알고 있던 친형 역시 몽골 여자분을 알고 있던 분이 아니었습니다. 동생이 사기를 당한 책임이 있다고 생각한 형이 저에게 대신 주겠다고 했지만, 제가 그 여자에게 받아야 하는 돈이니, 제가 여자에게 받겠다고 했습니다. 그동안 같은 나라 몽골 사람이고 해서 차마 경찰에 신고하지 못하고, 참고 기다려주다가 저희도 그만 체류 기간을 넘기게 되었습니다. 저희만 아니라 아직 어린 4명의 자녀도 마찬가지입니다. 여자분이 계속 거짓말을 하고 있어서 이제 더 이상 기다려 줄 수 없게 되어 경찰에 신고하려고 마음을 먹고 있습니다.

가족의 생계를 위해 지금은 형이 일하는 진접읍에 있는 물류 보관 창고에서 일하고 있습니다. 일한 지 한 달 조금 넘었습니다. 체류 연장도 할 수 없는 상황에서 불가피하게 생활하기 위해 일을 할 수밖에 없었습니다. 한국에 온 지 얼마 되지 않아 한국말을 잘하지는 못하지만, 열심히 일하고 있습니다. 아침 7시에 출근해서 저녁 9시까지 일하면 260만 원을 받고, 10~11시까지 일하면 300만 원 받고 있습니다. 집은 빌라 5층에 있고, 회사에서 보증금을 대신 내주었고, 월세 40만 원, 관리비로 9만 원 내고 쓰고 있습니다. 아내가 최근에 출산했는데, 임신한 상태에서 5층을 오르내리느라 고생을 많이 했습니다. 지금은 아이를 출산했지만, 아이를 안고 다니느라고 또 힘이 듭니다. 저도 올겨울에는 사업장을 변경하려고 생각하고 있습니다. 왜냐하면 일하는 시간이 너무 길어 아이들과 함께 보낼 시간이 없습니다. 저에게는 출산한 지 3개월 된 아들과 12세 딸, 10세 딸, 4세 아들이 있습니다. 아이들과 함께 시간을 보내기 위해 직장을 옮겨보려고 합니다.

아이들도 학교 다녀야 하는데 집에서 유튜브만 보고 한국말을 조금 배우고 있습니다. 또한 5년 동안 몽골에서 선교사로 있던 목사님 한 분이 전화로 아이들에게 한국말을 가르쳐주고 계십니다. 학교도 보내려고 서울에 있는 몽골 학교에 연락해보았는데, 자리가 없다고 했습니다. 학교에 졸업생이 생겨야 가능하다고 합니다. 대기자로 등록은 해놓았는데, 3년~4년이 넘어야 하고 그것도 보장된 게 아니라고 합니다. 체류자격이 없이 한국에서 일하려고 하는데 아이들의 교육이 제일 걱정이 됩니다.

그뿐 아니라, 몽골에서는 한국의 의료보험에 대해 알지 못했습니다. 아내가 출산하는 과정에서 알게 되었습니다. 병원비가 290만 원이 나왔습니다. 100만 원은 복지기관에서 지원받았지만, 190만 원을 냈습니다. 앞으로 당장 네 명의 자녀들이 병원 가야 할 일들이 생길 수 있는데 걱정이 됩니다. 본의 아니게 갑자기 미등록 이주노동자가 되면서 예기치 못한 많은 문제가 생겼습니다. 악몽과 같은 일이 벌어질 줄 몰랐지만, 4명의 자녀를 위해 일을 멈출 수는 없습니다.

간투르(몽골) ▸▸▸

고향에 두고 온 간호사의 꿈

- 한국에 오기 전에는 간호사로 일했다
- 말솜씨를 살려 판매일을 하고 있지만 결코 쉽지 않다

저는(1971년생) 1996년에 여행비자로 한국에 왔습니다. 처음 파주시에서 꽃농장에서 일했습니다. 그러던 중에 1997년 IMF로 1년만 일하고 그만두게되었습니다. 그 후, 삼촌과 사촌들이 있는 마석가구공단에 왔습니다. 마찬가지로 IMF로 인해 일자리를 쉽게 찾을 수가 없었습니다. 하루 한 번만 밥을먹었습니다. 몇 개월이 지나도 일자리가 없어서 아르바이트로 일했습니다. 아르바이트로 일했는데, 아르바이트 돈도 제대로 받지 못하는 경우가 많았습니다. 근처 평내 지역의 토마토농장에서도 아르바이트했는데 2만 원 받았습니다. 3개월 동안은 평내동에서 옷 세탁하는 일도 했습니다. 그리고 얼마 지나 마석가구공단 가구공장에서 일을 시작하면서 25년이 넘었습니다.

2000년대 전에는 임금체불도 많았습니다. 산업연수생으로 들어왔다가 미등록이 된 사람들과 관광비자로 들어 온 미등록자들이 있다 보니, 신분상의 이유와 한국말도 잘하지 못하고, 임금체불이 있어도 도움을 받을방법을 알지 못했습니다. 그래도 이주노동자들은 계속해서 많아지고, 일들도 많아졌습니다. 당시에는 한국에 온 지 얼마 되지 않아 이주노동자들간에 다툼도 많았습니다. 그런 다툼이 커져서 국가 간에 힘겨루기도 있었습니다. 공중전화할 때 다툼이 많았는데, 필리핀 사람들이 칼을 소지하고

다닌다는 소문이 다른 나라 사람들에게 전해지면서 필리핀 사람들이 공중전화를 사용할 때는 다른 나라 사람들이 접근하지 못하는 일도 있었습니다(함께 웃음!).

그동안 가구 무늬목 공장에서 월급 300만 원을 받으며 일해 왔는데, 1년 전부터는 페이스북(온라인 쇼핑몰)을 통해 필리핀 물건 및 생활용품을 판매하는 일을 하고 있습니다. 남양주시의 사능, 월산리, 마석가구공단 내에 창고들이 있어서 돌아다니면서 상품들을 소개하고 판매하고 있습니다. 인터넷 방송을 하면서 상품에 대한 호기심을 유발하고 재미있게 전달해야 합니다. 저에게는 코미디언 소질이 있어서 호응이 좋은 편입니다. 상품을 판매하면 성과보수(incentive)로 한 달에 많이 벌면 400만 원 수준이고, 평균 300만 원을 벌고 있습니다. 사장님은 서울에 있고, 저는 판매원입니다.

익살스러운 저의 말솜씨에 필리핀 친구가 소개해주어 시작했습니다. 저도 공장에서 일하는 것보다는 더 나을 것으로 생각했습니다. 하지만 생각보다 쉽지 않았습니다. 창고를 돌아다니면서 상품들을 정리해야 하고, 새로 들어온 상품을 소개하기 위해 상품의 설명서를 숙지하면서 소개말의 아이디어를 구상해야 했습니다. 그렇게 하지 않으면 상품을 팔기가 어렵습니다. 공장에서 일하면서는 몸이 힘들었지만, 이 일 하면서는 머리가 아팠습니다. 한 가지 또 문제가 있었습니다. 상품을 주문받으면 택배로 보내주는데, 외상을 하고 입금하지 않는 것입니다. 그러면 고스란히 손해를 보게 됩니다. 상품을 받고 필리핀으로 그냥 가버리기도 합니다. 무슨 일이든 쉬운 일은 없고, 다 힘이 듭니다.

필리핀에서 있을 때는 1993년에 학교를 졸업하고 한국에 오기 전까지 간호사로 일했습니다. 1996년에 한국에 올 때 둘째 형이랑 같이 왔는데 2002년에 혈압으로 쓰러져 돌아가셨습니다. 형제가 10명인데 그중 3명이 죽었고, 7형제가 남아 있습니다. 한국에서의 생활도 27년이 되었습니다.

이제 나이도 50세를 넘어 필리핀에 돌아가고 싶은 마음이 있습니다. 한국에서의 생활이 익숙하지만 나이가 들수록 고향에 대한 그리움도 깊어 가는 것 같습니다. 요즘은 옛날 사진들을 자주 보고, 필리핀 노래도 많이 듣게 됩니다.

BJ (필리핀) ▸▸▸

전태일 열사와 이주노동자

혹자들은 흔히 88올림픽을 통해 한국의 국가 위상이 높아지면서 이주민이 유입되었다고 말합니다. 하지만 여기에서 간과하고 지나갈 수 없는 사실이 있습니다. 1987년 한국 사회는 격동의 시기였습니다. 6월 민주화 항쟁과 더불어 노동자 대투쟁이 있었습니다. 노동자 대투쟁은 민주노조의 설립, 임금 상승, 노동조건 개선 등을 요구하며 최대규모로 전국적으로 전개되었습니다. 당시 1987년 12월 말 기준 노동조합 수 4,103개(1986년 2,675개), 조합원 수 1,267,457명(1986년 1,035,890)으로 증가했고, 1987년에 일어난 노동쟁의 3,749건 중 3,341건이 7·8·9월에 발생했습니다.

노동자 대투쟁으로 국내 노동자의 처우가 개선되면서 대폭적인 임금 상승을 가져다주었습니다. 이에 맞물려 이 시점에 이주노동자들이 정부의 암묵적인 방치 속에서 유입되었다는 것은 무엇을 의미하는 것일까요! 3D업종의 저임금 구조의 산업에 공백이 생긴 것입니다. 이 공백을 메운 것이 바로 이주노동자입니다. 전태일 열사가 있던 그 자리에 이주노동자들이 서 있는 것입니다. "근로기준법을 준수하라! 우리는 기계가 아니다!"라는 처절한 절규가 이제는 이주노동자의 외침이 되어 되돌아왔습니다.

　1994년: 산재 피해 미등록이주노동자들이 산재보상을 요구하며 농성

　1995년: 산업연수생들이 온몸에 쇠사슬을 감고 폭행과 욕설, 임금 체불, 여권과 통장 압수 등 노동권 탄압에 저항하여 농성

　2003년 11월 15일~2004년 11월 28일: 강제 추방 저지와 미등록이주노동자 전면합법화 농성 투쟁

　노동자 대투쟁으로 국내 노동자의 연대와 사회적 계급의 상승을 가져다주었는지는 모르지만, 한편으로 자본의 거대한 음모에 갈라치기를 당했는지도 모릅니다. 신자유주의 경제체제의 자본의 세계화는 자본의 국가 간 자유로운 이동과 다국적 기업으로 진화하고, 노동은 유연화 등으로 노동자를 옥죄는 사이에 노동자는 정규직, 비정규직, 기간제 등으로 계급이 분열되었습니다. 그 가장 하부에 기간제·비정규직 이주노동자가 있습니다. 그리고 그림자조차 없는 '미등록이주노동자'가 있습니다.

　노동자는 하나입니다. 노동자에게는 계급이 있을 수 없습니다. 전태일 열사의 모습이 이주노동자에게 투영되어 있습니다. "우리는 기계가 아니다"라는 인권, "근로기준법을 준수하라"라는 노동, "내 죽음을 헛되이 하지 말라"라는 투쟁의 깃발 아래 모든 노동자가 대동단결 연대해야 합니다. 이주노동 해방의 그 날까지!

3부

그냥
이웃입니다

엄마! 알카이다!

남양주외국인복지센터에 어머니 한 분과 초등학교 아들이 자원봉사를 하러 오셨다. 그러던 중 이주노동자가 센터를 방문했는데, 이를 본 초등학교 아이가 이주노동자를 본 순간 "엄마! 알카이다!"라고 소리쳤다. 수염을 기르고 두건을 쓴 이주노동자를 보고 한 말이다. 아이에게는 이슬람 사람이 '알카이다' 테러리스트로 각인되어 있었다. 우리에게도 이슬람 사람은 기도하는 사람이 아니라 범죄적 집단인 테러리스트로 투영되어 있다.

이슬람 종교 국가를 방문하여 가정에 머문 적이 있었다. 밤에도 이슬람사원에서 기도하는 소리로 쉽게 잠들지 못했던 기억이 난다. 아침에도 기도하는 소리에 일어나 보니, 그 집 아이들이 한 선생님 앞에서 코란을 읽고 있었다. 궁금해서 물어보니, 학교에 가기 전에 코란을 공부하고 간다고 했다. 선생님에게 학원비처럼 일정 부분 비용을 지급한다고 했다. 우리나라 가정에서 지적(학습) 교육이 아닌 심성 교육을 위해 선생님을 모시는 곳이 있을까!

한국에서 일하는 이주노동자 중 라마단이 되면 이슬람 사람들은 '금식'을 한다. 해가 있는 동안 식사를 하지 않는다. 하물며 물도 침도 삼키지 않는다고 한다. 기독교에도 사순절이라는 절기가 있다. 라마단처럼 철저하게 신앙을 지키고 있는가! 경험치의 이야기이지만 부끄러운 일이다.

한국 사회도 이제 이주민 200만을 넘어 다양한 종교, 인종, 국가, 언어, 문화가 공존하고 있다. 하지만, 이들에 대한 인식은 점차 변화됐다. 1990년부터 2000년대 초반까지만 하더라도 이주노동자에 대한 인식은 '동정주의'를 기반으로 가난한 나라에서 온 사람들에 대한 연민이 전부였다. 그러나 2000년대 이후부터 이주노동자의 인식은 '혐오주의'를 넘어 '인종차별'이라는 심각한 위험 수위로까지 치닫고 있다. 마치 이주노동자가 내국인들의 일자리를 잠식시키는 요인으로 일자리를 빼앗고 있다고 인식하고, 또한 이주노동자의 범죄를 부각시키며 잠재적 범죄자로 몰아가고 있다. 이뿐 아니라, 코로나 초기에 중국 우한발 바이러스라는 이유로 중국 교포를 비롯한 중국 출신자에 대한 광범위한 혐오, 반대 정서가 퍼졌고, 중국 교포들이 거주하는 지역에 대한 부정적인 묘사와 잠재적인 전파자로 취급하기도 하였다.

이처럼 '동정주의'에서 '혐오·인종차별'로 변화한 원인은 한국 사회가 다문화사회를 표방하고 있지만 실제로는 다문화를 포장한 '획일적인 동화주의 정책'을 기반으로 하고 있기 때문이다. 결혼이민자에게는 국가주의에 순응하는 결혼이민자만을 국민의 자격으로 동화시키고, 이주노동자는 일회성 노동 인력으로 경제적 측면으로만 취급하고 있다. 따라서 한국 사회의 이주민은 체류자격에 따라 선별적으로 '포섭'과 '배제'라는 원칙에 의해 분류하여 우리 사회에 주변부에 두고 있다.

다문화사회를 지향한다고 하면서 우리는 정작 이주민을 사회적 구성원으로 받아들이기를 꺼린다. 내국인과 이주민으로 분리함으로써 동화되지 않는 이주민을 잠재적 범죄자 또는 일자리 잠식의 주범이라는 굴레를 씌우고 '혐오·인종차별'을 증폭시키고 있다. 이는 이주민뿐만 아니라 우리 사회 취약계층에 놓여 있는 소수자, 약자들에게도 똑같이 가해지는 프레임이다. 장애아동을 둔 부모가 특수학교 신설을 위해 무릎을 꿇어야 하는 장면을 떠올려보라. 한국인의 의식조사 중 가장 이웃하기 싫은 사람 중 1위가 동성애자, 2위가 장애인, 3위가 이주노동자로 나타났다는 사실이 이를 방증한다.

다급하게 전화가 왔다. 이주노동자가 밀린 임금을 달라고 사업장에 갔다가 사업주에게 맞아 피를 흘리고 있다고 한다. 서둘러, 현장에 가서 이주노동자를 데리고 병원으로 갔다. 이주노동자가 말했다. "저 돈 필요 없어요. 그런데 왜 저를 때려요. 저도 똑같은 사람입니다." 그의 분노에 찬 절규는 흐르는 피처럼 멈추지 않았다. "저도 사람입니다"라는 목소리는 아직도 우리 사회 구석구석에서 메아리치고 있다. 그 음성에 우리는 무엇이라 응답할 수 있을까!

'소'와 이야기하다

내가 처음 이주활동가로 일을 시작한 곳은 남양주 마석에 위치한 이주노동자지원단체 '샬롬의 집'이었다. 그곳은 60년대 초에 영국성공회 선교사 천갈로 신부님이 한센인들과 함께 정착 마을 '성생농장'을 마련하여 양계 사업을 통해 생계를 유지하면서부터 시작된 곳이다. 이후, 80년대 후반에는 산업화에 따라 양계사업은 사양화되어 축사를 개축하여 오늘의 마석 가구단지를 조성하게 되었다. 한편, 이에 따라 3D업종에 속하는 가구공장에 대거 이주노동자들이 유입되었다. 사실 2004년 이전에는 이주노동자의 제도가 '산업연수생'으로 노동권 침해가 심각해 산업연수생의 50퍼센트 이상이 사업장을 이탈하여 소위 '불법'(이하에서는 '미등록'으로 공식 명칭을 씀) 체류하는 이주노동자가 많았다. 따라서 자연스럽게 이들의 애로사항과 고충을 해소해 주는 곳이 교회의 역할이기도 했다.

이런 배경 속에서 한센인들의 고난의 굴레는 대물림되어 낯선 이국 땅의 이주노동자의 어깨에 놓이게 되었다. '샬롬의 집'은 90년대 초 이곳에 발령받은 대한성공회의 이정호 신부님에 의해 시작되었고, 나는 2003년 중순에 사무국장으로 발령받게 되었다.

처음, 나는 일과가 끝난 저녁 무렵 가구공단의 중심지라고 할 수 있는 곳에 내려가곤 했다. 그러면 저녁 식사를 마친 이주노동자 한두 명이 모여 이야기를 나누기도 하고, 슈퍼에서 물건을 사기도 하고, 공중전화를 이용하기도 했다. 그러면서 친구들에게 잠시 "어느 나라에서 언제 왔냐?" 묻기도 하고, "어디 공장에서 일하냐?"라고 물으며 친근감을 가지려고 했다.

그러기를 몇 주가 지나고 나와 나이가 같은 이주노동자와 친구가 되기로 했다. 그 친구는 비록, 미등록자이지만 성실했고 친절했다. 7년 넘게 일했지만, 가족의 생계(6형제 중 맏형)를 위해 열심히 일했다. 그뿐만 아니라 친구들이 아프거나 공장에서 불합리한 일이 있으면 나서서 친구들을 도와주었다. 그런 그 친구 주변에는 다른 이주노동자들도 많이 있어 나 역시 더 많은 친구를 얻게 되었다.

그런데, 어느 날 그 친구가 공장에서 일을 끝마치고 와서는 자신이 '소와 이야기'를 나누었다는 것이다. 난 농담처럼 한 이야기라 생각했다. 하지만 그 친구는 이런 이야기를 들려주었다.

'소와 나눈 이야기'

공장에서 일하고 집으로 가는데 누군가가 나를 부른다.
뒤돌아보니 아무도 없다.
다시 걸어가는데 또 누군가가 나를 부른다.
뒤돌아보니 목장에서 풀을 뜯어 먹는 소가 부른다.
그러면서 하는 말이

너랑 나는 똑같아!

너 한국에 들어올 때 도장 받고 들어왔지.
나도 한국에 들어올 때 귀에 도장 받고 들어왔어.

너랑 나는 똑같아!
너 공장에서 열심히 일하다가 필요 없으면 기계처럼 버릴 거야.
나도 목장에서 열심히 일하다가 필요 없으면 고기가 되겠지.

이야기를 듣는 순간 숨이 멎는 것 같았다. 우리는 서로 말없이 헤어졌고, 나는 그날 잠을 이루지 못했다. '나는 그 친구를 인격체로 생각을 했는데 이 친구는 자신의 존재감을 소와 동일시하고 있었구나'라는 서글픔이 밀려들었다. 그 친구 역시 본국에는 사랑하는 엄마, 아빠, 형, 동생이 있다. 그 친구는 자랑스러운 아들이고 형, 동생이다. 그런 그를 '소'와 같이 만든 것은 누구일까! 우리 사회가 그들을 '소'로 만들었다. 소처럼 기계처럼 부려 먹기만 했다. 못사는 나라에서 돈 벌러 왔으니, 소처럼 일하라고….

나는 지금도 그 친구가 그립다. 그러나 그리움보다 아픔이 더 크다. 아직도 우리 사회는 변한 것이 별로 없기 때문이다. 고된 노동에 지쳐 쓰러진 이주노동자들이 우리와 함께 두 다리 쭉 뻗고 잠들 수 있는 세상은 언제쯤 가능해질까.

카일 레벤. 2003년 10월 5일 KT가 주최한 한글날 맞이 '외국인 근로자 한글 글짓기대회'에서 으뜸상을 받았다. 하지만, 2006년 3월 한 시사지에 시가 실린 이후, 박노해의 '노동의 새벽'처럼 이주노동자의 새벽을 노래하다 출입국에 의해 표적 단속되어 강제추방을 당했다.

나의 이름은 'X새끼'

어젯밤에 군대 간 꿈을 꾸었다. 벌써 30년이 넘었는데도 말이다. 아내에게 꿈 이야기하니, 로또복권을 사라고 한다. 군번을 조합해서 말이다. 우스갯소리였지만 군 생활을 하면서 가장 힘들었던 것은 아마도 '자존감 상실'이었을 터다. 분명 이름이 있는데 신병 때 '군번'으로 불렸다. 자율성이란 없이 무조건 명령과 복종에 순응해야 했다.

한국에서 생활하는 이주노동자 역시 군 생활 못지않게 획일적으로 강요된 노동에 유인된다. 이주노동자들이 한국에서 제일 많이 듣는 말이 "빨리! 빨리!"라고 한다. 이에 더해 강도 높고 위험한 노동에 노출되어 있다. 무거운 물건을 옮기거나 도색·염색작업은 모두 이주노동자의 몫이다. 한 평 남짓한 비닐 천막 공간에서 이주노동자는 도색작업을 한다. 12시간 막 교대로 천을 염색하므로 기숙사 안에는 1년 열두 달 이불이 깔려 있다. 다람쥐 쳇바퀴 돌듯, 기계가 돌아가듯 쉼 없이 일한다.

하지만 이들이 노동보다 더 견디기 힘들어하는 점이 따로 있다. 사람 대접받지 못한다는 것이다. 어느 공장에서 있었던 일이다. 한국에 온 지 얼마 되지 않아 한국말이 아주 서툰 이주노동자가 공장에 왔다. 사장은 이주노동자가 해야 할 작업을 설명해주고 잠시 자리를 비웠다. 한참 후 사장의 지시에 따라 작업을 하던 이주노동자가 큰소리로 외쳤다. "사장님! X새끼! 빨리! 빨리!" 이 소리에 사장은 깜짝 놀랐고 당황스러웠다. 사실관계를 확인해 보니, 그는 "기계 이름이 X새끼인 줄 알았다"라고 털어놓았다. 이주노동자는 나중에야 "X새끼"가 기계 이름이 아니라 자신을 가리키는 비속어였음도 알게 되었다.

한 번은 이주노동자들이 모여 나눈 대화를 듣게 되었다. "우리 공장에는 나만 빼고 모두가 사장님이야!" "공장에 오는 손님들도 사장님이고, 사모님도 사장님이고, 모두가 사장님이라고 불러!" 이야기를 듣던 다른 이주노동자가 말했다. "뭔 소리야! 공장에 있는 개도 사장님이야! 우리만 빼고!"

그때 문득 김춘수의 시 〈꽃〉이 떠올랐다. 누구나 '누군가 불러 주기 전'까지는 그저 '하나의 몸짓'에 불과하다. 이름을 불러 주었을 때 비로소 "꽃"으로 피어난다. 사람은 누구나 "이름"으로 불리고 싶어 한다. 잊히지 않는 "하나의 눈짓"이 되고 싶어 한다. 한국 사회의 이주노동자 역시 우리 사회의 '몸짓'이 아닌 '눈짓'이 되고 싶을 터다. 그들에게도 이름이 있으니까.

그러나 우리 사회는 그들의 이름을 부르지 않는다. 오히려 거부한다. 때로는 '파퀴벌레'(파키스탄), '방구'(방글라데시), '짱개'(중국동포)처럼 차별과 혐오가 가득한 말로 이주민들을 지칭한다. 이런 식의 차별은 이주민의 자존감을 훼손하고 모멸감을 준다. 그런데 더 큰 문제는 이주민을 대하는 이런 태도를 대다수 사람이 정당화한다는 점이다. 심지어 어떤 부류 사람들은 이주민이 열등한 존재이자 박멸해야 하는 대상으로 여긴다. 내가 하기 싫은 일을 대신 해주기 위해 존재할 뿐 쓸모를 다하면 쉽게 버려도 된다고 생각한다. 마치 일회용 종이컵처럼….

들에 핀 꽃들을 보라. 저마다 때를 알고 피어나 아름답게 존재하다가 스러진다. 우리가 그들의 정확한 이름을 알지 못할 뿐, 모든 들꽃에는 자기

만의 이름이 있다. 우리 사회에 들어온 이주노동자도 마찬가지다. 어느 하나도 이름 없는 존재가 아니다. 그들의 이름을 기억하고 그들의 이름을 하나하나 부를 때 비로소 우리 사회는 들꽃 가득한 평원처럼 아름다운 다문화 공생사회가 될 수 있을 터다.

이주노동자 불만족 사례

2017년 9월 7일 경기도 이주노동자 지원방안 정책 토론회(사회안전망 구축을 위한 토론회)의 주제발표를 하였다. 토론문을 위해 이주노동자 124명에게 한국 생활 만족도 설문을 하였다. 설문에는 대체로 만족도가 높게 나타났으나, 불만족 역시 달리 표출되었다. 불만족은 의사소통의 어려움과 노동권에 대한 불합리성, 차별 등이 주요인으로 나타났다. 특히, 사업장에서의 불만족은 41퍼센트에 달했다. 이 중 몇 가지 사례를 소개한다.

- 병원의 경우: 병명과 진료에 대해 알지 못하고 약 처방만 받는다. 공장에서 병원이 멀고, 통역이 되지 않아 병원 진료가 어렵다.
- 상점의 경우: 물건을 사려고 하는데 비싸다고만 해 무시당하는 기분이었다. 의사소통이 잘 안돼 5,000원 물건을 10,000에 받음.
- 사업장의 경우: 소리를 지르고 무섭게 말한다. 항상 압박감을 느낀다. 식대가 한국인은 7,000원이고, 외국인은 5,000원이다. 차별을 느낀다. 외국인만 일해! 제일 힘든 일을 외국인만 느낀다. 존댓말이 없다. 다 반말이다. 남자들과 같은 일을 하는데, 남자보다 월급 적게 받는다.
- 대중교통의 경우: 버스나 지하철을 타면 냄새가 많다고 하면서 인상을 쓴다. 택시 타면 어떨 때는 요금이 많이 나온다.
- 지역주민의 경우: 외국인 출입을 금지하는 목욕탕과 헬스장이 있다. 한번은 공원에 놀러 갔는데 "외국인 한 마리가 보인다"라고 비웃는 소리를 들었다.

이주민들은 한국에서 생활하기가 불편하다. 그 불편함은 '차별'과 '폄하'의 시선 속에서 만들어졌다. 우리의 왜곡된 시선을 교정하고 더불어 살아가는 다문화 공생사회가 되기를 기대한다.

다문화주의 담론, 블랙홀에 빠지다

한국 사회는 2007년 이주민 100만 시대를 맞아 다문화사회가 되었다. 미식축구선수 하인스 워드가 MVP가 되면서 그의 한국인 어머니 이야기도 소개되는 등 다문화를 둘러싼 다양한 의제가 떠올랐다. 그런데 우리 사회는 과연 '다문화사회'라고 부를 만한 요건들을 갖추고 있을까? 한국 사회가 정의하는 "다문화"란 무엇일까? 다문화란 말을 쉽게 입에 올리는 만큼 그들의 "고유한 문화"를 인정하고 있을까? 혹시 마음 저 깊숙이 '한국보다 못한'이라는 생각을 품고 있는 건 아닐까?

한번은 이주노동자들과 함께 설악산에 갔다. 울산바위까지 올라가기로 했는데, 인솔자인 나보다 먼저 내려오는 이주노동자들이 있었다. 벌써 갔다 왔다는 것이다. 내가 인솔자인데 거짓말을 하지 말라고 하니, 울산바위에서 찍은 사진을 보여주었다. 내심 기분이 좋지 않아 딴청을 했다. "한국은 아름다운 금수강산이야! 봄, 여름, 가을, 겨울. 사계절이 있고, 삼면이 바다로 둘러싸여 있는 아름다운 나라이지!"라고 자랑했다. 이야기를 들은 이주노동자가 물었다. "한국에서 제일 높은 산이 어디예요?" 가본 적도 없지만 당연하다는 듯 "백두산!"이라고 대답했다. 그랬더니 "우리나라에서는 그 정도면 동네 뒷동산 정도다"라고 답하는 게 아닌가? 그 친구는 네팔 사람이었다. 세계 최고의 8개 봉을 가진 나라에서 왔으니 백두산이 동네 뒷산으로 보일 법도 하다. 이주노동자들은 으레 어렵고 힘들게 살았을 거로 생각하는 선입견이 내 안에도 깊숙이 들어와 있었나 보다. 너무나 부끄러웠다.

이주노동자들과 함께 경주에 갔을 때였다. "천 년 역사의 고도를 찾아서"라는 거창한 현수막을 걸고 갔다. 첫날은 경주박물관과 안압지를 관람하고 숙소로 돌아왔다. 다음 날엔 불국사 탐방을 하기로 했다. 출발하려는데 한쪽 무리가 자신들은 바다로 가겠다고 했다. "바다 일정은 내일이니 기다렸다가 가고, 오늘은 다 같이 동양 최고의 사찰인 불국사를 보고 석굴암도 가자"라고 강조했다. 그랬더니 "우리 동네에는 그보다 더 큰 사찰과 불상이 있다"라고 하는 게 아닌가? 결국 그들은 바다로 갔다. 중국에서 온 사람들이었다. 그 역시 나의 얄팍한 선심 쓰기가 아니었을까?

몽골 친구들이 상담하고자 센터를 방문했다. 한여름이었다. 상담실은 비좁은데, 부부 4명이 있다 보니 발 냄새가 너무 심해 상담에 집중할 수가 없었다. 기마민족이라 발을 잘 씻지 않는다는 소리도 있다. 그래서 또 실없는 소리를 했다. "몽골에는 아직 디지털카메라나 핸드폰이 없지요?" 이 말을 들은 몽골 친구 한 명이 갑자기 벌떡 일어나 탁자를 치며 말했다. "옛날에 이 땅이 누구 것이었는지 알아요?" 순간, 칭기즈칸이 떠올랐다.

다문화는 우리가 일방적으로 외친다고 이루어지는 게 아니다. 무엇보다 상호 이해와 존중이 필요하다. 이런 인식에서 출발하지 않는다면 한국 사회가 외치는 다문화는 오직 포장일 뿐이다.

어느 한 기업광고에 나오는 장면이 떠오른다. 베트남 출신 엄마를 둔 다문화가정의 소년이 등장한다. "축구 경기를 보며 '대~한~민~국'을 외칩니다. 김치가 없으면 밥을 못 먹습니다"라는 대사가 흘러나온다. 아이는 심지어 군화를 신고 있다. 그리고 "당신처럼 이 아이는 한국인입니다"라고 이야기한다. 나는 이 '공익광고'를 보면서 의문이 일었다. 베트남과 한국이 축구 경기를 벌일 때 아이는 베트남을 응원하는 게 더 자연스럽지 않을까? 김치 말고 베트남 쌀국수를 더 좋아할 수도 있지 않을까? 모든 외국인에게 음으로 양으로 한국 문화를 강요하면서 어떻게 입으로는 다문화를 외칠 수 있을까? 한국적인 것을 강요하고, 한국에 동화하라고 다그치면서 말이다. 예를 들어 결혼이주여성의 경우를 보자. 한국에서 국적을 취득하려면 2년 이상 혼인 관계가 유지되어야 한다. 그렇지 않으면 체류자격을 상실한다. 자녀가 없거나 특별한 사유 없이 이혼해도 자격을 잃게 된다. 모든 것이 한국화해야 한다. 소위 "동화"되지 않으면 버려진다. 이것이 한국이 말하는 다문화의 현주소다. 동화주의를 기반으로 하는 일방적이고 획일적인 무늬만 다문화주의, 나는 이것을 "블랙홀 다문화주의"라고 정의하고 싶다. 88올림픽을 기점으로 대한민국이 그나마 세계인의 입에 오르내리게 되었음을 감안하면 다문화의 경험은 기껏해야 40년 안팎이다. 유럽이나 북미에 비하면 아무것도 아니다. 그런데도 한국은 우리가 마치 다문화사회의 이정표라도 되는 양 선전한다.

다문화사회로 나아가려면 무엇보다 먼저 블랙홀에서 벗어나야 한다. 그러려면 인식의 틀을 새롭게 정립해야 한다. 다문화를 적극적으로 수용하겠다는 자세, 다름을 차별이 아닌 차이로 받아들이는 태도, 학습을 통해 이웃의 문화를 이해하려는 노력이 개진되어야 한다. 어쩌면 우리는 오랜 세월 지배해 온 분단의 아픔을 타민족에게 투영하고 있는지도 모른다. 그러나 역으로 생각하면 지금이 우리에겐 정말 소중한 기회일 수 있다. 다름과 다양성을 성숙하게 받아들이는 연습을 통해 다가올 통일국가를 준비할 수 있지 않을까?

「2021년 국민 다문화 수용성 조사」결과 (여성가족부 2022.3.31.)

- 2018년에 비해 청소년은 상승하고 성인은 하락하여, 청소년과 성인 간의 격차가 더 커져 2021년 성인의 다문화 수용성은 52.27점으로 청소년(71.39점)과 비교하면 19.12점 낮게 나타났다. 2018년에 비해 성인은 낮아지고, 청소년은 소폭 상승하여, 그 격차(2018년 18.41점 차이→2021년 19.12점 차이)는 0.71점 더 확대되었다.
- 연령대가 낮을수록 다문화 수용성이 높았다.
- 코로나19 이후 '외부에 대한 개방성' 떨어졌고, 다문화 수용성에도 부정적 영향을 미쳤다.
- 다문화 교육·활동 참여자의 수용성이 미참여자보다 높게 나타났다.

이주아동에게도 동등한 출발선이 주어져야 한다

한국 사회에는 '그림자'로 살아가는 아이들이 있다. 해 맑은 웃음과 희망 찬 내일을 보장받아야 함에도 이 아이들에게는 짙은 그림자가 드리워져 있다. 한국 사회에서 태어난 이 아이들에겐 '불법'이라는 딱지가 따라다닌 다. 부모들이야 자신의 선택으로 한국에 왔지만, 아이들은 선택권도 없이 이런 현실에 직면하게 된 것이다.

2017년 국감에서 '0세 입국 기록'에 따르면 2007년부터 2016년까지 8만 1,398명이 0세 입국자로 확인되었다. 이는 미국, 캐나다 등의 시민권 을 받기 위한 원정 출산으로 추정된다(2017년 국회 보건복지위원회 국정감 사). 소위 선진국의 시민권을 받기 위해 '불법'적인 원정 출산을 마다하지 않는 사람들이 정작 한국에서 태어난 이주노동자 자녀들에게는 '불법' 딱 지를 붙인다. 너무도 이율배반적인 현상 아닐까?

미등록이주노동자 자녀는 학교 진학에도 문제가 많다. 학교장 재량이 라는 자의적인 방침만 있을 뿐 실제적으로는 교적에 등록되지 않는다. 그 러다 보니 학교 홈페이지(정보)에도 접근할 수 없다. 이뿐만 아니라, 병원 진료, 교통카드 발급, 휴대전화기 가입, 인터넷 등록, 은행 이용 등 각종 사 회서비스의 혜택을 받을 수 없다.

현재 한국 사회 미등록이주노동자의 자녀는 최소 2만 명 정도로 추산되지만, 정확한 통계 수치조차 확인하기 어렵다. 혈통주의에 입각한 속인주의를 고수하다 보니, 미등록이주노동자들의 자녀에겐 관심이 없다. 교육권과 건강권 등 최소한의 권리조차 보장하지 않는다. 그렇다. 한국 사회에 있는 미등록이주노동자들의 자녀는 '살아있는 밀랍 인형'에 불과하다.

이런 문제는 미등록이주노동자의 자녀에게만 국한되지 않는다. 소위 다문화가정(결혼이주자) 안의 자녀들 역시 안전하지 않다. 교육부의 '2022년 교육기본통계조사 결과'에 따르면 2022년 초·중등(각종학교 포함)학교의 다문화 학생 수는 168,645명으로 전년(160,058명) 대비 8,587명(5.4퍼센트↑) 증가하여 2012년(46,954명) 조사 이후 지속적인 증가추세를 보였다. 초등학교는 111,640명으로 269명(0.2퍼센트↑), 중학교는 39,714명으로 5,764명(17.0퍼센트↑), 고등학교는 16,744명으로 2,436명(17.0퍼센트↑)이 증가했다. 각종 학교는 547명으로 118명(27.5퍼센트↑) 증가하였다. 이는 전국 초·중·고 학생 100명 중 3명이 다문화 자녀라는 뜻이다. 그러나 정작 여기서 눈여겨보아야 할 점은 따로 있다. 학교에 적응하지 못하거나 차별을 당하는 등의 이유로 학업을 중단하는 다문화 자녀 수가 적지 않다는 점이다.

2022년 국회 교육위원회 소속인 강득구 의원(더불어민주당, 안양만안)이 교육부로부터 받은 자료에 따르면, 2021년 전국 초·중·고 다문화학생 160,058명 중 학업 중단은 1,312명으로, 초등학생 755명(0.68퍼센트), 중학생 264명(0.78퍼센트), 고등학생 293명(2.01퍼센트)으로 나타났다. 일반학생들의 학업 중단은 다문화학생을 포함한 전체 학생 5,323,075명 중 42,755명으로 초등학생 15,389명(0.58퍼센트), 중학생 7,235명(0.54퍼센트), 고등학생 20,131명(1.55퍼센트)으로 나타났다. 일반학생보다 대체적으로 다문화학생의 학업 중단율이 높게 나타났는데, 특히, 학업을 중단한 다문화 고등학생 수는 매년 증가해 2021년 기준 293명, 학업 중단율 2.01퍼센트를 기록해 다문화 초·중학생보다 3배가량이 된다.

이 결과는 다문화가정 자녀들이 겪는 자아정체성의 혼란, 학업 진도의 미진한 성취도, 가계 경제의 취약성 등을 모두 포함한 것이라고 보아야 한다. 다문화가정 자녀의 공교육 이탈이 사회 부적응으로 확대될 수 있다는 점도 주목해야 할 것이다.

최근 5년간 다문화학생 학업 중단율 현황

연도	초등학생			중학생			고등학생			합계		
	제적 다문화 학생수	학업 중단자	학업 중단율	제적 다문화 학생수	학업 중단자	학업 중단율	제적 다문화 학생수	학업 중단자	학업 중단율	제적 다문화 학생수	학업 중단자	학업 중단율
'17	82,806	819 (126)	0.99 (0.15)	15,983	235 (83)	1.47 (0.52)	10,598	224 (145)	2.11 (1.37)	109,387	1,278 (354)	1.17 (0.32)
'18	93,116	809 (101)	0.87 (0.11)	18,127	243 (80)	1.34 (0.44)	10,969	210 (148)	1.91 (1.35)	122,212	1,262 (329)	1.03 (0.27)
'19	103,958	822 (99)	0.79 (0.10)	21,747	250 (116)	1.15 (0.53)	11,520	230 (167)	2.00 (1.45)	137,225	1,302 (382)	0.95 (0.28)
'20	107,770	619 (117)	0.57 (0.11)	26,830	186 (93)	0.69 (0.35)	12,778	182 (134)	1.42 (1.05)	147,378	987 (344)	0.67 (0.23)
'21	111,430	755 (173)	0.68 (0.16)	34,048	264 (135)	0.78 (0.40)	14,580	293 (238)	2.01 (1.63)	160,058	1,312 (546)	0.82 (0.34)

(단위: 명, %) ※괄호 안은 '해외출국, 유학, 질병' 사유를 제외한 학업중단율

아이들은 미래사회의 주인공이다. 어른들이 아이들의 미래를 결정해서는 안 된다. 또한, 어른들은 아이들이 잘 성장할 수 있도록 도와야 할 책임과 의무가 있다. 그 책무를 간과해서도 안 된다. 한국 사회가 다문화사회를 지향한다면 가장 최우선으로 이주 자녀에 초점을 맞추어야 한다. 한국 사회의 미래가 그들에게 있기 때문이다.

1963년 8월 28일, 마틴 루터 킹의 유명한 연설인 "나에게는 꿈이 있습니다"가 여전히 한국 사회에 메아리치는 이유가 무엇일까? "나에게는 꿈이 있습니다. 언젠가 이 나라가 모든 인간은 평등하게 태어났다는 것을 자명한 진실로 받아들이고, 그 진정한 의미를 신조로 살아가게 되는 날이 오리라는 꿈입니다. 언젠가는 조지아의 붉은 언덕 위에 예전에 노예였던 부모의 자식과 그 노예의 주인이었던 부모의 자식들이 형제애의 식탁에 함께 둘러앉는 날이 오리라는 꿈입니다."

"태권 소녀 샨타"의 이야기를 소개하면서 이야기를 마친다.

샨타는 2002년 엄마와 함께 아버지가 일하는 한국에 왔다. 당시 초등학교 3학년이었지만 한국말이 서툴러 한 학년 아래로 입학했다. 한국에서의 생활이 힘들고 어려웠지만, 가족이라는 울타리가 있기에 행복했다. 한국에서 동생도 생겼다. 하지만 이 행복도 잠시 아버지의 단속으로 인해 다시 시련을 겪게 되었다. 아버지가 한국에 오기 전에 많은 빚을 지고 왔기 때문에 아버지의 단속에도 불구하고 어머니가 가족의 생계를 위해 공장에서 일을 시작하게 되었다. 어머니 역시 몸이 건강한 상태가 아닌 상황에서 샨타는 어머니를 지키고자 곁에 남게 되었다.

샨타 아버지의 단속과정에서 알게 된 이후 그 가정에 관심을 두게 되었다. 아버지가 안 계신 상태에서 낯선 이국땅에서 힘겹게 생활하는 샨타가 염려되었던 탓이다. 그러다 보니 학교생활은 잘하는지, 어머니의 건강은 어떤지, 가정형편은 어떤지 등을 자주 살펴보게 되었다. 처음에는 단순히 '샨타가 적응하기 힘들구나'라고만 생각했는데, 시간이 지날수록 여러 상황이 샨타를 힘들게 한다는 것을 알게 되었다. 학업뿐만 아니라 일상생활도 그랬다. 이 문제를 두고 고민하던 중 후원자의 도움으로 샨타와 그동생을 태권도 도장에 등록해주었다. 조금이라도 자신감을 갖게 해주고 싶었다. 아이들은 태권도 도장에 다니기 시작한 후로 조금씩 쾌활해졌다.

    그러던 어느 날 샨타가 울면서 찾아왔다. 다시는 태권도장에 가지 않
겠다고 했다. 이유를 물으니 도장 아이들이 "넌 너무 더러워, 미개인처럼
시커메! 넌 불법 사람이야!"라고 놀렸다는 것이다. "태권도를 배워 올림픽
에 나가 금메달을 목에 거는 모습을 보고 싶어!"라고 했던 격려가 무색해
졌다. 이후로 샨타는 태권도장을 나가지 않았다. 샨타에겐 올림픽 시상대
에서 금메달을 목에 거는 것보다 한국 사회에서 차별받지 않고 다른 아이
들과 똑같은 대우를 받으며 살아가는 것이 더 중요했기 때문이다. 얼마나
긴 시간이 지나야 샨타가 울지 않고 맑게 웃을 수 있을까.

어린이가 누려야 할 권리

아동권리협약(Convention on the Rights of the Child: CRC)은 18세 미만 아동의 모든 권리를 담은 국제적인 약속으로 1989년 11월 20일 유엔에서 만장일치로 채택되었다. 우리나라를 포함한 전 세계 196개국(2016년 현재)이 이 협약을 지키기로 다짐했는데, 유엔아동권리협약에는 이 세상 어린이라면 누구나 마땅히 누려야 할 생존·보호·발달·참여의 권리가 담겨 있다.

생존의 권리(RIGHT TO SURVIVAL): 적절한 생활 수준을 누릴 권리, 안전한 주거지에서 살아갈 권리, 충분한 영양을 섭취하고 기본적인 보건서비스를 받을 권리 등, 기본적인 삶을 누리는 데 필요한 권리

보호의 권리(RIGHT TO PROTECTION): 모든 형태의 학대와 방임, 차별, 폭력, 고문, 징집, 부당한 형사처벌, 과도한 노동, 약물과 성폭력 등 어린이에게 유해한 것으로부터 보호받을 권리

발달의 권리(RIGHT TO DEVELOPMENT): 잠재능력을 최대한 발휘하는 데 필요한 권리. 교육받을 권리, 여가를 즐길 권리, 문화생활을 하고 정보를 얻을 권리, 생각과 양심과 종교의 자유를 누릴 수 있는 권리 등

참여의 권리(RIGHT TO PARTICIPATION): 자신의 생활에 영향을 주는 일에 대해 의견을 말하고 존중받을 권리. 표현의 자유, 양심과 종교의 자유, 평화로운 방법으로 모임을 자유롭게 열 수 있는 권리, 사생활을 보호받을 권리, 유익한 정보를 얻을 권리 등

아동권리협약의 기본 원칙

무차별(NON-DISCRIMINATION): 모든 어린이는 부모님이 어떤 사람이건, 어떤 인종이건, 어떤 종교를 믿건, 어떤 언어를 사용하건, 부자건 가난하건, 장애가 있건 없건, 모두 동등한 권리를 누려야 한다.

아동 최선의 이익(DEVOTION TO BEST INTERESTS OF THE CHILD): 아동에게 영향을 미치는 모든 것을 결정할 때는 아동의 이익을 최우선으로 고려해야 한다.

생존과 발달의 권리(THE RIGHT TO LIFE, SURVIVAL AND DEVELOPMENT): 어린이는 특별히 생존과 발달을 위해 다양한 보호와 지원을 받아야 한다.

어린이 의견 존중(RESPECT FOR THE VIEWS OF THE CHILD): 책임감 있는 어른이 되기 위해 어린이는 자신의 능력에 맞게 적절한 사회활동에 참여할 기회를 갖고, 자신의 생활에 영향을 주는 일에 대하여 의견을 말할 수 있어야 하며 그 의견을 존중받아야 한다.

이주노동자의 족쇄 '사업장이동의 제한'

이주노동자 세 명이 짐을 싸 들고 센터에 들어섰다. 표정을 보고 또 문제가 생겼음을 직감했다. 사업장에서 쫓겨나 미등록 체류자가 되었다는 것이다. 그들의 이야기를 정리하면 다음과 같다.

사장이 "이번 주 일요일에 살림집을 이사하니 이삿짐 나르러 와라"라고 했다는 것이다. 그런데 마침 그날 친구들과 중요한 선약이 있었다고 한다. 사장에게 사정을 말하며 이사를 도울 수 없다고 했더니 말을 듣지 않는다며 몇 대 때리더니 짐을 싸 나가라고 내쫓았다는 것이다. 전후 사정을 확인하려고 사장에게 연락을 취했다. 사장은 오히려 이 친구들이 일하기 싫어서 도망갔다고 말했다. 자신도 손해를 봤다고 항변까지 했다. 그는 이미 그 친구들에 대해 사업장 이탈 신고를 한 상태였다. 이후 고용노동부에 부당 신고를 알리고 구제를 요청하여 새로운 사업장에서 일하게 되었지만, 이주노동자들에게는 이 같은 부당한 일들이 반복되고 있다.

도대체 왜 이런 일들이 오래도록 발생하는 것일까?

여기엔 한국의 외국인력 제도인 '고용허가제' 책임이 크다. 말 그대로 고용주에게 모든 권한을 주고 있는 탓이다. 이주노동자의 노동권을 보장한다고는 하지만 제도 자체에 이미 노동권을 침해할 요소가 너무나 많다.

대표적인 사례가 바로 '직장이동의 제한'이다. 이는 헌법에서 보장하는 모든 노동자의 권리인데도 대한민국 사회에 온 이주노동자들은 고용주의 동의 없이 사업장을 이동하지 못한다. 과거 산업연수생제도가 '현대판 노예제'라는 비판을 받았다면 현재의 고용허가제는 '현대판 노비제'라고 말할 수 있다. 이주노동자 처지에서는 고용주의 무리하거나 부당한 요구를 거부할 경우 사업장에서 쫓겨나 미등록 체류자의 신분으로 전락할 수밖에 없다.

이주노동자의 귀책 사유가 아니라고 인정되는 몇몇 경우엔 사업장이동이 가능(30퍼센트 이상 2개월 임금체불 지속, 사업장의 장기간 휴업 및 폐업파산, 근로기준법 위반 등)하지만, 이는 사실 당연히 지켜져야 하는 것들이다. 문제는 그중 한 요건인 '부당한 대우'에 대해서 이주노동자가 이를 직접 입증(폭행, 성희롱, 성폭력 등)해야 한다는 점이다. 하지만 생각해보라. 부당한 대우를 이주노동자가 입증하기엔 어려움이 너무나 많지 않겠는가? 예를 들어보자.

어느 한 사업장에서 여성 이주노동자 2명이 일을 했다. 처음 3년 동안은 별일 없이 잘 지냈다. 그런데, 어느 날부터 고용주가 이주노동자 여성 한 사람의 몸을 만지기 시작했다. 처음에는 무심코 지나쳤는데 시간이 지날수록 심해지자 피해 이주노동자 여성이 같이 일하던 여성 이주노동자에게 알렸다. 두 여성은 고용노동부에 진정을 내고 사업장을 이동해달라고 요청했다. 그러나 돌아온 대답은 "피해 사실을 입증하라"라는 것이었다. 두 사람은 할 수 없이 경찰에 신고했지만, 여기서도 같은 반응이 나왔다. 법적으로 아무런 도움을 받지 못했다. 그 과정에서 고용주는 피해를 본 이주노동자 여성 1인에게만 사업장이동을 허가하겠다고 답변했다. 이주노동자 여성 두 사람은 처음에는 이 제안을 거절했다. 하지만 결국 피해를 입지 않았던 다른 이주노동자 여성이 고용주의 제안을 받아들였다. 그 역시 혼자 남아 있기가 겁나고 두려웠지만, 자신으로 인해 다른 이주노동자 여성이 사업장을 옮기지 못하는 것은 더욱 마음이 아팠기 때문이다. 사업장을 떠나던 날 두 여성은 공장 뒤뜰에서 부둥켜안고 한없이 울었다고 한다.

위의 이야기는 빙산의 일각일 것이다. 이 외에도 고용주의 폭언과 폭력, 같이 일하는 내국인 노동자들이 가하는 다양한 형태의 폭력, 차별과 혐오의 시선 등 이주노동자들이 감내해야 하는 어려움은 어디에나 산재해 있다. 여기에 더해 보이지 않는 족쇄인 '사업장이동의 제한'까지 이들의 삶을 묶어 놓는다.

이제 그 족쇄의 사슬을 끊고 이주노동자들이 사업장이동의 자유를 누려야 한다. 그 당연한 권리를 보장받아야 한다. 사업장이동의 제한 때문에 흘렸던 눈물을 씻어주고, 그들이 흘리는 소중한 땀방울의 가치를 인정해야 한다. 가장 약한 자, 가장 소외된 자의 권리와 안위를 살피는 것이 '그나마 큰 어려움 없이' 살아가는 나머지 구성원의 몫 아닐까? 등록 이주노동자도 미등록이주노동자도 우리가 한마음으로 지켜주어야 할 이 땅의 김용균 이기 때문이다.

고용허가제 노동자의 입국 및 취업이 일차적으로 국내 기업의 인력수급과 국가경제 발전을 위한 것이라는 계기와 목적을 해당 노동자가 수년에 걸쳐 한국에서 생활하는 동안 처음부터 끝까지 그리고 철저히 관철시키는 것으로, 노동자를 사용자와 국가를 위한 수단과 도구로 삼는다는 혐의를 벗어나기 어렵다. 따라서 외국인고용법에 따른 사업장변경제한은 헌법의 근간을 이루는 가치에 해당하는 인간의 존엄성과 정면으로 충돌하고, 아울러 현대 자본주의 사회에서 노동자의 사용자에 대한 상대적으로 취약한 지위로 인해 발생하는 종속성과 열악하고 불리한 노동(계약)조건으로 인한 존엄성에 대한 침해를 방어하기 위한 노동법 체계와도 충돌한다. 바로 이 충돌이 외국인고용법에 따른 사업장변경 제한의 위헌성이 문제시되는 핵심적 지점이다. _〈사업장 변경제도 개선방안 연구〉 고용노동부(한국노동연구원) 2021. 10

당신이라면 '여기서, 이렇게' 살겠습니까?

이주 관련 업무를 할 때 웬만하면 가고 싶지 않은 곳이 둘 있다. 먼저 이주 노동자들이 일하는 공장이다. 공장에 들어서면 매캐한 냄새와 희뿌연 먼지, 소음이 뒤섞여 있어 숨이 턱 막힌다. 한두 번 가는 방문객에게도 이러한데 그곳에서 일하는 사람들은 오죽할까 싶었다. 그다음으로 꺼려지는 곳이 이주노동자의 숙소다. '안전'과는 거리가 너무나 먼 공간인 탓이다.

이주노동자들의 숙소 대다수는 오래된 (가)건물이다. 전기 배선이 거미줄처럼 얽혀 있는 게 척 보기에도 위험하다. 방에 들어가도 사정은 그리 다르지 않다. 벽지와 장판에 피어난 곰팡이가 폐부를 위협한다. 이 모든 것이 어우러진 탓일까? 이주노동자들이 일하는 공장과 기숙사엔 화재 사고가 빈번하다. 마석가구공단 내에서도 해마다 3~4회가량 화재가 발생했다. 집안을 일으키려고 고국을 떠나온 수많은 목숨이 그렇게 스러진다. 가수가 꿈이었던 필리핀의 제이 월은 가구공장에서 일했다. 행사 때마다 섭외되었을 만큼 노래를 잘했던 그녀가 공장에서 발생한 화재로 얼굴과 손에 3도 화상을 입었다. 그녀의 꿈도 지울 수 없는 화마의 상처와 함께 사라졌다.

공장 한쪽에 간이숙소를 마련한 곳도 많다. 한 사람이 겨우 누울 만한 공간에 밥솥과 휴대용 가스렌즈만 덩그러니 놓여 있고, 냉난방시설은 일절 없다. 한여름에는 선풍기 한 대에, 한겨울에는 전기장판에 의존해야 한다. 온수를 쓰려면 전기로 된 온수 가열기를 사용해야 한다. 컨테이너나 비닐하우스를 숙소로 쓰는 경우도 비일비재하다. 불편하고, 불안하기는 마찬가지다. 컨테이너의 경우엔 비가 내릴 때마다 들이치는 빗물 때문에 옷과 침구가 젖어 곤욕을 치러야 하고, 주방 시설이 없으니 포트로 물을 끓여 컵라면만 먹어야 한다. 남성과 여성을 칸막이 하나 달랑 쳐놓은 숙소로 몰아넣고, 욕실마저 공용으로 사용하고, 잠금장치 하나 없는 문을 닫고 살아야 하는 사람들, 그들이 바로 우리의 이웃이다.

이주노동자의 기숙사 문제가 공공연한 의제로 대두된 것은 2008년 9월이다. 제7차 국가경쟁력강화위원회에서 '비전문 외국인력정책 개선방안'으로 고용주의 고용 부담을 절감하는 차원에서 숙박비 공제(안)을 내놓았는데, 그 배경에는 2008년 '글로벌 경제위기'가 엄습하자 정부는 고용주의 부담을 덜어준다는 명목으로 그 부담을 이주노동자에게 전가했다. 최저임금 내에서 '숙박비 공제(안)'을 내놓은 것이다.

이주노동자의 숙박비 공제로 인한 절감비용 4,653억 원

19.7만 원(근로자 식비 분담 시 예상비용)×12개월×15만 명×96.1퍼센트(식비 전부 부담하는 회사 비율) = 3,408억 원

16.3만 원(근로자 숙박비 분담시 예상비용)×12개월×15만 명×87.4퍼센트(숙박비 전부 부담하는 회사 비율) = 1,245억 원

(중소기업중앙회, '각국의 외국인력 임금수준과 최저임금 적용현황에 관한 연구', 2008.7. 참조)

　사실, 이주노동자의 숙박비 공제는 최저임금법 제6조 제4항, 시행규칙 제2조 별첨 제1호 '근로자에게 지급하는 임금 중에서도 정기적으로 지급되지 않거나 근로자의 생활을 보조하는 수당 등은 최저임금에 산입하지 못하도록 한 규정'과 근로기준법 43조 '사업주는 노동자에게 임금을 지급할 때 임금 지급의 4대 원칙(통화지불의 원칙, 직접지불의 원칙, 전액지불의 원칙, 정기지불의 원칙)을 지켜야 한다'라는 조항을 위반하는 것이다.

　더 중요한 사실은 2021년 12월 '외국인 근로자 기숙사 정보제공의 기준'이 나오기 전까지는 이주노동자의 숙소에 대한 기준조차 없었다는 점이다. 앞서 소개한 것처럼 비닐하우스, 컨테이너, 공간 내 간이시설 등 불법적으로 개조된 숙소를 제공하면서 숙박비를 공제해왔기 때문이다. 이것이 팩트다.

　근로기준법·최저임금법을 위반하면서까지 최저임금 내에서 이주노동자에게 숙박비를 공제하여 경제적 부담을 전가하는 것은 너무나 부당하다. 근본적으로 '현대판 노예제'라는 산업연수생제도에서도 없었던 최저임금 내 숙박비 공제는 명백히 법을 위반하는 사항이다. 또한, 2008년 금융위기에 따른 한시적 조치를 지속하여 적용하는 것과 마치 지침을 법적 효력이 있는 것처럼 여기는 것은 해석 자체를 오도하는 것이다. 따라서 공제 자체를 폐지해야 한다. 그리고 인간이라면 누구나 기본적으로 누려야 할 주거기준을 지킨 공간을 마련해야 한다. 최소한의 1인당 면적보장, 안전시설과 편의시설 보장 등에 대한 구체적인 기준에 따라 적합하고 적법하게 제공되어야 한다. 그렇지 않으면 고용주, 사업주, 관계부처 공무원, 정책 입안자들이 절대 상상조차 할 수 없는 공간에서 이주노동자들은 천천히 죽어갈 것이다. 옆집 실내 공사로 먼지가 발생해도 곧장 신고하고, 유기 동물 화장터를 반대한다며 시위를 벌이고, 장애인학교를 세우지 말라고 이웃을 고소하는 사회에서 어쩌면 이런 일들은 그저 '새 발의 피'처럼 보이는 걸까? 그들은 과연 '이런 곳'에서 '억울한 숙박비'를 내며 살 수 있을까?

미등록이주노동자 단속의 연대기

대한민국에 이주노동자가 처음 들어오기 시작한 것은 1986년 아시안게임 전후다. 당시 신문 기사에는 필리핀 여성이 가사 노동자로 입국했다는 소식이 실리기도 했다. 그리고 나서 '88서울올림픽'과 더불어 이주노동자들이 본격적으로 유입된다. 하지만 이주노동자에 대한 제도가 없어서 모두가 미등록이주노동자로서 일해야 했다.

이후 1993년에 그 말썽 많은 '산업연수생제도'(현대판 노예제도라는 비판받음)가 도입되었다. 그러나 연수생을 편법으로 노동 현장에 투입했고, 노동자에게는 정당한 권리조차 부여하지 않았다. 불과 1년도 되지 않아 1994년에 명동성당에서 산업연수생들이 폭행·저임금·여권 압류 등 인권 침해에 강력하게 항거하는 농성이 벌어졌다. "우리는 기계가 아니다. 우리도 사람이다"라는 외침과 함께 산업연수생제도의 철폐를 요구했다. 이후로 이주노동자의 노동권과 인권 보장을 위한 지난한 투쟁이 10여 년간 계속되었고, 그러던 중 2004년에 비로소 '고용허가제'가 만들어졌다.

이를 시행하기에 앞서 2003년 정부에서는 산업연수생의 폐단으로 발생한 미등록이주노동자의 대대적인 단속을 예고하였다. 현대판 노예제도나 다름없는 산업연수생제도하에서 사업장을 이탈할 수밖에 없었던 미등록이주노동자는 2002년 전체 362,597명 가운데 무려 289,239명으로 79.7퍼센트에 달했다. 이 중 5년 미만인 18만 4천여 명은 한시적인 합법화 조치를 취했지만, 5년 이상 머문 미등록이주노동자들에게는 강력한 단속과 강제 추방이 진행되었다. 영세사업체의 사업주들은 5년 이상 일한 숙련된 이주노동자가 필요한데, 그들을 추방한다고 하니 못마땅하게 여길 수밖에 없었다. 마찬가지로 단속의 대상이 된 미등록이주노동자도 선별적이고 한시적인 합법화에 반대하며, 전면합법화와 강제 추방 반대를 요구했다. 이에 미등록이주노동자들은 2003년에 명동성당과 성공회성당, 마석가구공단 등에서 농성을 전개한다. 그 가운데 정부의 강제 추방에 몰리게 된 이주노동자 중 단속의 두려움과 신변 비관으로 10여 명의 이주노동자가 스스로 목숨을 끊었다.

2007년 10월 12일 이명박 전 대통령이 남양주시외국인복지센터에 한나라당 대통령 후보 자격으로 방문했다. 이 자리에서 그는 미등록이주노동자의 합법화 조치에 대해 "지금은 권한이 없지만, 사면권이 생기면 진지하게 인도적인 차원에서 검토하겠다"라고 말했다. 그러면서 미등록이주노동자들과 함께 기념사진을 찍었다. 그가 방문한다는 소식을 접한 미등록이주노동자들은 치밀한 계획하에 "Remember Illegal Migrant Worker"라고 적힌 대형 현수막을 준비했다. 다음 해 이명박은 대통령에 당선되었다. '사업주 친화적 마인드'를 가진 사람이 대통령으로 뽑혔으니 좋겠다고 말하자 공장주들은 "아니올시다"라고 대꾸했다. 아니나 다를까, 이명박 전 대통령은 취임한 그해 4월에 "불법체류 노동자들이 활개를 치며 돌아다니게 해서는 안 된다"라고 하며 대책 마련을 촉구했고, 이에 법무부는 단속 인원을 월평균 1,500여 명에서 두 배 많은 3,000명 선으로 늘렸다. 그러고는 향후 5년 안에 10퍼센트로 축소하겠다는 방침을 내놓으며 대대적인 단속을 시작했다. 얼마나 단속에 혈안이 되었는지 그 당시엔 '단속

할당제'까지 있었다. '설마' 하던 우려가 '그럴 줄 알았어, 믿은 내가 바보지'라는 현실이 된 것이다.

2008년 11월 12일, 이명박 전 대통령이 다녀간 1년 뒤, 마석가구공단에 법무부, 출입국, 경찰서에서 나온 280여 명의 공무원이 출현하여 무차별적인 단속을 강행했다. 130여 명의 미등록이주노동자가 이때 단속되었다. 그 과정에서 과잉 단속, 환자방치, 무단침입 등 최소한의 인도주의적 의무조차 방기한 채 인권침해 행위들이 대거 발생했다. 심지어 10여 명이 심각하게 다쳤다. 공무집행을 수행하면서 사전고지 없이 공장과 기숙사 문을 부수고 들어오는 등 무단침입을 강행했고, 폭압적인 단속으로 이주노동자들이 부상을 당했는데도 공무원들은 이를 방치했다. 하물며 단속된 이주여성이 용변이 급하다고 하자 대로에서 용변을 보게 하는 등 인권을 유린하기도 했다.

사건 후 출입국관리법의 개정 요구와 더불어 국가인권위원회의 권고가 있자 법무부는 2009년 5월 13일 '출입국사범 단속과정의 적법절차 및 인권 보호 준칙'을 마련한다. 물론 졸속 행정의 본보기였다. '준칙'은 "단속업무를 수행하면서 적법절차를 준수하고 인권을 보호하는 것을 기본 목적으로 둔다"라고 밝히고 있다. 그리고 세부 직무를 수행할 때 폭언이나 가혹행위 또는 차별적 언행을 금지한다고 하면서 공정성과 투명성을 지켜 공무를 수행할 것, 그리고 주어진 권한을 자의적으로 행사하거나 남용하지 말 것 등을 강조했다. 그뿐만 아니다. 계구사용 및 보안 장구의 사용도 최소한의 범위로 사용하라고 규정했다. 하지만 준칙의 내용은 현장에서 "백해무익하게 적용되지 않았다."

그해 4월 8일 대전에서는 한 미등록 이주여성이 단속과정에서 윗옷이 들리어 상체가 보일 정도인 채로 단속 차량에 끌려가는 모습이 목격되었다. 심지어 수갑을 채운 상태에서 목울대를 가격하는 등 살인적인 폭력 단속이 자행되었다. 7월 10일에는 경기 안산 지역의 한 이주노동자 주택에 난입한 법무부 출입국 단속반원이 계구(수갑)를 사용하여 미등록이주노동자의 머리를 여러 번 가격하는 바람에 10여 바늘을 봉합하는 폭력이 자행되었다.

적법한 절차와 인권을 보호하는 준칙이 있음에도 불구하고 이와 같은 위법적인 단속이 근절되지 않는 이유는 무엇일까? 바로 '무리한 단속 실적'에 초점이 맞추어져 있기 때문이다. 2017년 법무부출입국의 단속 인원은 불과 184명에 불과했다. 그런데, 단속해야 할 미등록 체류자는 무려 24만 6천여 명(2017년 11월 말)에 달했다. 2018년에는 단속 인원을 274명으로 확대한다고 발표했지만 역부족이었다. 과잉 단속은 여전했고 공무를 집행하는 단속반원의 피로도 역시 극에 달했다. 단속 시 무소불위의 자의적 권한을 행사하는 관행도 철폐되기는커녕 지속적으로 이루어져왔다. 이들은 적법절차를 무시했고 신분증 및 사전고지 없이 무단으로 사업장과 기숙사, 식당에 진입했다. 강압적인 단속은 끝나지 않았다.

그러나 강제 단속과 추방으로 이어지는 현행 방식으로는 결코 미등록이주노동자 이슈를 해결할 수 없다. 20여 년 넘게 강제 단속 및 추방을 벌여왔지만, 미등록이주노동자 숫자는 줄어들지 않았다. 오히려 비인간적인 인권침해로 인한 부작용만 발생했다. 그러므로 이제는 미등록이주노동자의 생명을 담보로 하는 강제 단속과 추방정책을 중단해야 한다.

고용허가제라는 합법적인 구조가 있음에도 2022년 말에는 40만 명을 넘어서 미등록이주노동자가 발생했다는 것은 제도 자체에 문제가 있다고 볼 수밖에 없다. 따라서 제도 보완을 통해 미등록이주노동자의 발생 원인을 규명하고, 축소 방안을 제도권 안에서 풀어야 한다. 미흡한 제도에서 발생하는 문제를 미등록이주노동자에게 전가해서는 안 된다. 또한, 자진 귀국을 유도하는 정책을 벗어나 미등록이주노동자가 합법적인 구조 안으로 들어올 수 있도록 양성화해야 한다. 국제 인권사회도 한국의 이주노동자 인권 문제를 주시하고 있다. 고령화·저출산과 인구절벽으로 인해 이주노동자의 노동력이 절실한 한국 처지에서도 미등록이주노동자에 대한 새로운 제도 정립이 필요한 시점이다.

사례 1: 단속에 대한 두려움 때문에 병원조차 가지 못한 자카리아의 죽음

자카리아는 방글라데시 뚤르람 대학에서 영문학 석사학위를 받았으나, 1998년 8월 어려운 집안 사정 때문에 한국으로 왔다. 병든 부모님의 약값과 형, 누나 넷, 여동생의 결혼 비용 등 가족의 생계를 위해 마석가구공단의 냉장고 제조공장 조립 공정에서 일하고 있었다. 그는 사업장에서나 일상생활에서 늘 모범적이었고, 활달한 성격을 소유하고 있어 주변 사람들을 즐겁게 해주었다. 자국 행사 때마다 사회를 진행할 정도로 통솔력도 뛰어났다.

그러던 그가 2003년 8월경 센터의 도움을 받아 병원에서 협심증 증세로 수술을 받게 되었다. 하지만 단속의 위협 속에서도 가족의 생계를 위해 일손을 놓을 수는 없었다. 또한, 대대적인 단속으로 인해 지병이 악화되는 상황에서 병원조차 갈 수 없었다. 엎친 데 덮친 격으로 미등록이주노동자를 채용하고 있는 사업주의 처벌이 강화되자 공장에서도 해고당했다. 이러한 중압감에서 자카리아는 홀로 기숙사에서 지내다 숨을 거두었다. 그의 방에는 빈 약봉지와 가족사진 하나만이 덩그러니 놓여 있었다. 병원에 가고 싶어도 갈 수 없었고, 쉴 수도, 고향에 돌아갈 수도 없는 안타까움이 고스란히 남겨져 있었다. 다음은 2003년 당시의 상황을 일지로 남긴 내용이다.

11월 16일(주): 정부의 대대적인 단속 예고로 오전 10시경 필리핀 이주노동자들 몇몇이 짐을 싸 들어 왔다. 이후 오후 6시경에는 방글라데시 26명, 필리핀 25명, 나이지리아 23명, 몽골 6명의 이주노동자가 들어왔다. 일단, 방 배정이 이루어진 후 성당에 모여 정부에서 가지고 있는 단속에 대한 상황을 알려주었다. 당분간 제조업체에 대한 단속과 공장에서의 단속이 없을 것이며, 야간에 단속하는 일도 없을 것이라고 설명해 주었다.

11월 17일(월): 오전 8시에 이주노동자들은 성당 앞길에서 출근하는 성생공단 내의 시민들에게 강제 출국과 강력 단속에 맞서 부당성에 대한 호소문을 나누어 주며 집회를 열었다. 이후, 새마을금고와 보학슈퍼 앞에까지 가두시위를 하고 9시에 집회를 마쳤다. 이후, 일간신문을 통해 '제조업체에 대한 한시적인 단속을 보류한다.'라는 기사가 나오자 사업주들이 전화를 걸어 사업장으로 복귀할 것을 권유하였다. 실제로 몇몇 이주노동자들이 사업장으로 돌아갔다. 그러나, 오후 4시경에 단속반이 새마을금고 앞에서 이주노동자들을 무차별적으로 승합차에 태운 후 수갑을 채우는 사건이 발생했다. 어두운 밤도 아니고, 저항도 하지 않은 이주노동자에게 수갑을 채운 이유를 알 수가 없었다. 이를 본 주민들도 항의하였다. "왜 제조업체는 단속하지 않는다고 하면서 단속하느냐?"라고 묻자 단속반 중 한 사람이 "공장에만 있으면 단속하지 않겠다"라고 대답했다. 공장에만 있으면, 단속하지 않겠다는 논리는 결국 기계처럼 24시간 공장에만 있으라는 소리 아닌가? 도무지 이해할 수 없는 처사다. 이날, 3명이 단속되었다. 나이지리아 1명(외국인등록증을 소지하지 않고 있어서 목동출입국 관리소까지 가서 확인한 후 미안하다는 사과를 받고 2만 원의 차비를 받아 돌아왔다), 네팔 1명(산업연수생으로 들어와 목동출입국 관리소로 이관), 방글라데시 1명(비행기티켓이 있는 것을 확인한 후 풀어줌)이다. 이처럼 언론의 보도와는 다르게 제조업체 내에서 단속이 이루어지자 이주노동자들이 샬롬의 집에 다시 모여들기 시작했다.

11월 29일(토): MBC '느낌표'에서 독일 사회에 파독된 간호사, 광부들과의 만남을 통해 한국 이주노동 정책의 미래를 제시하고자 하는 의도의 프로그램을 방영했다. 하지만, 머나먼 나라의 이야기로만 들렸다.

사례 2: 부당하고 불투명한 단속과정

이주노동자들이 공단에 단속이 들어왔다고 연락했다. 전화를 받은 즉시 공단에 갔다. 두세 곳에서 연이어 연락이 오는 바람에 정확한 위치 파악이 어려웠는데, 그때 오닉에게서 전화가 왔다. 3층에서 떨어졌다며 고통을 호소했다. 오닉이 근무하는 공장의 사장을 만나 함께 사고 현장으로 갔다. 그곳엔 공장에서 일하던 사람들이 모여 있었고, 검은색 옷을 입은 사람도 두 명 있었다. 누구냐고 물으니 출입국 직원이라고 했다. 어떻게 이런 일이 생길 수 있냐고 물었더니 도주 과정에서 옥상에서 떨어졌다고 답했다. "신분증을 제시했냐?"라고 물었더니 "건물 안에 한국 사람이 없어서 신분증을 제시하지 못했다"라는 이상한 대답을 했다. 잠시 후 119 구조대 차량이 와서 오닉을 병원으로 이송했다. 이를 확인한 출입국 직원 4명은 승용차에 탑승하여 신속하게 빠져나갔다. 출입국 차량은 서울 방향으로 가고 있었다. 경적을 울렸지만 정지하지 않았다. 공단에서 500미터 떨어진 곳에 승합차 1대, 승용차 1대가 대기하고 있었다. 출입국 직원이 그곳에서 정지한 후 왜 쫓아오냐고 따졌다. 적반하장이었다. 사람을 저렇게 해놓고 도망가면 되냐고 항의하자 자기들도 병원으로 가는 참이라고 변명을 늘어놓았다. 병원은 반대 방향이었다. "왜 거짓말까지 하느냐?"고 거세게 항의했더니 그제야 병원의 위치를 물었다.

결국, 법무부 출입국은 단속과정에서 부상을 입은 이주노동자를 방치하고 도주하려고 했다. 그뿐만 아니다. 공단에서 500미터 떨어진 곳에 승합차를 대기시켜 놓고 승용차로 단속하여 이동하였다. 승합차와 승용차에는 법무부라는 표식도 없었다. 또한, 단속과정에서 신분증 제시나 출입국 직원임을 전혀 밝히지 않았다. 공무를 수행한다던 그들은 대체 무엇이 두려웠던 걸까?

탈법행위가 판을 치다

이주민공동체 창립 모임에 참석한 적이 있었다. 행사 중 내빈을 소개할 때였다. 행정사 한 분이 단상에 올라 이렇게 말했다. "불법체류자를 합법으로 할 수 있고, 단속되어 보호소에 있는 외국인도 보호를 해지해줄 수 있다. 국적을 취득하기 어려운 결혼이주여성 역시 국적취득을 도울 수 있다." 그는 행사가 끝난 뒤 자기에게 오면 상담을 해주겠노라고 덧붙였다. 관련 활동을 하는 동안 불법성을 지닌 대행 기관(행정사)이 있을 거라는 심증이 확실시되던 순간이었다. 분명 그들도 법적인 테두리 내에서 대행 업무를 하겠지만, 예외적인 사항에 대해서는 일절 언급하지 않은 채 당장이라도 체류 허가(비자)를 내줄 것처럼 설명했다. 이주민에게는 달콤한 말이 아닐 수 없다. 아니나 다를까, 설명이 끝난 후 이주민들이 대거 행정사에게 몰려들었다. 그 모습을 보며 이주민들이 여기에 자칫 현혹되어 과다한 대행 수수료를 지불하게 되지 않을지 걱정되었다. 내게는 여러모로 이주민들의 절박한 상황을 악용한 상술로밖에 보이지 않았기 때문이다.

법무부는 2010년 2월 16일, 민원 수요의 급격한 증가로 인한 만성적인 민원창구 혼잡도를 해소하고, 직접 방문에 따른 시간적 부담 등을 완화한다는 명분 아래 각종 체류 허가 신청 및 신고서 접수를 대행 기관에 위임했다. 2011년 3월 1일에는 모든 국내 체류 외국인에게까지 이 제도를 확대 적용했다. 이에 따라 2011년에 404개에 불과했던 출입국업무 민원 신청 대행 기관이 2023년 4월 현재 무려 1,989개로 늘어났다. 5배가량 많아진 것이다.

이러한 지침은 그러나 민원인 중심이 아니라 행정 편의적인 발상에서 비롯된 것일 뿐이다. 문제는 또 있다. 단순 민원 행정을 대행 기관을 거쳐 수수료까지 부담하면서 처리하게 하는 것은 부당하다. 이를 악용하여 과다한 수수료를 요구하는 폐단이 발생할 소지가 크기 때문이다. 예를 들어 2017년 12월 1일에도 허위 난민 신청 절차를 대행한 출입국 관리 공무원(행정관) 출신의 행정사가 검찰에 구속된 바 있지 않은가?

그런데 이미 10년 전에도 비슷한 사례가 보고되었다. 다음 이야기를 보자.

쩐녹난(베트남, 26세)은 2006년 5월 말 국제결혼을 통해 한국에 오게 되었다. 하지만 국적을 취득하지 못한 상태에서 남편으로부터 일방적으로 이혼을 당했고, 자녀 현우(가명, 5세)의 양육권만 받고 집을 나오게 되었다. 낯선 한국 땅에서 혼자 자녀를 양육하며 살아가기가 두려웠지만, 자녀의 장래를 위해 한국에서 살기로 결심했다. 그녀는 국적법에 따라 한국에 2년 이상 거주(F-2)한 뒤 국적취득을 신청하고자 마음먹었다. 출입국에 방문하여 이에 대해 문의하자 민원창구에서는 "인터넷 신청을 통하든지 대행 기관을 통해 처리하라"라고만 답변했다. 어쩔 수 없이 친구의 소개로 대행 기관을 소개받았는데, 서류를 만드는데 500만 원이 들어가니 준비하라고 했다. 두 차례에 걸쳐 250만 원을 전달했지만 다른 요구만 계속 이어질 뿐 아무런 조치도 취해지지 않았다. 설상가상으로 통역인이 80만 원을 요구했다.

마침내 쩐녹난은 어려운 형편 가운데 대행 기관 수수료를 지급한 점에 대해 불만을 호소하게 되었다. 대행 기관에 이를 확인하고자 연락했다. 그러자 대행 기관은 그 돈이 부당수수료가 아니라 법원 재판 시 고용할 변호사 수임료까지 포함한 거라고 거짓말을 했다. 쩐녹난은 이미 법원 판결은 받았고, 이제 체류 허가만 신청하면 되는데 무슨 소리냐고 항의하자 이번에는 30퍼센트만을 돌려주겠다고 했다. 이들의 탈법행위는 여기서 그치지 않았다. 수수료를 받은 통장도 법인통장이 아닌 사무장의 개인 통장이었기 때문이다. 이에 대해 고발 조치를 진행하겠다고 하자 그제야 전액을 돌려주겠다고 했다. 다음 날 쩐녹난 씨의 통장에 전액이 입금되었다.

법무부에서도 이러한 일부 대행 기관의 과다한 수수료 요구, 타인 명의로 행해지는 대행 업무 등 여러 탈법행위를 막고자 "신의성실의 원칙에 따라 업무를 수행할 수 있도록 적절하게 관리하고, 지도하는 것을 목적"으로 둔다고 천명한 바 있다. 하지만 대행 업무의 취지가 무색할 만큼 탈법행위가 발생할 여지가 크다는 게 문제다.

당시, 전국에 있는 1,183개 법무부 지정 대행 기관 중 무작위로 수도권 10개의 대행 기관에 유선으로 쩐녹난의 대행 업무 비용을 확인해봤다. 확인한 바에 따르면 7개 대행 기관에서 20만 원~40만 원 정도의 수수료를 요구했고, 3개 대행 기관은 적게는 100만 원에서, 많게는 500만 원까지 요구하였다. 500만 원을 요구한 대행 기관에 법무부가 지정한 대행 기관의 법무부 수수료 공지와 다르게 과다한 점을 지적하자 "힘써야 할 곳에 써야 하기 때문"이라는 답변만 내놓았다. 이로써 분명 출입국사무소와 모종의 유착관계가 있다는 게 드러났다.

법무부가 밝힌 바에 따르면 대행 수수료의 권장 상한액은 "체류자격 변경 허가 등 각종 허가사항 대행이 10만 원, 각종 신고 사항 대행이 5만 원"이다. 그뿐만 아니다. 법무부 '출입국의 대행 업무 관련 지침' 제4조(대행업무의 범위 등) 1항에 따르면 "대행 업무가 가능한 범위는 국민의 배우자(F-2-1) 자격의 체류 기간 연장 및 체류자격 변경을 제외한 각종 신청 신고 업무로 한다"라고 되어 있다. 하지만 대행 기관에서는 이 범위를 넘어선 대행 업무를 자의적으로 진행하고 있었다.

현재 한국에 거주 중인 이주민은 200만 명이 넘는다. 이주민 수가 급증하는 만큼 민원 행정 및 민원 서비스 역시 이에 걸맞게 개선되어야 함에도 이를 대행 기관에 위탁하는 것은 공무를 방기한 것이라고 볼 수밖에 없다. 더구나 이 같은 탈법적인 행위로 인해 이주민들이 과다한 수수료에 노출되어 고통을 당하고 있다면 정말 큰 문제가 아닌가? 정부는 이제라도 근본적인 대책을 마련해야 한다. 더 나아가 민원 행정을 공무상의 편의주의가 아니라 민원인의 편의 중심으로 전환해야 한다. 더는 이주민을 대행 기관의 돈벌이 대상으로 방치해서는 안 된다.

'보호 없는' 외국인 보호소

2014년 4월 16일 세월호 참사가 있은 지 9년이다. 그날의 아픔이 되살아 날 때마다 가슴이 미어진다. 눈에 넣어도 아프지 않은 꽃다운 학생들이 바 닷속으로 사라지는 모습을 보며 우리 모두 치를 떨었다. 비슷한 사건이 과 거 이주노동자에게도 있었다. 2007년 2월 11일의 일이다.

그날, 여수 외국인보호소에서 화재가 발생하여 10명의 이주노동자가 목숨을 잃고 17명이 부상을 입었다. 새벽 4시경 화재가 발생한 3층에는 소 방법으로 의무화한 열감지기 스프링클러조차 작동되지 않았고, 안전관리 를 책임져야 하는 담당 공무원들은 1층과 2층에서 잠을 자고 있었다. 여수 외국인보호소는 국가시설이다. 하지만 외국인을 보호해야 할 국가시설에 '보호'는 없었다. 오히려, 공권력이라는 미명하에 이중으로 된 쇠창살에 갇혀 이주노동자들은 허무하게 목숨을 잃어야 했다. 결과적으로 여수 외 국인보호소 참사는 국가공권력이 빚어낸 강제 추방정책의 총체적 산물이 었다. 이러한 참사에도 불구하고 이주노동자들을 죽음의 벼랑으로 내몰고 있는 단속추방은 지금도 진행 중이다.

여수 외국인보호소 화재 사망자들의 사연

이태복(43): 평생 농사만 짓다가 1996년 빚을 내 브로커에게 8백만 원을 주고 산업연수생으로 한국에 왔다. 공장이 3~4개월 만에 문을 닫아 '귀국 조치' 명령을 받았으나 빈손으로 돌아갈 수 없어 미등록이주노동자가 되었다. 10년 동안 막노동판을 전전하며 한 푼이라도 아끼려고 건설현장 컨테이너에서 숙식을 해결했다.

김성남(54): 건축업 서비스업에서 일할 수 있는 허가를 받았으나 일이 없어 가두리 양식장에서 일하다 미등록이주노동자가 되었다. 엄마 없는 청각장애인인 큰딸과 둘째 딸을 남부럽지 않게 교육 시키려고 일했지만, 수백만 원의 체불임금 때문에 외국인보호소에서 기다리던 중 참사를 당했다. 그가 숨진 뒤 확인한 통장에는 체불임금 720만 원이 입금되어 있었다.

천슈엔훼이(35): 여수 외국인보호소에서 본국에 돌아갈 비행기 표를 구하지 못해 하루 더 머물게 되었는데, 그사이 참사가 일어나 변을 당했다.

김광석(39): 여수 외국인보호소에서 폭행당해 치료를 요구했지만 묵살되었고, 오히려 독방에 갇혀 온갖 인권 유린을 당했다.

에르킨(47): 체불임금 420만 원 때문에 여수 외국인보호소에 꼬박 1년을 갇혀 있었다. 봄에 결혼할 딸에게 혼수품을 사주기 위해 이 돈을 꼭 받아야 했고, 그 돈을 쥐고 본국에 돌아갈 날만 손꼽아 기다리다 여수 외국인보호소에서 참변을 당했다.

장지궤(50), 손관충(40): 강원도 채소밭에서 배추와 무를 캐 시장에 배달하며 손발이 퉁퉁 부어오르도록 일했다. 한 형제처럼 서로 위로하던 이들은 여수 외국인보호소에 갇혀서도 한방에서 지냈고, 변을 당하기 직전 고향에 돌아갈 계획을 세우고 있었다.

리사오춘(46): 여권이 없어 출국하지 못하고 여수 외국인보호소에 남게 된 지 6일 만에 여수 외국인보호소 화재로 사망했다.

진선희(46): 2001년 브로커에게 1,200만 원을 주고 입국했다. 산업연수생으로 들어왔다가 열악한 노동 조건을 견디다 못해 1년 반 만에 직장을 이탈해 미등록이주노동자가 됐다. 여수 외국인보호소에 구금돼 있다가 화재로 사망했다.

황해파(38): 9명의 구금된 이주노동자가 사망한 여수 외국인보호소 화재로 중상을 입고 16일간 사경을 헤매다 결국 사망했다.

여수 외국인보호소 참사 이후, 국가인권위원회에서는 외국인보호소 방문 조사(2008년~2012년)를 실시했다. 인권위와 함께 방문 조사에 참여하며 외국인보호소의 실태를 확인했다. 단속된 이주노동자의 보호기간(출입국관리법 52조)을 10일 이내로 규정하고 있지만 이를 훨씬 넘겨 '보호' 아닌 장기 '구금'이 되고 있다는 점을 가장 먼저 알게 되었다. 게다가 단속과정에서도 가택 및 공장의 무단 진입에 의한 위법적 단속이 계속되고 있었다. 저항하는 이주노동자에 대해서는 보복성 폭행도 서슴지 않았다는 점도 드러났다. 인권위는 이에 대해 "헌법 제10조 인간의 존엄성, 헌법 제12조 신체의 자유, 헌법 제17조 사생활 보호 침해 행위"에 해당하므로 법무부 장관에게 주거 무단 진입 등 단속 관행을 시정하고 재발 방지 대책을 수립해야 한다고 권고하였다.

임금체불과 관련된 권리구제 문제도 좌시할 수 없는 수준이었다. 이슈를 고용노동부 소관으로 이관하여 미흡하게 대처함으로써 외국인보호소 내 이주노동자들은 이중고통을 겪고 있었다. 즉, 외국인보호소는 이름만 '보호소'일 뿐 정작 이주노동자의 권리구제엔 '보호'의 손길을 내밀지 않았다. 따라서 많은 미등록이주노동자가 임금체불 구제 없이 강제로 출국당하고 있었다. 기억나는 사례를 하나 소개한다.

구릉 씨는 2016년 12월 초에 출입국에 의해 단속되었다. 출국을 앞두고 거주지 보증금 1,500만 원과 체불임금 3개월분 540만 원가량, 그리고 4년간 쌓인 퇴직금 1,100만 원을 해소하고 출국하기를 희망하여 출입국에 일시보호해제를 신청했다. 하지만 신청 당시 담당 출입국 직원은 일시 해제 해당 사항에 대해 "임금체불과 관련해서는 보호소에서 다 해결해준다"라고 대답하면서 "신청은 해라"라고 했다는 것이다. 신청과정에서 다른 출입국 직원이 "뭐 하러 신청받냐!"고 하자 그 담당 출입국 직원은 "나중에 거부하면 그만이다"라고 대답했다. 그런데 결과를 보자. "조사에 들어

갔다"라는 답변을 받은 지 2주가 넘었는데 아무런 조치가 취해지지 않았다. 구릉 씨는 결국 "일시보호해제 불허" 통보를 받았다. 불허 사유는 어이없게도 '도주 우려'였다. 권리구제를 받지 못한 구릉 씨는 한 달 이상 외국인보호소에 구금되었다가 2017년 1월 말에 가까스로 출국했다.

이제 다시는 여수외국인보호소 화재 참사 같은 일이 되풀이되어서는 안 된다. 미등록이주노동자를 무조건 강제 추방할 것이 아니라 시간을 두고 입장을 살피며 자발적으로 귀국하도록 유도해야 한다. 반인권적인 구금시설인 외국인보호소는 폐쇄되어야 한다. 최소한, UN이 마련한 '피구금자 처우에 관한 최저기준 규칙'을 준수하는 사회가 되어야 하지 않을까?

프로크루스테스의 침대 위의 이주노동자

과연 법은 정의로운가! 정의의 여신 '디케'는 눈을 가리고, 한 손에는 저울을 한 손에는 칼을 들고 서 있다. 법 집행은 한 치의 편견도 없이 공정하고 엄중해야 함을 상징하는 것이다. 과연 그럴까? 민주주의를 표방하는 여러 사회를 지배하는 원칙은 여전히 '유전무죄 무전유죄'(有錢無罪 無錢有罪)이다. 법을 집행해야 하는 행정기관이 자본의 시녀를 자처하고 있기 때문이다. 저울은 이미 기울어졌다.

이주노동자에게 적용되는 부당한 처우 중 정말 어이없는 것이 하나 있다. 도무지 그 내용을 정확히 파악할 수 없는 '품행 미 단정'이란 사유다. '품행 미 단정'이란 도대체 무슨 뜻일까?

2017년 말, 낯익은 이주노동자가 센터를 방문했다. 그는 2010년경 외국인보호소 실태조사 차 보호소에서 상담을 받았던 후세인(방글라데시) 씨였다. 당시 후세인 씨는 단속된 지 3개월이 넘도록 출국하지 못한 상황이었다. 같은 봉제공장에서 일하던 여성과 2008년부터 사실혼 관계에 있었는데 임신 6개월인 아내를 두고 혼자서만 본국으로 갈 수 없다고 하면서 "아내는 장애가 있어 건강하지 못하고, 주변에 도와줄 사람도 없으니 보호일시해제를 받을 수 있도록 도와달라"는 게 요지였다. 상담 후 출입국에

이 사실을 통보하고, 선처를 요구했다. 그 결과 후세인 씨는 법적 절차를 통해 보호일시 해제를 받았고, 나중에 결혼이민자 비자(F-6)를 발급받게 되었다. 그 일로 인연을 맺은 후세인 씨가 다시 센터를 찾아온 것이다. '귀화 신청'을 도와달라고 하면서….

후세인 씨는 일반적인 귀화 요건에 따라 귀화 신청에 필요한 제반 서류를 빠짐없이 제출했다. 그런데 면접 후 불허 결정 통지서를 받았다. 불허의 사유로 "국적법 제5조(일반귀화 요건) 3항에 의한 '품행 미 단정'"이라는 내용이 적시되어 있었다. 출입국에 이게 무슨 뜻이냐고, 사유를 명확하게 알려달라고 아무리 간청해도 소용없었다고 한다. 이야기를 듣고 나서 법무부를 통해 불허 사유인 '품행 미 단정'에 대한 확인을 다시 시도했다. 그러자 아래 내용과 같은 답신이 왔다.

대한민국은 귀화 허가 신청자에게 국적법상 귀화 허가의 요건 중 하나로 '품행이 단정할 것'을 요구하고 있는바, 이는 외국인의 성별, 연령, 직업, 가족, 경력, 범죄경력 등 여러 가지 사정을 종합적으로 고려하여 대한민국의 사회 구성원이 되는 데 지장이 없을 정도의 품성과 행동을 갖추고, 대한민국의 법질서를 지키고 존중하려는 뚜렷한 의사를 가지고 있음을 의미합니다. (…) 국내법 위반 사실로 귀화 허가 신청 건이 불허되었다고 하더라도, 귀화 허가 신청은 그 횟수나 시기에 제한을 두고 있지는 않으므로 관련 요건, 자료 등을 갖추어 재차 귀화 허가 신청을 할 수 있음을 알려드립니다.

'품행 단정'의 요건으로 성별, 연령, 직업, 가족, 경력, 범죄경력 등을 종합적으로 고려한다고 하지만 이는 '품행 단정'에 대한 미사여구(美辭麗句)일 뿐 그 기준이 명확하지는 않다. 따라서 공무원들의 자의적인 해석에 따라 재량권이 남용될 소지가 훨씬 크다. '품행 단정'이라는 불명확한 요건은 침해의 최소성 원칙을 위반하고, 과잉금지 원칙도 위배하는 악법이다. 국가인권위원회에서도 지난 2012년에 "품행 단정의 상세한 기준이 없어 평등권을 침해한다"라고 하면서 법무부에 기준안 마련을 권고했지만, 아직도 품행 단정을 둘러싼 명확한 지침은 마련되어 있지 않다. 다만, 법무부에서는 귀화 허가를 받고자 하는 신청 횟수와 시기에 제한을 두지 않는다는 친절한 안내만 거듭했을 따름이다.

이주노동자에게 적용되는 악법은 이 밖에도 다양하다. 미등록이주노동자의 단속 이후 권리구제(임금체불, 거주보증금, 기타 재산 등)를 위해 보호 일시해제 장치를 마련했지만, 여기에도 '도주의 우려'(출입국관리법 제66조 1항1)라는 걸림돌이 있다. 왜냐하면 이를 판단하고 심사기준을 최종 결정자는 출입국 소장으로 국한되어 있는 탓이다. 의문이 들 수밖에 없다. '보호일시해제'는 정말로 이주노동자의 권리구제에 도움이 될까?

2013년 6월 동생처럼 생각하는 모누가 일하던 공장이 화재로 전소되었다. 인명 피해가 없어 다행이었지만, 화재로 인해 사업주도 큰 손실을 보았고, 모누도 500여만 원이나 되는 임금을 받지 못하고 퇴사했다. 성실한 모누는 이후 다른 공장에서 일자리를 찾았는데 공교롭게도 그만 출입국에 단속되었다. 그는 단속이 어쩔 수 없는 상황이라는 것을 잘 알고 있었다. 그래서 출국하기 전 임금체불 1,100만 원과 월세 보증금 1,000만 원이 있으므로 이를 해소하려는 목적으로 출입국에 보호일시 해제를 요청했다. 그런데 한 달이 훨씬 지나서야 "불허"한다는 통보를 받았다. 불허의 사유는 "청구 시 첨부된 서류의 검토 결과 신뢰하기가 어려움으로 주문과 같이 결정함"이라는 단 한 줄이었다. 검토 결과를 안내하는 데 있어 사실적 근거 사항과 입증 여부 등에 대한 합리적인 내용은 생략한 채 막연하게 '신뢰하기 어려움'이란 표현을 쓴 것이다. 작성자의 심증만으로 해석된 자의적 답변 아닌가? 도무지 이해할 수가 없었다.

이에 정확한 사유를 듣고자 면담을 요청했지만, 돌아온 답변은 더 기가 막혔다. "보호일시 해제 규정은 있으나 임금체불 및 임대차 보증금으로는 보호일시해제를 하지 않는다"라는 것 아닌가? 분명 규정이 있음에도 담당 공무원이 공무를 부정한 상황이었다. 이어 담당 공무원은 "결과를 우편으로 발송했다. 더는 할 얘기가 없으니 이만 가라!"라고 하며 자리를 박차고 나갔다.

이는 모누의 경우에만 국한된 이야기가 아니다. 그동안 이주 현장에서 숱하게 목도한 일들이다. 권리구제를 받는 데 도움을 주려고 제정했다는 법과 제도가 도리어 부메랑이 되어 이주노동자에게 돌아가는 현실이라니. 이 같은 일들을 보고 듣는 동안 문득 그리스신화에 나오는 '프로크루스테스의 침대'가 떠올랐다. 어떤 여행자든 죽을 수밖에 없는 무시무시한 침대. 한국의 프로크루테스가 지금 이주노동자에게 편안하고 안락한 침대를 준비했으니 와서 누우라고 유혹하고 있다. 언제든지 사용하라고 권한다. 이주노동자들의 팔다리를 제멋대로 자르거나 늘리면서….

가족의 결합권은 보장되어야 한다

2002년 월드컵의 열기가 채 식기 전인 2003년, 제13회 아시안컵 축구선수권대회를 치르던 중의 일이다. 당시 입국했던 네팔의 국가대표 축구선수 3명이 잠적했다는 소식이 들려왔다. 국가대표 축구선수가 숙소를 이탈하여 이주노동을 선택했다는 사실이 도무지 납득이 되지 않았다. 국가대표 선수들의 위상을 생각하면 이해하기 어려운 일이었다. 그러고 나서 얼마 후, 순박하게 보이는 네팔 청년 한 명이 센터를 방문했다. 스쿠라(당시 27세)라고 소개한 이 친구는 한국에 온 지 얼마 안 되었다고 했다. 당연히 한국말을 하지 못했고, 얼굴에는 긴장감마저 드리워져 있었다. 그가 바로 잠적했다던 네팔 국가대표 축구선수 중 한 명이었다.

　많은 궁금증이 일었지만 묻지는 않았다. 스쿠라 역시 이주노동자 중 한 명일 뿐이었다. 그 뒤로 그는 축구공 대신 연장을 들고 가구공장에서 묵묵히 일했다. 간혹 지역 간에 축구 시합이 있을 땐 공을 찼다. 축구공으로 꿈을 이루지는 못했지만, 또 다른 꿈을 꾸고 있었다. 그렇게 시간이 흘러 스쿠라도 안정을 찾게 되었다. 2014년 무렵 스쿠라가 홍콩에 있는 여자친구를 초청할 수 있도록 도와달라고 부탁했다. 스쿠라가 네팔에 있을 때 같은 동네에서 살고 있던 친구의 동생인데 지금은 홍콩에서 가사노동에 종사하는 중이라고 했다. 스쿠라는 그때 이미 미등록 체류자였기에 연인을 찾아 국경을 넘을 수 없었다. 하지만 이주노동의 고달픔도, 두 사람 사이의 국경도 이들의 사랑은 막지 못했다. 이 이야기는 2014년 EBS 대기획 9부작 〈가족 쇼크〉 제3부 '마석, 집으로 가는 길'에서 소개되었다. 2015년엔 제12회 EBS 국제 다큐 영화제에서도 상영되었다.

2018년 8월 25일, 스쿠라는 한국 생활을 정리하고 떠났다. 사랑하는 여인과 결혼하기 위해 네팔로 돌아간 것이다. 그를 배웅하는 환송회에 센터에서도 참석했다. 우리는 네팔에 돌아가서 양가 부모님 모시고 결혼식도 올리고, "행복하게 잘 살아"라고 당부했다. 그도 우리에게 "네팔에 꼭 놀러 오라"라고 인사했다. 지인 한 분이 이별의 선물로 스쿠라에게 축구 유니폼을 입혀 주었다. 축구선수 유니폼을 입고서야 스쿠라는 밝게 웃었다. 그 웃음 속에서 우리는 그간 차마 묻지 않았던 질문의 대답을 들을 수 있었다. 유니폼을 입고 축구공을 차며 운동장을 누비고 싶다는 그의 마음속 꿈에 대해서….

스쿠라의 경우를 보며 한 가지 꼭 언급하고 싶은 것이 생겼다. 한국 사회가 외국에서 온 이주노동자들을 대하는 태도, 특히 그중에서 가족 동반을 허용하지 않는 비인간적인 처사에 대해서다. 한국의 외국인력 제도는 대만의 고용허가제를 차용하여 3년 단위의 단기·순환으로 설계되었다. 이후 사업주들의 요구로 체류 기간이 더욱 길어지면서 최장 9년 8개월로 늘어났다. 그러나 원천적으로 가족 동반과 정주를 허용하지 않는다. 이는 곧 한국의 외국인력 제도가 노동력이라는 경제적 관점에서만 이주노동자를 받아들일 뿐 인간적인 대우를 고려하지 않는다는 점을 보여준다. 사람이 살아가는 데 가장 기본적인 단위이자 최소한의 단위는 '가족'이다. 그런데 노동력이 필요하여 유입해놓고 그들의 가족이 해체되게 방치하거나 가족의 결합권을 요구할 때 이를 묵살하는 제도가 있다면, 그보다 더 비인간적인 것이 있을 수 있겠는가? 지금 우리 사회가 이주노동자의 가족을 대하는 태도는 어떤가, 마땅하고 적절한 제도가 있는 것일까?

1990년 12월 18일 UN 제69차 총회에서는 '모든 이주노동자와 그 가족의 권리에 권한 국제협약'(이하 이주노동자권리협약)을 채택하였다. 여기에서 눈여겨보아야 할 점이 바로 '이주노동자'와 '가족'이다. 이 협약은 가족을 권리의 향유 주체인 사회적 실체로 인정하고, 그들의 권리 보호를 구체화하고 명문화하고 있다. 무엇보다 기존의 다른 인권협약이 시민권이나 체류자격에 근거하여 개인의 권리를 보호하는 데 그친 것에 비해 '이주노동자권리협약'은 개인의 법적 지위뿐만 아니라, 가족을 포함한 권리 보호를 인정했다는 점에서 여타 인권협약과 다르다.

이주노동자권리협약은 협약의 당사국에게 이주노동자 가족의 결합 보호를 보장하기 위한 적절한 조치를 취할 것, 그리고 이주노동자가 그의 배우자와 미혼의 미성년 자녀와 재결합하는 것을 촉진하기 위해 적절한 조치를 취할 것 등을 요구하고 있다. 그러나 한국은 UN의 이주노동자권리협약에 가입조차 하지 않았다. 가입하지 않은 이유를 물었더니 "노동자가 초과 유입되어 그들이 정주화를 촉진하게 될 것을 우려하기 때문"이라는 답변이 돌아왔다. 그렇다면 한국 사회는 여전히 이주노동자들을 일회성 인력으로 취급한다는 뜻일까?

대한민국은 이주노동의 송출과 유입을 두루 경험한 국가다. 지난 100여 년간 이주의 역사를 경험하면서 700만이 넘는 해외 거주 재외동포를 두고 있다. 이러한 역사적 경험을 반추한다면 다른 선진국과 달리 노동력 송출국가의 처지를 충분히 공감할 수 있지 않을까? 이제 더는 이주노동자 이슈를 단순히 노동력 확보와 충원이라는 측면에서 파악해서는 안 된다. 그들의 사회적 권리를 보장함과 동시에 의무의 주체로 인정하는 '전향적인 사고'가 필요하다. 이렇게 할 때 비로소 우리 사회는 이주 문제에

관해 인권 선진국으로 도약할 수 있으며, 아시아의 새로운 공존 구도 정립
과 평화유지에 기여할 수 있을 것이다.

Yoosuf Azeem (right) of Maldives tries to thwart Sukra Tamang of Nepal in the match for third place.

사업장 변경의 사선을 넘어, 또 다른 장애물

우리 사회의 이주노동자 문제 중 최악의 독소조항은 '사업장 이동의 자유'를 원천적으로 봉쇄한 것이다. 정부와 사업장이 내세우는 이유는 "사업장을 자유롭게 이동하게 하면 노동시장이 교란된다"라는 것이다. 하지만 이는 헌법에서 보장한 '직장선택 자유 원칙'을 명백히 위배한 것이다. 단서조항으로 이주노동자들은 "불가피한 귀착 사유가 발생할 때"를 제외하고는 사업장을 이동할 수 없다. 만에 하나 사업장을 이동할 경우 '한시적'으로 '3개월 이내'에 새로운 사업장을 구해야 한다. 이 조건을 어기면 곧바로 출국 대상자가 된다. 단속과 강제 추방을 피하고자 이주노동자들이 얼마나 애를 끓이며 새로운 사업장을 구해야 할지 짐작하고도 남는다.

여기에 그치지 않고 최근 2023년 7월 14일에 고용노동부 외국인력정책위원회에서는 수도권으로 인력 이동이 심화되고 있는 상황에서 인구소멸 지역 대응 방안으로 이주노동자의 사업장 변경을 '권역별 단위에서만 허용'하겠다고 밝혔다. 사업장이동 제한이라는 족쇄도 부족해서 이제는 이중으로 족쇄를 채워 손발을 묶겠다는 심사이다. 인구소멸이 이주노동자의 탓인가! 지역 발전 불균형이 무엇에서 비롯되었는지 곱씹어 보게 된다.

업종별 사업장 변경 신청 현황

구분	2017	2018	2019	2020	2021	2022
제조업	40,814	40,646	36,003	29,598	23,342	28,246
건설업	4,650	5,308	4,573	3,930	3,361	3,174
농축산업	7,699	8,389	7,449	4,939	3,732	5,970
어업	2,149	2,761	3,772	2,944	1,603	2,932
서비스업	102	82	112	95	60	93
총계	55,414	57,186	51,909	41,506	32,098	40,415

(단위: 명)

또 하나 심각한 문제는 이주노동자들이 새로운 사업장을 찾을 수 있는 정보에 접근하기가 너무 어렵다는 점이다. 초기 이주노동자들은 3배수의 "알선장"을 받아 사업장마다 뛰어다녀야 했다. 일주일에 한 번 있는 고용주와의 만남을 위해 고용센터에 이주노동자들은 새벽부터 나와 초조하게 긴 줄을 선 채 기다려야 했다. 그렇게 해서 고용되면 그나마 다행이지만, 그렇지 못한 경우에는 한없이 불안에 떨며 또 한 주를 보내야 한다.

그런데 2012년 8월부터는 아예 이런 기회마저 없애버렸다. 정부에서는 브로커 개입을 빌미로 알선 자체를 차단했지만, 이는 확인되지 않은 사실을 빌미로 한 궁색한 변명일 뿐이다. 이주노동자들을 돕기는커녕 오히려 그들의 사업장이동을 옥죄는 조치가 되었기 때문이다. 초기 알선장을 배부하던 방식은 이제 문자 통보로 바뀌었다. 그 결과 사업장을 변경하고자 하는 이주노동자들은 자나 깨나 밤이나 낮이나 전화기를 들여다보게 되었다. 구직활동에 또 다른 신종 족쇄가 채워진 것이다. 다음은 새로운 사업장을 찾고 있는 한 이주노동자의 사연이다.

전화 문자 기다리느라 잠을 못 자요

새로운 사업장을 구하기 위해 저는 고용지원센터에서 보내주는 문자만을 기다리고 있습니다. 온종일 초조한 마음으로 핸드폰을 손에서 놓지 못하고 있습니다. 보름 만에 온 문자를 받아보았습니다. 하지만 한국에 온 지 불과 11개월밖에 되지 않은 나는 문자에 쓰인 내용이 무슨 뜻인지 알 수가 없었습니다. 우여곡절 끝에 문자의 연락처에 전화하니, 무작정 오라고 했습니다.

찾아가야 할 곳을 몰라 택시에 타고 아저씨에게 문자를 보여드렸습니다. 택시 기사도 도심에서 떨어져 있어 쉽게 찾지 못하셨습니다. 12만 원이나 택시비를 치르고 공장에 도착했지만, 사장님은 제가 마음에 들지 않는다며 고용하지 않았습니다. 한참 걸어 나와 택시를 타고 다시 돌아왔습니다.

오늘은 또 어디서 자야 할지. 주머니에는 동전 소리만 들립니다. 애꿎은 핸드폰만 계속 만지작거립니다.

지난 2014년에 '경기 북부 사업장 변경 이주노동자 실태 및 제도개선'에 따르면 사업장을 변경한 사유로 36퍼센트가 해고, 임금체불 18퍼센트, 폐업 16퍼센트, 열악한 기숙사 환경 6퍼센트, 질병 및 상해 5퍼센트로 조사되었다. 또한, 변경까지의 기간이 평균 34.7로 나타났고, 변경 사유별에 있어서는 임금체불의 경우에는 73일로 가장 길었다. 이주노동자 절반 이상이 구직활동을 하는 데 한 달 이상이 걸림으로써 정신적인 문제뿐만 아니라 경제적인 부담도 가중될 수밖에 없었다. 소득이 없는 구직기간 중 평균 숙박비와 식비, 교통비 등은 총 1,080,872원으로 나타났다.

　　근본적으로 직장선택의 자유는 국적을 불문하고 모든 노동자에게 인정되는 권리이다. 헌법재판소도 이주노동자의 직장선택의 자유에 대한 기본권 주체성을 인정한 바 있다. 직장선택의 자유는 말 그대로 자유롭게 직장을 선택하고 변경할 수 있는 권리를 말한다. 구체적으로 "개인이 그 선택한 직업 분야에서 구체적인 취업의 기회를 얻거나 이미 형성된 근로관계를 계속 유지하거나 포기하는 데 있어 국가의 방해를 받지 않는 자유로운 선택·결정을 보호하는 것을 내용"으로 한다고 밝히고 있다. 그런데 알선에 관한 고용노동부 지침은 이주노동자의 직장 선택의 자유를 심각하게 침해하고 있다.

사업장을 변경하고자 하는 이주노동자는 사업주가 자신에게 전화를 걸어 근로계약에 대한 청약을 해올 것을 기다리는 행위 외에는 어떠한 구직 노력도 할 수 없다. 즉 이주노동자가 사업장의 근로조건, 작업환경 등을 검토하는 등 자신에게 맞는 사업장을 직접 모색하는 것이 애초부터 불가능하다. 또한 구인 사용자의 면접 요청이나 채용 의사를 받더라도, 이주노동자는 해당 사업장의 근로조건 등이 자신과 맞지 않다는 이유로 이를 거절할 수도 없다. 외고법에 따라 사업장 변경 신청 후 3개월 안에 근무처 변경 허가를 받지 못하면 체류자격이 박탈되는 상황에서 구인 사용자의 면접 요청이나 채용 의사를 거부할 경우, 2주간 알선이 중단된다는 것은 사실상 면접 요청이나 채용 의사를 거부해서는 안 된다는 것과 동일하기 때문이다.

오늘도 많은 이주노동자가 새로운 사업장을 찾아 떠난다. 새로운 사업장의 정보도 없이 무거운 가방만큼이나 힘겨운 구직을 위해 한 조각의 문자에 의존한 채 잠도 이루지 못하면서. 이주노동자들의 코리안 드림은 정말 이루어질 수 있을까?

고용허가제 이주노동자 구직기간(3개월) 알선 현황

구분	2018년	2019년	2020년	2021년	2022년
제조업	8.1	7.7	8.6	9.2	7.7
건설업	2.4	2.2	1.9	2.0	2.1
농축산업	5.6	6.2	8.2	7.3	5.4
서비스업	3.0	2.7	3.6	3.1	3.1
어업	4.7	5.0	7.6	8.9	5.4

악순환의 고리를 끊어야 할 때

국제이주기구(IOM)에 따르면 2020년 기준 국제 이주민의 수는 2억 8,060만 명으로 세계 전체 인구의 약 3.6퍼센트에 이른다. 2019년 경우 약 2억 7,200만 명의 국제 이주민이 있는데 그중 2/3에 해당하는 1억 6,900만 명이 이주노동자였다. 또한, 2020년 아시아지역은 8,560만 명에 이른다.

1965년	1975년	1985년	1990년	2000년	2050년
75,214	84,494	105,194	119,761	175,000	230,000

세계이주민의 규모 (단위:천명)

왜 이주노동자는 해마다 늘어나는 것일까? 사랑하는 부모와 가정을 떠나 낯선 이국땅으로 가는 것일까! 혹자는 교통과 통신의 발달로 재화 축적과 삶의 풍요를 위한 개인의 선택이 수월해졌기 때문이라고 한다. 틀린 이야기는 아니다. 하지만 이는 간접적인 요인일 뿐 보다 근본적인 원인은 될 수 없다. 가장 중요한 이유는 신자유주의 경제체제에 따른 극심한 빈부격차가 초래한 '빈곤' 때문이다. 이주노동은 자연스러운 선택이 아니다.

'강요된 선택'이다.

전 세계 8억 4천만 명 이상의 사람들이 영양실조에 걸리고, 매시간 1,250명의 유아가 사망하고 있다. 1,200만 명의 사람들이 매년 물 부족으로 죽어가고, 세계에서 가장 부유한 1퍼센트의 사람들이 올리는 수입은 가장 가난한 57퍼센트의 수입을 모두 합한 것보다 많다. 그뿐인가? 하루 1달러도 안 되는 돈으로 12억 명이 목숨을 부지하고 있는 세상이다. 전 지구적인 상황이 이렇게 돌아가고 있는데 우리가 이주노동자들을 바라보며 "뭐 하러 남의 나라에 와서 저 고생을 하나? 가난해도 자기 나라에서 살지 않고!"라고 과연 말할 수 있을까?

이주노동의 문제는 단순히 이주노동자만의 문제가 아니다. 모든 지구인의 문제다. 물론 어느 한 사람이나 단체의 노력으로 전 세계적인 이슈인 '빈곤 문제'를 어떻게 해결할 수는 없다. 그러나 고민은 계속되어야 한다. 반복적으로 나타나는 이주노동 이슈 역시 그들이 처한 빈곤 상황과 맥락이 닿아 있는 탓이다. 따라서 이주노동자들이 일터에서 어느 한 사회의 일원으로서 권리를 누리며 살 수 있도록 장치를 마련하는 것 외에 그들의 귀환 및 재통합과 관련된 다양한 사안에도 관심을 기울여야 한다. 그중 하나인 '이주노동자 귀환 사회 재통합 프로그램'을 살펴보자.

한국 사회에 처음으로 귀환프로그램이 소개된 것은 1996년 MFA (Migrant Forum in Asia) 회의 때다. 외국인·이주노동운동협의회(이하 외노협)가 이 회의에 참석하여 홍콩의 AMC(Asia Migrant Worker Center) 귀환프로그램 사례를 소개받았는데, 이것이 시작이었다. 그 후, 2004년 18여 개 이주노동자 단체가 함께 '이주노동자의 자발적 귀환과 재통합을 위한 컨소시엄'을 구성하여 아름다운 재단의 지원으로 귀환 관련 자료집을 만들게 되었고, 2006년부터는 사회복지공동모금회의 지원으로 구체적인 자료집 제작과 함께 귀환사업을 위한 이론 교육과 실질적인 기술교육을 확대

했다.

　이 사업은 국내 이주노동자 및 본국의 이주예정자와 가족들에 대한 종합적 지원 성격의 자발적 귀환프로그램을 통해 건강한 한국 생활을 유도하고, 자국 사회개발 의식 고양과 모델 개발로 빈곤 극복을 통한 이주노동의 악순환 고리 차단, 그리고 귀환한 이주노동자를 통해 아시아 사회개발 협력과 빈곤 극복을 목적으로 한다. 하지만 아쉽게도 외부 지원금(사회복지공동모금회, 아름다운재단)에 의존한 사업이었기에 외부 사정에 따라 4년 만에 중단되었다. 이후, 정부는 2004년 고용허가제와 병행하여 실시한 산업연수생제도가 2007년부터 고용허가제로 일원화함에 따라 2007년 8월부터 고용허가제 만료로 인해 급격히 늘어난 미등록 체류 이슈를 해결하기 위해 산업인력공단의 조직개편(2008년 1월)을 통해 귀국지원팀을 신설했다. 그러나 산업인력공단이 추진한 귀국 지원 사업은 출국 예정일 3개월 전에 출국일 SMS 발송이나 출국 절차 안내 등 귀국 정보를 제공하는 데만 초점이 맞추어져 그 실효성에 의문이 제기되었다. 자발적 귀환 유도 기능이 미흡하다는 평가도 뒤따랐다. 또한, 귀환 이주노동자를 초청하여 전국을 순회하며 강연을 벌이기도 했으나 성공 사례 역시 형식적이었다는 평가였다. 그 뒤 2012년부터 '해외 진출 한국기업 맞춤 훈련'이 시행되었지만 예산을 투입하여 귀환 이주노동자의 취업을 지원하는 것은 과도하다는 의견, 관리상 한계가 있어 운영에 충실할 수 없다는 지적, 나아가 자발적 귀환 유인 효과가 부재하다는 결과 등 여러 부정적인 문제점이 드러났다.

　이 같은 판단 아래 고용노동부는 입국부터 출국에 이르는 전(全) 단계뿐 아니라 귀환 후에도 지속적인 지원과 서비스가 이루어지도록 프로그램을 설계해야 한다는 당위성을 인지하게 되었다. 이에 따라 귀국 정보제공 위주의 귀환 지원 사업에서 벗어나 그 내용을 보다 효과적으로 구성하고,

귀환 지원 통합서비스사업을 실용적으로 설계하며, 이주노동자들이 각각 자신의 체류 단계에 따라 국내 취·창업 교육 훈련(2016년부터 해외 진출 한국기업 맞춤 훈련 예산 439백만 원 활용)을 받는 것은 물론 연계성과 지속성을 담보한 귀환 의식 함양에도 초점을 맞추는 등 전면적인 변화를 도모하게 되었다.

이주노동자를 위한 귀환 재통합의 목적은 분명하다. 유출국 입장에서는 외환 획득이 주목적이고, 유입국 입장에서는 노동력 활용이 주목적이다. 이는 부인할 수 없는 팩트이다. 그러나 이 과정 전체는 이주노동자의 총체적인 삶을 염두에 두고 분석해야 한다. UN이 발표한 '모든 이주노동자와 그 가족의 권리 보호에 관한 국제협약'은 이점을 잘 표현하고 있다. '모든 이주노동자와 그 가족의 권리 보호에 관한 국제협약'(이주노동자권리협약)은 1990년 12월 18일 제45회 유엔총회에서 채택되어 20번째 비준서가 기탁, 2003년 발효된 국제협약으로 이주노동자와 그 가족의 인권 보호 및 차별금지에 초점을 맞추고 있다. 협약의 골자는 "이주노동자가 자본의 재생산에 그치는 것이 아니라, 이주노동 악순환의 고리를 끊고 귀환 재통합의 발판을 마련하여 귀환 후에 이주노동자 역시 사회 재통합의 주체로 거듭날 수 있도록 도와야 한다"라는 것이다. 전 세계가 이러한 움직임에 동참하고 있지만 대한민국 정부는 협약이 국내 출입국관리법, 외국인 근로자 고용 등에 관한 법 등과 충돌하는 부분이 많다면서 가입을 미루고 있다. 사업장이동 금지, 이주노동자가 동반가족을 초청할 수 없게 하는 인권침해 규정 등을 엄격하게 금지하고 있기 때문이다. 이주노동자들은 이주노동자권리협약 채택일을 '세계이주노동자의날'로 정하고 매해 집회를 열고 있다. 우리나라 정부가 가장 기본적인 이 인권협약에 가입하게 되는 날은 언제가 될까!

난민 이슈는 '가장 인도적인' 차원에서 접근해야 한다

2018년에는 예멘 난민 소식을, 2021년에는 아프가니스탄 난민 뉴스를 접해야 했다. 개인적으로 이에 대해 별도의 언급을 하지 않으려 했다. 자칫 또 하나의 논쟁거리를 제공함으로써 외국인 혐오와 인종차별 정서를 증폭시키고 싶지 않아서였다. 하지만 분위기는 이미 위험 수위를 넘어섰다. 난민 문제를 다루는 본질적인 대안 모색이 아니라 외국인 혐오와 인종차별이라는 비본질적인 이슈들만 증폭되었기 때문이다.

대한민국은 지난 1992년 '난민협약'에 가입했다. 2013년에는 아시아에서 유일하게 선도적으로 난민법을 제정하여 시행 중이다. 그러니 난민협약과 난민법에 따라 난민을 보호하는 국제법 및 국내법만 이행하면 될 게 아닌가? 하지만 이는 우리의 짐작에 불과하다. 그동안 한국 정부의 난민행정 시스템은 형식적인 절차 수준에 그쳤을 뿐 '공정·엄격·신속'이라는 3대 원칙은 '부재중'이기 때문이다. 그 속사정을 들여다보자.

난민 신청자는 지난 1994년~2022년까지 모두 84,922명이었다. 그러나 이 기간에 난민으로 인정받은 자는 1,338명으로 0.1퍼센트에 불과하다. 이의신청자 중 난민 인정자는 0.05퍼센트, 행정소송을 해서 승소한 경우는 0.01퍼센트로 이는 마치 낙타가 바늘귀를 통과하는 수준이라고 할 수밖에 없다. 다음 표를 보자.

연도별 난민 현황 1994년~2022년

구분	신청	인정									인도적 지위	난민 취소
		전체	법무부심사					행정소송				
		소계	1차인정	2차인정	재정착	가족결합	인정소계	인정	가족결합	인정소계		
합계	84,922	1,331	309	199	233	468	1,209	121	8	129	2,480	7

난민인정이 하늘의 별 따기보다 어렵다는 사실은 차치하더라도 이를 심사하는 인력 문제도 좌시하기 어렵다. 2018년 전까지는 난민심사에 투여된 인원이 고작 39명(1차 심사 28명, 이의신청 11명)밖에 되지 않았다. 예멘 제주 난민을 계기로 그나마 인원이 충원되어 2021년 93명으로 늘었지만, 이 정도 숫자로는 기하급수적으로 증가하는 난민 신청자를 감당하기 어렵다. 아니, 물리적으로 도저히 불가능한 일이다.

'한국에서 난민 신청자로 살아가기' 2022 이주 인권가이드라인 모니터링 결과 보고서에 의하면 2022년 기준 1차 심사에서 최장기 심사 기간은 56개월이었고, 2021년 1차 심사 결과 평균 대기기간이 23.9개월이었던 것으로 드러났다. 공정하고 엄격한 심사가 이루어져야 하지만 원천적으로 이를 기대하기가 어려운 상황 아닌가? 또한 난민심사의 핵심이라고 할 수 있는 국가 정황 정보도 부실하다. 외교부 자료에만 의존하기 때문이다. 게다가 설령 이의신청에 들어간다 해도 즉각적인 문제해결은 요원하기만 하다. 난민위원회가 비상설위원회로 구성된 데다가 1차 심사의 판단자료를 그대로 인용하는 탓이다. 이 같은 애로사항을 인지한 법무부는 2022년 7월 '해외 주요국 국가 정황 정보 전담 조직 운영사례 및 법제도 연구' 연구용역 입찰을 공고하고, 난민 발생국의 인권·안보 상황 등 국가 정황 정보를 전문적으로 분석·수집할 전담 조직 신설을 추진 중이라고 하지만, 지금까지의 정황으로 보아 난민인정 비율과 비교할 때 난민심사행정 평가는 상대적으로 0.01점밖에 안 된다고 보아도 무방하다.

이처럼 어설픈 난민행정 시스템을 가지고 있는 정부에서 난민제도 악용을 근절하는 대응 방안(법무부 '제주도 예멘인 난민 신청 관련 조치 상황 및 향후 계획', 2018.6.29.)을 내놓은 것은 적반하장(賊反荷杖)이 아니라 할 수 없다. 그동안 난민행정 시스템의 허실로 인해 발생할 수밖에 없었던 부실한 난민행정 시스템에 대한 냉철한 반성 없이 오히려 난민에 대한 부정적 인식을 부추기는 결과만 만들었기 때문이다.

2021년 12월 17일에 정부는 '난민법 일부개정법률안'을 발의하면서 개정 사유로 난민 신청자의 심사기능의 내실화 측면에서 난민심사 부적격 결정 제도를 강화하여 신속성 및 효율성 제고를 위해 법안이라고 밝히고 있다. 하지만 법안이 담고 있는 내용을 들여다보면 난민 신청자를 남용적 신청자로 취급하고, 난민의 심사 기회를 심각하게 제한하는 법안임을 알 수 있다. 난민심사 기회를 제한하는 이 법안으로 인해 오히려 난민 지위 인정조차 더 어려워진 탓이다. 이 같은 상황에서 난민 가능성이 커진 신청자들은 심사받을 기회조차 발탁당하고 본국으로 강제 송환될 위험에 처하게 되었다.

앞뒤가 맞지 않는 일이다. 난민 절차를 신속하게 진행할 수 있는 난민행정 시스템을 구축하면 되는 문제를 마치 신청자들이 난민이라는 위치를 악용하는 것처럼 오도하고 있는 데다가 무사증으로 입국하여 난민을 신청하는 일 자체를 막음으로써 난민을 원천적으로 배제하고 있기 때문이다. 이러한 의도는 인도적인 난민제도를 부정하는 처사일 따름이다. 정부의 이 같은 우유부단하고 무책임한 태도가 난민들에 대한 과도한 혐오를 양산하는 주범이라는 점을 관계자들은 왜 인지하지 못할까?

난민은 인종, 종교, 국적, 특정 사회집단의 구성원이라는 신분, 또는 정치적 견해 등을 이유로 박해의 공포에서 벗어나고자 하는 사람들이다. 그들은 국적국의 보호를 받을 수 없거나 보호받기를 원하지 아니하는 외국인들로 대한민국에 입국하기 전 거주했던 국가로 돌아갈 수 없거나 돌아가기를 원하지 아니하는 무국적자가 대부분이다. 이러한 특수한 상황에 놓인 난민을 잠재적 범죄자로 예단하는 분위기는 대체 어디서 기인한 것일까?

난민행정 절차의 부실로 인해 파생된 문제를 난민혐오나 인종차별이라는 프레임으로 가려서는 안 된다. 좀 더 냉철하게 난민 문제를 들여다보아야 한다. 처음부터 난민이 되고자 한 사람은 없다. 그 누구인들 나라를 버린 채 바다 위를 떠돌다가 죽거나, 끝없는 사막길을 걷다가 죽으리라고 상상이나 했겠는가? 그들 역시 자신의 의지와 상관없이 어느 날 갑자기 난민이 되어버렸을 뿐이다.

세계 난민의 날 국가인권위원장 성명

법무부 출입국통계 등에 따르면, 2021년 난민 신청은 2,341건이고, 1,044건이 난민 재신청이며, 난민 신청에 대한 심사 기간은 평균 약 17.3개월이 소요되었다. 만약 난민 재신청자가 이의신청 및 소송을 진행할 경우 훨씬 더 오랜 기간 불안정한 신분으로 체류하게 된다. 신분을 증명하는 서류나 생계비 지원도 없이 취업마저 하지 못하는 상태에 놓여 생존권을 위협받을 수 있다.

법무부의 '남용적 난민 신청자 체류 관리'가 적체된 난민 신청심사 때문임을 고려하더라도 재신청자에게 위와 같은 제약을 가하는 것은, 국가의 보호책임을 다하지 못하는 것일 뿐만 아니라 강제송환금지의 원칙을 위반할 위험이 있고, 난민 신청자의 권리와도 상충될 우려가 있다.

위와 같은 문제의식하에 인권위는 2022년 5월 13일 침해구제 제2위원회 의결을 통해 법무부 장관에게 난민 재신청자의 신분을 증명할 수 있는 서류를 발급하도록 하고, 심사 기간이 부득이하게 장기화할 경우 최소한의 생존 보장을 위한 지원 또는 취업 허가 등의 절차를 마련하는 것이 적절하다는 의견을 표명하였다. 인권위는 세계 난민의 날을 맞이하여 우리 정부가 난민 신청이나 재신청을 체류자격 연장을 위한 방편으로 바라보는 인식에서 벗어나, 전문적인 심사인력 보강 등 인프라를 개선하고, 이를 기반으로 난민심사가 장기화하지 않도록 조치할 것을 촉구한다.

국가인권위원회, 2022.6.17.

한국 이주문화의 아이콘 '미누'를 그리며

'88올림픽'이 개최되던 1988년, 네팔의 한 청년은 신문에서 우연히 '남산 타워' 사진을 보게 되었다. 사진에 매료된 청년은 4년 뒤인 1992년 2월, 한국행 비행기에 몸을 실었다. 처음 3년 동안 그는 의정부 일대의 식당에서, 그 뒤로 10여 년간은 가스밸브공장, 김치공장, 봉제공장 등에서 일했다. 한국말이 서툴고 생활도 어려웠지만, 주변의 도움과 자신의 성실함을 무기로 한국 생활에 적응했다. 열심히 일하는 그에게 사장은 퇴직금도 챙겨주었다. 그는 자신의 업무가 끝나면 다른 사람들의 잔업까지 도와줄 만큼 정이 많은 사람이었다.

그는 노래 부르기를 좋아했고, 한국가요를 즐겨 불렀다. 1998년에 개최된 '열린 시민가요제'에 참가하여 대상을 받았고, KBS의 '외국인 예능경연대회'에서도 대상을 수상하여 문화부 장관으로부터 감사패도 받았다. 그에게 노래는 이주의 고달픔을 달래주는 유일한 희망이었다. 한편 그의 노래는 한국인들에게 이주민에 대한 친밀감을 형성해주는 산파 역할을 하기도 했다.

그런, 그에게 위기와 새로운 변화가 찾아왔다. '산업연수생'이라는 제도가 2003년 현행의 '고용허가제'로 바뀌는 가운데 대대적인 외국인노동자 단속이 벌어졌고, 미등록이주노동자 중 10여 명이 자살하는 사태가 발생했기 때문이다. 그 가운데 미등록이주노동자들은 성공회의 대성당 마당에서 '이주노동자 강제 추방 반대' 농성'에 돌입했는데 여기에서 그는 다국적 밴드 '스탑크랙다운'(Stop Crackdown)을 결성했다. 그가 바로 밴드의 보컬 '미누'(미노드 목탄)이다.

2003년 12월에 드디어 스탑크랙다운 밴드의 1집 〈친구여 잘 가시오〉 앨범이 나왔다. 이주노동자들의 애환을 담은 노래를 통해 그동안 알려지지 않은 이주노동자들의 실상이 한국 사회에 민낯으로 드러나면서 미누와 스탑크랙다운은 이주노동 문화의 아이콘이 되었다.

우리는 이주노동자(Stopcrackdown의 2집 중에서)

안녕하세요 반갑습니다 우리는 이주노동자랍니다

꿈을 위해 희망을 찾는 우린 만국의 노동자랍니다

누가 뭐라 해도 상관없이 내 힘으로 살아가는 이 시대가 필요한 사람

부모 형제 정든 고향 떠나 기쁠 때도 슬플 때도 씩씩하게 살아가는 사람

힘이 들어도 미소를 찾는 아름다운 일꾼이랍니다

꿈을 향해 내일을 향해 오늘도 이렇게 달려갑니다

안녕하세요 반갑습니다 우리는 이주노동자랍니다

꿈을 펼쳐나가는 우리 멋진 세상 만들어봐요

때론 힘들 때도 있는 거죠 슬플 때도 있는 거죠 외로움에 지칠 때도 있죠

움츠린 어깨를 쫙 펴고 소리 한번 질러 보세 온 세상은 평화로워 보여

우리 함께 노래 불러요 아름다운 희망의 노래를

꿈을 펼쳐 나가는 우리 멋진 세상 만들어 가요

故 노무현 대통령이 참석했던 국가인권위원회 '인권의 날' 행사에서 공연, '박노해 노동의 새벽 20주년 헌정 음반'에 자작곡 "손무덤" 수록, '손현숙&스탑크랙다운 인권 콘서트', '이주노동자를 찾아가는 울타리 없는 노래' 등 미누의 목소리와 스탑크랙다운의 음악은 한국 사회에서 묻힌 다문화의 뒷모습, 아픔, 사랑을 담아 점점 큰 울림이 되어갔다. 언론, 방송사, 학자들도 이들에게 주목하기 시작했다.

이후 미누는 2005년 시민방송 RTV의 지원을 받아 이주노동자방송 'MWTV'라는 이름으로 '이주노동자의 세상'을 방송하게 되었다. 미누는 이주민들의 목소리와 삶을 영상에 담아 차별 없는 한국 사회를 만들기 위해 노력했고, 이주민들에 대한 긍정적인 메시지를 전달함으로써 한국인과 이주민의 가교역할을 하고자 노력했다. 2007년에는 다양한 국적의 사람들이 참여하는 다문화 토크프로그램 〈좋아 좋아〉를 최초로 시도하였다.

그뿐만 아니라, 다큐멘터리 〈이주민 2퍼센트, 2008 대한민국〉〈좋은 친구 마붑 알엄, 한국 사회와 소통하다〉, 그리고 뮤직비디오 〈월급날〉의 감독을 맡기도 했다.

미누는 "이주민과 한국인과의 진정한 소통을 위해 미디어라는 새로운 매체를 선택했고, 한국 사회에서 이주민에 대한 사회 인식이 변했으면 좋겠다. 이는 자연스러운 어울림을 통해서 극복될 것"이라고 믿었다. 하지만 2009년경 민주주의와 인권이 퇴행하던 시절, 미누는 정부의 눈에 미운 털이었다. 17년간 이주노동자로, 이주민 미디어 활동가로, 그리고 이주노동 음악가로 이주노동자의 인권과 한국 사회의 변화를 갈망하며 열정적으로 활동했던 미누를 법무부 출입국이 표적 단속하여 2009년 10월 8일 외국인보호소의 철창 안에 가두었다. 그때 미누와 통화하면서 "미누 동지가 진심으로 원하는 것이 무엇이냐?"고 물었다. 미누는 차분한 목소리로 "미누라는 한 개인의 문제를 떠나 한국 사회가 가지고 있는 이주민에 대한 생각을 말해달라?"면서 도리어 질문을 던졌다. 그의 물음에 바로 대답하지 못한 채 말없이 전화를 끊었던 기억이 난다. 그 후 미누는 한국을 떠났다. 그러고는 네팔로 돌아가 '아름다운가게'와 같은 나눔 활동과 커피공정무역을 하며 지역사회를 위해 일하고 있었다.

그러던 중 2018년 제10회 DMZ 국제다큐영화제의 개막작으로 〈안녕, 미누〉가 상영되면서 9월 13일에 미누가 한국으로 돌아왔다. 당시 일정이 맞지 않아 미누를 만나지 못했지만, 지인을 통해 미누가 보내준 공정무역 커피 트립티 커피원두를 받았다. 미누가 떠나기 전날에도 연락을 취했지만 닿지 않았다. 그리고 그것이 마지막이 되었다. DMZ 국제다큐영화제에 참석한 후 네팔로 간 미누는 10월 15일 심장마비로 사망했다. 다음 글은 미누를 그리워하며 쓴 것이다.

미누 동지에게

갑작스러운 소식에 황망함을 넘어서 참기 힘든 슬픔과 혼란에 빠져 있네요. 전에 미누 동지의 물음에 저는 대답할 자신이 없었어요. 이주노동운동을 하면서도 저 역시 확신 있게 답변할 수 없다는 것과 17년 동안 이주노동의 현장에서 몸부림치며 애타게 부르짖은 미누 동지의 절실한 마음을 헤아리지 못한 미안함 때문이었답니다.

언젠가 미누 동지와 용산참사 현장에서 만난 적이 있었지요. 무고하게 국가의 폭력에 의해 숨진 열사들을 향해 묵묵히 고개 숙여 기도하던 미누 동지를 기억합니다. 마지막 삶의 끈을 놓지 않으려고 망루에 오른 열사들 앞에 놓인 미누 동지를 보며 그 아픔을 진심으로 느끼고 있음을 알았습니다.

이 땅에서 처절하게 고통받는 이들과 함께하고자 했던 미누 동지. 생존권과 노동권이 철저하게 탄압받는 미등록이주노동자의 아픔과 차별을 끌어안았던 미누 동지. 이 땅에 배제와 억압으로 갇힌 사슬을 풀고자 그토록 열심히 "STOP! STOP!"을 목놓아 외친 미누 동지. 차별 없는 세상을 향해 자유인을 꿈꾸던 그대 미누 동지. 하지만 우리 한국 정부는 이중으로 된 쇠창살에 그대를 가두었습니다.

그러나 우리는 알고 있습니다. 미누 동지야말로 진정한 자유인이었음을…. 차별 없는 세상을 향하는 그대의 마음마저 쇠창살 안에 가둘 수는 없다는 것을…. 창살 안에 갇힌 것은 오히려 차별로 점철된 우리 사회였음을…. 우리는 미누 동지가 무엇을 전하려고 했는지 이해합니다.

미누 동지, 미안합니다. 그대가 처음 바라보았던 남산타워의 화려한 조명 아래 자행된 그 거대한 차별을 우리는 세심하게 들여다보지 않았습니다. 그 차별의 한복판에 서서 벽을 허물고자 했던 미누 동지의 마음을 우리는 속속들이 알지 못했습니다. 미안합니다. 너그러이 용서해주세요. 이제 우리가 당신의 뒤를 이어 미누 동지가 그토록 원하던 "STOP!"을 다 같이 외치겠습니다.

SPOT! CRACK DOWN!

미누에게 자유를!

잘 가시오, 진정한 자유인 미누 동지여!

연극은 계속되어야 한다

2018년 남북정상의 회담을 통해 한반도에 평화의 바람이 불었다. 반세기가 넘는 분단을 깨고 남북정상이 손을 잡고 휴전선을 넘는 모습은 모든 사람에게 큰 감동을 안겨주었다. 예술 공연단 교류를 통해서도 이를 확인했다. 문화라고 하는 큰 틀 속에서 서로가 교감할 수 있음도 알게 되었다. 체제는 다르지만, 서로에 대한 이해와 존중이 어우러지면 분단의 벽도 허물 수 있음을 확인할 수 있었다.

나는 이주 문제와 관련하여 이와 비슷한 경험을 많이 했다. 꽤 오래전 일이지만 기억에 남는 일화가 있다. 매년 경기문화재단을 통해 지원금을 받아 나름대로 이주문화사업을 해오고 있었다. 그런데 그해에는 공모에서 떨어졌다. 낙심한 상황에서 지원 대상자를 살폈다. 그런데 뜻밖에도 공단 내 방글라데시 커뮤니티에서 구성한 연극단이 지원을 받게 된 것 아닌가? 이들이 과연 잘 해낼 수 있을까 하는 의구심이 들었다. 연극을 전혀 해본 적 없는 이주노동자들이 공연을 제대로 할 수 있을지 걱정도 되었다. 하지만 기우였다. 이주노동자들은 일과 후 센터 강당에 모여 하루도 빠짐없이 공연 연습을 해나갔다. 공장에서 일하느라 피곤했을 텐데도 열심히 몰입했다. 그 모습을 지켜보면서 안쓰럽기도 했고 대견스럽기도 했다.

그러던 중 연극단 대표들이 찾아왔다. 연극 공연을 해야 하는데 장소를 찾지 못했다면서 성당에서 할 수 있도록 도와달라고 했다. 협의하는 과정 중에 무대 설치 및 음향과 관련한 사항에서 "무대를 성당 내에 설치하면 이곳저곳에 못 자국이 남게 되어 허락하기 어렵다"라고 했다. 그러자 연극단 대표들은 "절대 성당 내에 못 자국 같은 것을 남기지 않겠다"라고 다짐했다. 그들의 간곡한 부탁에 성당 안 공연을 허락해주었다.

그날 저녁 트럭 한 대가 나무들을 싣고 성당 마당에 들어왔다. 그리고 이주노동자 몇 명이 내려 성당 마당에서 무대를 만들기 위래 작업을 시작했다. 잠시 후 성당 안에 무대가 설치되었다. 나는 이를 지켜보면서 혀를 내두를 수밖에 없었다. 정말 거짓말처럼, 성당 벽면에 못 하나 박히지 않았기 때문이다. 나무와 나무가 자연스럽게 연결될 수 있도록 설치된 무대. 그제야 나는 이 친구들이 가구공장에서 10년 넘게 일한 베테랑이라는 사실을 떠올릴 수 있었다.

드디어 연극 공연 날이 되었다. 삼삼오오 모여든 많은 방글라데시 이주노동자들이 성당을 가득 메웠다. 연극의 제목은 '빼앗긴 깃발'이었다. 연극이 시작되면서 나는 또 한 번 놀랐다. 방글라데시어로 공연하는 연극을 보러 온 한국 사람들을 위해 벽면에 자막이 나오고 있었기 때문이다. 영화관에서나 볼 수 있는 그런 자막 말이다.

연극의 배경은 1971년. 방글라데시가 파키스탄에서 독립한 후의 상황을 그린 것이었다. 독립을 위해 처절하게 투쟁한 민중들은 피폐해지고, 투쟁 당시 이권에 눈이 멀었던 반역자들은 도리어 정권을 잡아 권력을 누리는 모습을 그려냈는데, '빼앗긴 깃발'이라는 제목이 너무도 가슴에 와닿았다. 한국 현대사와 흡사한 장면이 있어서 그랬는지 연극을 관람하는 내내 가슴이 뭉클했다. 모두의 가슴에 감동을 남기고 방글라데시 연극단의 공연은 무사히 막을 내렸다.

지난 아시아의 역사 속에서 공유할 수 있는 식민지의 아픔, 그리고 이주의 아픔 등을 아마도 방글라데시 이주노동자들은 알리고 싶었던 것 같다. 이주노동자를 유입하고 있는 한국도 마찬가지 아니었던가? 우리도 그들과 마찬가지로 식민을 경험했고, 군부독재를 경험했고, 경제위기를 경험했다. 모두가 같은 꿈을 꾸다가 외세에 의해 단절과 분절을, 그리고 통렬한 아픔을 경험

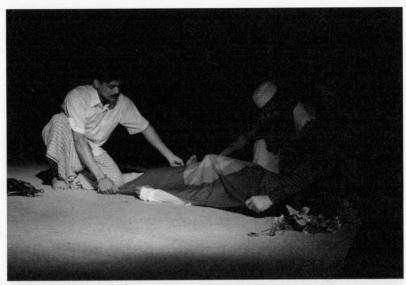

하지 않았는가. 그 아픔 가운데엔 근현대사 속의 한국이 너무나도 폐쇄적이었다는 점, 경제적인 측면에서 성장을 이뤘을지는 모르지만, 아시아 공동체성에 대한 인식과 그 안에서의 역할은 너무도 부족했다는 깨달음도 포함된다.

방글라데시 이주노동자들의 연극 '빼앗긴 깃발'은 아시아의 거의 모든 나라가 겪어야만 했던 상황을 잘 보여주었다. 겉으로 드러난 문화는 다르지만, 그 안에서 우리 모두가 아시아 공동체의 일원임을 인식하게 해주었으니까! 방글라데시 이주노동자들의 연극은 막을 내렸다. 어쩌면 두 번 다시 같은 연극을 볼 수 없을지도 모른다. 하지만 "연극은 계속되어야 한다." 그렇기에 우리는 오늘도 '인류 역사의 선한 발전'이라는 대 연극을 위해 삶이라는 무대 위에 올라선 게 아닐까? 우리의 이웃, 미등록이주노동자들과 함께.

그림자를 찾는 사람들

있지만 없는 이웃 미등록이주노동자

ⓒ 이영 2023

초판 1쇄 2023년 11월 3일
초판 2쇄 2023년 12월 15일

지은이 이영
편집 이제롬
디자인 유예지

펴낸이 이채진
펴낸곳 틈새의시간
출판등록 2020년 4월 9일 제406-2020-000037호
주소 경기도 파주시 하늘소로16, 105-204
전화 031-939-8552
이메일 gaptimebooks@gmail.com
페이스북 https://www.facebook.com/gaptimebooks/
인스타그램 https://www.instagram.com/time_of_gap/
ISBN 979-11-983875-6-1(03330)